Marie-Luise Kreuter

So entsteht ein Bio-Garten

Für alle, die anfangen und es richtig machen wollen

BLV

CIP-Titelaufnahme der Deutschen Bibliothek

Kreuter, Marie-Luise:
So entsteht ein Bio-Garten: für alle, die anfangen und es richtig machen wollen / Marie-Luise Kreuter. – München; Wien; Zürich: BLV, 1989
ISBN 3-405-13502-8

BLV Verlagsgesellschaft mbH,
München Wien Zürich
8000 München 40

Satz: Filmsatz Schröter GmbH, München
Druck und Bindung: Pustet, Regensburg

Printed in Germany · ISBN 3-405-13502-8

Bildnachweis

Alle Fotos von Dittmer außer:
Angermayer: 107, 108, 109 or, 110 M
BASF, Limburger Hof: 97
Burda: 39 u, 42 l, 45 u, 123, 134 o
Eisenreich: 21 o, 21 Ml, 21 ul, 128
Himmelhuber: 98 o
Kopp: 32 r, 34 M, 34 u, 94 o
Limbrunner: 17
Fa. Neudorff: 119
Pachtner: 56
Pretscher: 13, 109 ol, 138, 142, 144 u
Reinhard: 2, 24, 36, 39 o, 42 r, 54, 74, 95 u, 100, 101, 110 o, 117 o, 137, 139, 143, 145 o, 150 o
Reithmeier: 116 o
Sammer: 25, 67, 78, 79, 85
Stangl: 15, 48 l, 69, 130
Stehling: 47, 48 r, 122, 127 u, 133, 150 u
Stein: 77, 145 u
Strauß: 9, 80, 135 r, 136, 144 o, 151, 152
Sulzberger: 113 M, 141
Wolfstetter: 21 Mr
Wothe: 110 u, 113 l, 113 r, 147

Grafik: Marlene Gemke

Umschlagfotos: Dittmer, Eisenreich, Eising, Negele, Ring, Strauß (Vorderseite);
Hagemann, Negele (Rückseite)

Liebe Leserinnen und Leser, liebe Biogärtner,

wer noch das Glück hatte, von der Großmutter oder vom Großvater an die Hand genommen und in den Garten geführt zu werden, der hatte es später leicht: Samenkörner ausstreuen, Unkraut zupfen, Kohlpflanzen oder Astern in die weiche Frühlingserde setzen, die Gießkanne vorsichtig neigen, damit der Wasserstrahl sanft auf den Boden trifft – all das lernt sich mühelos und selbstverständlich nebenbei.

Auch ich gehöre zu den Glücklichen, die schon als kleines Kind neben einer wunderbaren Großmutter die Freuden und manchmal auch die Leiden des Gartenlebens kennenlernen durften. Noch heute sehe ich ihre gestreifte Schürze und ihre ausdrucksvollen, von schwerer Arbeit gezeichneten Hände vor mir. Großmutter hielt es nicht im Haus – die frische Frühlingsluft und der Geruch der Erde lockten sie nach draußen. Und ich lief mit – sooft ich konnte! Wie liebte ich die goldgelbe Butterblumenwiese unter den alten Apfelbäumen – während Großmutter mit diesem »Zeug« im Gemüsegarten kämpfte. So lernte ich, was ein »fetter« Lehmboden ist und wie zäh die Wurzeln des Hahnenfußes darin verankert sind. Mit Händen und Füßen erfuhr ich, wie klebrig und schwierig dieser Boden sich anfühlte, wenn es geregnet hatte. Ganz selbstverständlich entstand daraus die Erkenntnis: Abwarten bis die Erde wieder trocken und krümelig ist. Erst dann darf man mit den Füßen darüber gehen, erst dann kann man Rillen ziehen und Samenkörner streuen.

Inzwischen weiß ich, daß heute vielen Menschen dieses wertvolle Bindeglied zwischen den Generationen fehlt. Die Gartenerfahrungen werden nicht mehr von Großmutter oder Großvater weitergegeben, sondern in vielen Fällen durch Bücher und Zeitschriften. Auch ich habe versucht, so viel Wissen wie möglich auf diesem Wege zu vermitteln. In den letzten Jahren erreichten mich in Leserbriefen und in Diskussionen immer wieder Fragen, die um die ganz einfachen Anfangsprobleme kreisten: Erklären Sie doch bitte mal ganz genau, wie man das macht – ein Beet vorbereiten, Samen säen oder junge Pflanzen in die Erde setzen.

Andere Junggärtner hatten Schwierigkeiten, die Theorie des biologischen Gärtnerns in ihrem ersten Garten umzusetzen in die tägliche Praxis. Sie fragten zum Beispiel: Sie schreiben in Ihren Büchern, daß man nicht mehr umgraben soll. Nun habe ich versucht, die Wiese, die wir gepachtet haben, mit dem Sauzahn zu bearbeiten. Das war aber unmöglich. Was habe ich falsch gemacht?

So erfuhr ich, daß viele junge oder auch schon etwas ältere Biogarten-Anfänger nicht nur eine Einführung in die Methoden des naturgemäßen Gärtnerns brauchen sondern auch eine Anleitung für die ganz normalen Gartenarbeiten. Für diese Junggärtner, die so begeistert und voll guten Willens anfangen möchten, ist eben noch gar nichts selbstverständlich. Sie hatten nie eine Großmutter, die sie zu den Beeten führte und ihnen ein Häckchen in die Hand drückte. Sie haben vielleicht als Kinder auf asphaltierten Straßen gespielt und nie erlebt, wie sich Erde anfühlt, wie Pflanzen wachsen. So brauchen sie noch als Erwachsene jemand, der sie an die Hand nimmt und ihnen alles zeigt.

Da ich sie nicht alle in meinen Garten holen kann, habe ich mich entschlossen, dieses Buch zu schreiben. Von Seite zu Seite möchte ich ihnen hier die einfachen Gartenarbeiten und die biologische Praxis zeigen. Im zweiten Teil erfahren sie dann, wie sie das Gelernte in die schönsten Biogarten-Anlagen umsetzen können. Schritt für Schritt – von klein auf – sollen sie lernen und erfahren, wie ein Garten entsteht und wie man alles richtig macht bei seiner Bestellung.

Ich hoffe, daß Sie am Ende so glücklich und zufrieden sind, wie ich einst im Garten meiner Großmutter.

Ihre

Grundlagen des naturgemäßen Gärtnerns

Zur Ermutigung für Einsteiger

Aus jedem Garten kann ein Bio-Garten werden. Ob Sie im Norden oder im Süden wohnen, ob Ihr Boden lehmig und »fett« oder sandig und »mager« ist, ob Ihre Beete frei in der Sonne liegen oder in einem schattigen Winkel – mit der Natur können Sie überall zusammenarbeiten.
Wichtig ist es vor allem, daß Sie die innere Bereitschaft haben, natürlich und gesund zu leben. Mit offenen Augen und offenem Herzen

werden Sie bald erkennen, was notwendig und richtig ist. Natürlich müssen Sie auch bereit sein, ein wenig um- und nachzudenken. Aber Sie werden bald erkennen, daß die Nachhilfestunden in der grünen Schule der Natur so interessant und spannend sind, daß das Lernen keine Mühe, sondern eine Freude ist. Die Vielfalt der lebendigen Beziehungen zwischen den Pflanzen, den Tieren und der Erde näher kennenzulernen, wird Ihnen zu einem beglükkenden Erlebnis werden.

Sobald Sie einen tieferen Einblick in die ökologischen Zusammenhänge gewonnen haben, wird Ihnen die Übertragung der Naturgesetze auf die begrenzten Möglichkeiten des Gartens nicht mehr schwerfallen. Alles wird viel einfacher und selbstverständlicher sein, als Sie anfangs glauben. Daß Sie auf dem richtigen Weg sind, zeigt Ihnen Ihr Garten selbst: Er blüht auf – voll Gesundheit, Schönheit und Frieden. Dann braucht Sie niemand mehr zu überzeugen. Denn Sie haben selbst erfahren, daß das Gärtnern mit der Natur die schönsten Erfolge und (fast) ungetrübte Freuden mit sich bringt.

Dieses Buch ist aber nicht nur für diejenigen geschrieben, die bereits längere Zeit einen Garten bearbeiten und die ersten Schritte in Richtung Bio-Garten gehen wollen. Es möchte vor allem auch diejenigen begleiten und ermutigen, die sich als Anfänger in das grüne Abenteuer Garten stürzen. Deshalb werden in den folgenden Kapiteln alle wichtigen Arbeiten Schritt für Schritt beschrieben, so daß Sie genau nach dieser »Gebrauchsanweisung« handeln und erste Erfahrungen sammeln können. Auch viele einfache Fragen sollen beantwortet werden, die die »Profis« oft vergessen, weil sie die Probleme längst im Griff und die Arbeitsabläufe »im Gefühl« haben.

So werden Sie auf den nächsten Seiten erfahren, wie Sie die besondere Situation Ihres Grundstückes richtig beurteilen und wie Sie die Grundlagen für einen naturgemäßen Garten legen können. Die richtigen Arbeitsgeräte, Handwerkerkniffe für den Bau von Wegen oder Zäunen werden ebenso gezeigt wie die ganz praktischen Anleitungen für die Anlage des ersten Saatbeetes.

Antworten finden Sie auch auf so brennende Fragen wie: »Was mache ich ganz am Anfang, wenn ich noch keinen eigenen Kompost habe?« Oder: »Wie kann aus einer Bau-Wüste ein Naturgarten entstehen?«

Und ganz am Schluß, wenn Sie genug gelernt und lockeren Boden unter den Füßen haben, dürfen Sie sich Ihren Traumgarten aussuchen. Im letzten Kapitel finden Sie eine bunte Fülle verschiedenartiger Planungs-Vorschläge. Die Liebhaber von frischem Obst und Gemüse kommen hier ebenso auf ihre Kosten wie Schmetterlingsfreunde und Duftgarten-Romantiker.

Kommen Sie mutig mit auf den Weg, der zum Glück im Garten und zum Leben mit der Natur führt. Steigen sie ein ins Biogärtnern – gleich heute – oder spätestens morgen. Das Gartentor steht weit offen. Für jeden. Denn jeder kann Hand in Hand mit der Natur gärtnern und die biologische Methode erlernen. Auch Sie!

Die ersten Schritte zum Bio-Garten

Am Anfang sollte man nichts überstürzen. Es ist besser, wenn Sie Schritt für Schritt die Grundlagen erlernen, als wenn Sie sich kopfüber ins Unbekannte stürzen. Ein schnelles Abenteuer muß immer mit Enttäuschungen und Mißerfolgen bezahlt werden. Eine solide Lehre und praktisches Grundwissen führen dagegen langsam aber sicher zum Erfolg. Er läßt sich schon bald an fruchtbarem Boden, bunter Blumenpracht und köstlichen Ernten ablesen.

Mit »Kopf-Arbeit« beginnen

Es ist keine Zeitverschwendung, wenn Sie beim ersten Spaziergang durch den Garten an einer Bank einhalten und sich dort in aller Ruhe niederlassen. Die wichtigste Vorarbeit beginnt nämlich im Kopf.

Überlegen Sie: Welche Grundvoraussetzungen muß ein Gärtner erfüllen, damit die Pflanzen sich in seinem Garten wohlfühlen und gesund gedeihen? Und welche wichtigen Merkmale unterscheiden einen Bio-Garten von einem »normalen« Garten? Wenn Sie über diese Fragen Klarheit gewonnen haben, können Sie getrost zum Sauzahn und zur Samentüte greifen. Dann wissen Sie zumindest schon, worauf Sie achten müssen. Die Erfahrungswerte kommen mit der Zeit von selbst hinzu – wenn Kopf-Arbeit und Hand-Arbeit sich harmonisch ergänzen.

So bekommen Sie den richtigen Boden unter die Füße

Das Wichtigste und Kostbarste im Garten ist die Erde. Dies ist die Lebensgrundlage für alle Pflanzen. Ihre Wurzeln suchen im braunen Humus Halt. Sie finden darin auch Nährstoffe und Wasser. Wo die Gartenerde locker, nährstoffreich und feucht ist, da haben die Pflanzen es leicht. Was sie zum Leben und zum Aufbau kräftiger Stengel, Blätter und Früchte brauchen, ist reichlich vorhanden. Ihre Wurzeln können sich sozusagen »bedienen« wie im Supermarkt.

Wo dagegen der Boden hart und steinig ist, da müssen sich die Pflanzen das Lebensnotwendige schwer erkämpfen. Ihre Wurzeln dringen nur unter Mühen in die Erde; manchmal müssen sie sich buchstäblich »krummlegen«, um irgendwo Halt zu finden. Kärgliche Nährstoffe und Trockenheit machen ihnen zusätzlich das Leben schwer. Oft bedroht auch zu viel Feuchtigkeit das verzweigte Geflecht der Wurzeln. Wo das Wasser im Boden nicht abfließen oder sich verteilen kann, da entsteht sumpfige Nässe, die zu Fäulnis führt.

Es ist leicht einzusehen, daß Pflanzen, die sich mühsam in lebensfeindlichen Elementen behaupten müssen, nicht gleichmäßig und kräftig

heranwachsen können. Sie leiden, je nach Standort, unter verkrüppelten Wurzeln, schwachen Stengeln oder kleinen Blättern. Daß solche Pflanzen auch anfällig für Krankheiten und Schädlinge sind, wird einen Gärtner, der die Natur aufmerksam beobachtet, nicht wundern.
Wenn Sie nun immer noch nachdenklich auf der Gartenbank sitzen und sich diese Zusammenhänge klarmachen, haben Sie einen der wichtigsten Grundsätze des naturgemäßen Gärtnerns erkannt: In einem gesunden Boden wachsen auch gesunde Pflanzen! Die Pflege der Erde und der Aufbau einer nahrhaften, lockeren Humusschicht sind also die Hauptaufgaben eines guten Gärtners. Wie dies in der Praxis geschieht, erfahren Sie in den späteren Kapiteln.

Gehen Sie in die Lehre der Natur

Noch eine wichtige Lektion müssen Sie in Ihrer Nachhilfestunde auf der Gartenbank lernen: Vorbild für alle wichtigen Arbeiten im naturgemäßen Garten ist die Natur selbst. Die großen Gesetze und Kreisläufe, die Sie dort erkennen können, werden, allerdings in abgewandelter Form, auf den Garten übertragen. Der Gärtner muß gewissermaßen eine Übersetzung aus der Sprache der Wildnis in die Sprache der kultivierten Gartenpflanzen anfertigen. Versuchen wir dies einmal gemeinsam bei den wichtigsten Begriffen des Biogärtnerns.

Humus entsteht in der Natur von selbst in geschlossenen Kreisläufen. Am besten können Sie diese natürliche Produktion wertvoller, nährstoffreicher Erde in einem Mischwald beobachten. Im Herbst fällt das Laub von den Bäumen und bleibt in einer dicken Schicht am Boden liegen. Dürre Gräser und welkende Kräuter kommen ebenso hinzu wie der Kot der Waldtiere und kleine verwesende Lebewesen. Alle diese Substanzen zersetzen sich und wandeln sich langsam in Erde um.

Unter der Blätterdecke des Waldbodens entsteht ständig neuer Humus.

Wenn Sie auf einem Spaziergang die Blätter am Boden beiseite schieben, finden Sie dort dunklen, duftenden Humus. Er ist so reich an Leben und wertvollen Substanzen, daß ganze Wälder mit ihren Bäumen, Sträuchern und niedrigen Pflanzen sich davon ernähren können!
In die Gartensprache übersetzt bedeutet dieses Beispiel: Aus organischen Abfällen entsteht neue nahrhafte Erde. Der Gärtner muß deshalb Laub, verblühte Blumen, ausgerissenes Unkraut, Heckenschnitt und alle natürlichen Reste sammeln. Da er sie nicht einfach liegen lassen kann, schichtet er sie auf einem besonderen Platz auf und macht daraus Kompost!

Bodendecken breitet die Natur überall aus, wo sie nicht von Menschen oder von Katastrophen daran gehindert wird. Nackte Erde gibt es in der »Wildnis« nicht. Täler und Berghänge überzieht die Natur ebenso mit Pflanzenteppichen wie Wegränder oder Baustellen. Auch das abgefallene Laub trägt seinen Teil dazu bei, die Erde zuzudecken. So wird der kostbare, lebenserhaltende Humus geschützt. Die Wurzeln der Pflanzen halten ihn fest. Ihre Blätter spenden Schatten und bewahren die Feuchtigkeit im Boden vor rascher Verdunstung.
Wo die Erde dagegen ungeschützt unter dem Himmel liegt, da wird sie bald von der Sonne ausgedörrt. Der trockene Staub wird vom Winde verweht und vom Regen weggeschwemmt. So wandeln sich fruchtbare Böden in öde Karstlandschaften oder Wüsten.

Ungeschützte Erde dörrt aus wie diese Steppe.

In die Biogarten-Sprache übersetzt, werden die natürlichen Bodendecken »Mulchdecken« genannt. Das bedeutet: Der Gärtner deckt mit Laub, Gras oder anderen organischen Substanzen die offene Erde zwischen seinen Gartenpflanzen zu. Unter dieser schützenden Schicht bleibt auch die Gartenerde feucht und locker.
Bodendecken können aber auch im Garten aus lebendigen Pflanzen bestehen, zum Beispiel aus niedrigen Teppichstauden oder aus besonderen Gründüngungs-Saaten.

Standortgemeinschaften entstehen in der Natur von selbst, wenn bestimmte Pflanzen sich an einem besonderen Standort zusammenfinden und dort gemeinsam gedeihen. Sie ergänzen und fördern sich dabei gegenseitig. Die Anpassung an die Boden- und Klimaverhältnisse und die Anpassung an die Nachbarpflanzen vollzieht sich in der freien Landschaft in längeren Zeiträumen. Die Natur hat ja Muße, um die besten und lebenstüchtigsten Kombinationen auszuprobieren.
Die Ausbreitung einer einzelnen Pflanzenart über weite Flächen werden Sie dagegen in der Natur nicht finden. Monokultur ist ohne fremde Hilfe nicht überlebensfähig. Deshalb handelt die Natur nach dem seit Millionen Jahren bewährten Motto: Gemeinsamkeit macht stark – die gesunde Mischung überlebt!
In der Gärtnersprache wird die Standortgemeinschaft zur Mischkultur. Die richtige Auswahl trifft hier nicht die Natur, sondern der Mensch. Pflanzen, die nach jahrelangen Erfahrungen und Beobachtungen in guter Nachbarschaft miteinander gedeihen, werden im Bio-Garten bewußt zusammen angebaut. Sie stärken und fördern sich gegenseitig. Auch diese Mischung nach natürlichem Vorbild trägt wesentlich zum gesunden System des Biogartens bei.

Natürliche Pflanzennahrung

Daß die Pflanzen des naturgemäßen Gartens auch natürlich ernährt werden müssen, ist eine ebenso logische wie selbstverständliche Schlußfolgerung. Wie dies geschehen kann, ohne daß eine »Hungersnot« ausbricht, muß ein Biogarten-Anfänger sobald wie möglich lernen.
Der Kompost ist die Grundlage der Pflanzenernährung. Darüber hinaus gibt es eine große Auswahl natürlicher Dünger, in denen alle not-

Wo die Natur im Gleichgewicht ist, da deckt sie die Erde mit grünen Pflanzenteppichen zu; Gehölze schützen vor austrocknenden Winden und bilden vielfältige Lebensräume.

Wo nicht gespritzt wird, da siedeln sich am Ackerrand buntgemischte Pflanzengemeinschaften an. Mohn und Kamille sind typisch für einen solchen Standort. Auf diesem Ausschnitt finden sich auch Rotklee, Taubnessel und Schafgarbe.

wendigen Nährstoffe enthalten sind. An Nahrungsquellen herrscht kein Mangel; wichtig ist, daß der Gärtner sie gezielt und sinnvoll einsetzt. Die praktischen Anleitungen für die Verwendung von organischen Düngern finden Sie im Hauptkapitel »Bio-Gartenarbeit«. Dort erfahren Sie alles, was sie über Mist, Jauche oder organische Volldünger wissen müssen.

Pflanzen schützen ohne Gift

Über eines sollten Sie sich in Ihrer stillen Stunde auf der Gartenbank unbedingt klar werden: Es geht auch ohne Gift – aber Sie müssen konsequent und geduldig bleiben. Geben Sie der Natur die Chance, Ihnen zu helfen. Dann werden unzählige Insekten, Käfer, Larven, Vögel und viele kleine Tiere Ihnen helfen, die »Schädlinge« in Grenzen zu halten.
Für besonders schwierige Situationen gibt es außerdem eine Fülle natürlicher Mittel, mit deren Hilfe Sie zum Beispiel größere Mengen von Läusen, Kohlweißlingen oder Schnecken erfolgreich reduzieren können, ohne die Umwelt zu schädigen.
Beim Gedanken an den Pflanzen-Schutz brauchen Sie auf Ihrer Gartenbank nicht unruhig oder ängstlich zu werden. Sie werden mit diesen Problemen im Bio-Garten nicht alleingelassen. In den folgenden Kapiteln erfahren Sie alles, was nötig ist, um Ihre Pflanzen gesund zu erhalten. Wichtig ist dabei vor allem, daß auch der Frieden im Garten gewahrt bleibt.
Seien Sie unbesorgt – dies alles ist möglich. Jeder kann sich das Wissen für eine erfolgreiche Biogarten-Praxis aneignen. Erfahrungen aber muß man über längere Zeit sammeln. Je eher Sie damit anfangen, desto besser.
Jetzt haben Sie lange genug auf der Gartenbank gesessen und grüne Philosophie im Kopf gespeichert. Es wird Zeit für die Praxis. Beginnen wir bei den ganz besonderen Problemen Ihres Gartens!

Wichtige Vorbereitungen

Vom Grundstück zum Garten

Theorie ist gut, aber die Praxis sieht oft ganz anders aus. Dann steht der hoffnungsvolle Gartenanfänger verwirrt zwischen Disteln und Bauschutt. Alle seine schönen Pläne geraten ins Wanken: Wie soll aus dieser Wüste jemals ein blühender Garten werden?
Ein anderer wandert mit dem Sauzahn zu seiner soeben gepachteten Wiese. Immer wieder hat er gelesen oder gehört: Im Bio-Garten wird nicht mehr umgegraben! Naturgemäßer ist es,

den Boden nur zu lockern. Aber auf der ehemaligen Weide sprießt ein Löwenzahn neben dem anderen aus dem Boden; »Ochsenzungen« klammern sich zäh in unergründlichen Schichten fest. Der Sauzahn bleibt störrisch im Wurzelfilz hängen, und im Kopf des Gärtners beginnen die Zweifel zu wuchern: Vielleicht sind »die Biologischen« doch nur weltfremde Spinner... Mit diesem gebogenen Zinken kann man doch keine Wiese urbar machen!
Richtig. Das kann und soll man nicht! Ein vernünftiger Bio-Gärtner wird dazu auch nicht raten. Wer ein Haus baut, der muß zuerst solide, tragfähige Fundamente legen. Wer einen Garten anlegen möchte, der muß zuerst die Grundlagen für künftiges Wachstum schaffen. Auf einem Baugrundstück oder einer Wiese muß zunächst Pionierarbeit geleistet werden. Erst danach können die feineren biologischen Methoden greifen. Sehen Sie der rauhen Wirklichkeit von Anfang an mutig ins Auge!

Machen Sie Bestandsaufnahme

Ob Sie ein Grundstück gekauft oder gepachtet haben – Sie werden jahrelang mit den Verhältnissen, die Sie dort vorfinden, leben müssen. Je besser Sie es kennen mit all seinen Vorteilen und Nachteilen, desto besser können Sie auf diese ganz besondere Situation eingehen. Manche Fehler lassen sich vermeiden, wenn Sie rechtzeitig erkennen, was auf Ihrem Stück Erde möglich ist und was Sie besser bleiben lassen. Machen Sie also zunächst einmal ganz realistisch Bestandsaufnahme.

Der Zustand des Grundstücks

Schauen Sie sich den Grund und Boden, der einmal zu Ihrem naturgemäßen Traumgarten werden soll, genau an. Wachsen dort schon hohe Bäume, die Schatten werfen? Ihr ausgedehntes Wurzelnetz macht die Anlage von Blumen- oder Gemüsebeeten im weiten Umkreis unmöglich. Andererseits prägen alte Baumgestalten den Gartenraum. Sie sind ausdrucksstarke, lebendige Begleiter durch alle Jahreszeiten. Seien Sie froh um jeden Baum, der bereits Jahrzehnte Zeit zum Wachsen hatte. Er schenkt Ihnen schattige Kühle, Sauerstoff, Laub und vielfältiges Leben. Der Nutzgarten muß in diesem Fall an einem Platz angelegt werden, der weit genug von Wurzeldruck und Schatten entfernt ist. Im Bereich der Bäume können Sie statt dessen eine Naturgartenbepflanzung planen.
Nehmen Sie auch sorgfältig die bereits vorhandenen Sträucher in Augenschein. Bevor Sie Ihren neuen Garten anlegen, ist es vielleicht sinnvoll, überalterte Gehölze durch einen kräftigen Rückschnitt zu verjüngen. Dies ist zum Beispiel bei wuchernden Forsythien ohne weiteres möglich. Aber auch alte, ungepflegte Obstbäume könnten jetzt kräftig ausgelichtet und zu neuem Wachstum angeregt werden.
Zu Beginn der Planung haben Sie auch noch Zeit, Gewächse, die nicht zu Ihrem naturgemäßen Garten passen, zu entfernen. Nadelgehölze, die bereits vom sauren Regen angegriffen sind, könnten dazu gehören oder auch Cotoneaster, die Ihre Vorgänger vielleicht im Übermaß als »pflegeleichte« Monokultur gepflanzt haben.
Das Roden oder Beschneiden von größeren Gehölzen sollte unbedingt vor der Anlage oder der Neugestaltung des Gartens geschehen. Dann können Sie noch größere Mengen sperriger Abfälle transportieren und verarbeiten, ohne daß Beete und junge Pflanzen zertrampelt werden. Auch alle Veränderungen, die mit größeren Erdbewegungen verbunden sind, sollten am Anfang geplant und durchgeführt werden. Wenn Sie zum Beispiel eine feuchte Senke auf Ihrem Grundstück entdecken, die sich für einen Naturteich eignet, dann nehmen Sie den notwendigen Erdaushub am besten gleich in Angriff. Vielleicht können Sie zu diesem Zeitpunkt sogar noch Maschinen einsetzen.

Beim Kontrollgang über Ihr Grundstück und zum Beginn der Bestandsaufnahme sollten Sie auch darauf achten, ob irgendwo noch eine Wasserleitung verlegt, Steine weggeräumt oder ein Zaun ausgebessert werden müssen. Solche unumgänglichen Arbeiten sollten Sie unbedingt erledigen, bevor Sie Gemüsebeete anlegen und neue Stauden oder Gehölze pflanzen.

Krümelig-lockerer Humus – ein fruchtbarer Boden.

Bodenarten

Wo immer Sie Gartenland kaufen oder pachten möchten: Nehmen Sie zur Besichtigung einen Spaten mit! Machen Sie an verschiedenen Stellen eine kleine »Probegrabung«, indem Sie die Erde, so tief der Spaten reicht, aufbrechen. Dabei können Sie einige wichtige Erkenntnisse gewinnen:

Tonige Erde, die sehr schwer und wasserundurchlässig ist.

Humus oder alte Gartenerde ist das Beste, was Sie finden können. Dringt der Spaten mühelos ein und fördert dunkelbraunen Boden zutage, der locker auseinanderbröckelt, dann haben Sie großes Glück. Auf diesem Grundstück wurde wahrscheinlich schon lange gegärtnert. Der gute Zustand des Humus beweist es. Hier brauchen Sie keine größeren Vorarbeiten zu leisten. Sie können gleich mit der Umstellung auf naturgemäße Methoden beginnen.

Sandiger Boden, der leicht austrocknet.

Ton oder Lehm sind Kennzeichen für schwere Böden und schwere Arbeit. Haben Sie große Mühe, das Spatenblech in den Boden zu drükken, dann heben Sie meist die Erde als schweren, »fetten« Klumpen hoch. Die Masse klebt fest zusammen. Nehmen Sie ein Stückchen davon in die Hand und versuchen Sie, eine Kugel daraus zu formen. Gelingt Ihnen dies, dann hat der Boden einen hohen Ton-Anteil. Das bedeutet, er ist sehr stark verdichtet und hält das Wasser lange fest. Da diese Erde kaum porös ist, findet das Regenwasser keine »Schlupflöcher«, durch die es wegrinnen und sich verteilen kann.

Lernen Sie Ihre Erde aus der Nähe kennen! Fühlen Sie ihre Wärme, und riechen Sie ihren guten Humusduft.

Solche Böden sind schwierig, da sie zu stauender Nässe neigen. Sie müssen mit einer längeren Zeit der Pflege und Kultivierung rechnen. Dieser Prozeß lohnt sich aber, da tonhaltige Erde von Natur aus fruchtbar ist. Der Grad der Dichte kann sehr unterschiedlich sein. Ist der Ton-Anteil so hoch, daß man aus dem Boden Ziegel brennen könnte, dann wird das Gärtnern allerdings äußerst mühsam. Meist handelt es sich aber um eine Mischung aus Ton-, Sand- und Humusbestandteilen. Im günstigsten Fall entsteht daraus ein humoser, sandiger Lehmboden, der sehr fruchtbar ist.
Lehmböden sind immer etwas schwerer zu bearbeiten, aber sie sind den Einsatz wert. Auf dieser Grundlage können Sie einen ertragreichen, blühenden Garten anlegen.

Steinige Mischungen sind weit verbreitet. Wenn der Spaten ein lautknirschendes Geräusch hervorruft, sind Sie auf einen solchen Boden gestoßen. Es gibt Landschaften, in denen die Erde überall von Steinen durchsetzt ist. Sie können so viele auflesen wie Sie wollen, es »wachsen« immer neue Steine nach. Damit müssen Sie leben. Wichtig ist, daß die umgebende Erde in einigermaßen gutem Zustand ist. Dann können Sie die Steine – zum Trost – als lockernde Elemente im Boden betrachten.

Steinige Böden sind zum Beispiel typisch für einige Mittelgebirgslandschaften, wo, je nach Lage, Basalt, Grauwacke oder Schiefer aus dem Untergrund »nach oben« wandern. Kalkschotter kommt dagegen in alten Flußtälern und im Moränenbereich der Gletscher vor, zum Beispiel im Alpenvorland.

Sand ist der leichteste Fund, den Sie bei Ihren Bodenproben machen können. Gleitet Ihr Spaten ohne jeden Widerstand tief in den Grund, dann hebt er Erde hoch, die kaum zusammenhält; sie rieselt Ihnen rechts und links wieder herunter. In diesem Fall haben Sie es mit einem sehr sandigen Boden zu tun. Sand enthält immer auch Lehmbestandteile. Das Mischungsverhältnis kann aber sehr unterschiedlich sein. Je weniger lehmige Substanz vorhanden ist, desto trockener und unfruchtbarer ist der Sandboden. Mit der Zeit und mit viel Geduld können Sie aber auch diese »leichtgewichtige« Erde verbessern. Mit Hilfe von Kompost, Tonmehl und nahrhaften Mulchdecken werden Humusgehalt und Speicherfähigkeit erhöht.
Die Probe mit dem Spaten vermittelt Ihnen nur einen groben Überblick. Aber Sie wissen immerhin schon, mit welchem Hauptbodentyp Sie in Zukunft zusammenarbeiten müssen. Betrachten Sie Ihren Gartenboden aber nicht nur aus wissenschaftlicher Ferne. Nehmen Sie ihn auch in die Hände. Dann fühlen Sie seine Beschaffenheit viel sinnlicher und näher. Sie spüren die warmen braunen Humuskrümel und können sich vorstellen, wie gut die Wurzeln Ihrer Pflanzen sich darin ausbreiten können. Oder Sie sehen, wie der schwere Klumpen in Ihren Händen fest und zäh zusammenhält, während das Wasser zwischen Ihren Fingern schon bei leichtem Druck heraustropft. Dann ahnen Sie bereits, daß Sie sehr auf Feuchtigkeit und Fäulnisgefahr achten müssen.
Riechen Sie auch an Ihrer Erde: Wo es frisch und »pilzig« duftet, da haben Sie Ihre Nase in guten Humus gesteckt. Bei Modergeruch sollten Sie so rasch wie möglich nach den Ursachen forschen. Es könnte sich zum Beispiel um un-

durchlässige Tonschichten im Untergrund handeln, die Staunässe verursachen.
Denken Sie immer daran: Die Erde ist ein lebendiger Organismus, der auf alle Umweltbedingungen empfindlich reagiert und sich ständig verändert. Ein aufmerksamer Gärtner kann diese Entwicklung beeinflussen und in positive Bahnen lenken.

Wasser – angenehm feucht bis triefend naß

Wasser ist ein Lebenselement, das nirgends fehlen darf, wo Pflanzen wachsen und gedeihen sollen. Wo es keine Feuchtigkeit gibt, da entstehen unfruchtbare Wüsten. Andererseits kann aber auch ein Übermaß an Nässe pflanzenfeindlich sein, vor allem dann, wenn sich Wasser im Untergrund staut. Dann faulen die Wurzeln; Blumen, Nutzpflanzen und Gehölze sterben ab.
Erkunden Sie also möglichst genau die Wasserverhältnisse auf Ihrem Grundstück. Wenn Sie irgendwo eine sumpfig-nasse Stelle entdecken, dann kann dies auf hohen Grundwasserstand oder auf undurchlässige, verdichtete Schicht im Boden hindeuten. Arbeiten mit schweren Baumaschinen könnten dafür verantwortlich sein. Vielleicht handelt es sich aber auch um geologische Verhältnisse, die für die ganze Gegend typisch sind. Darüber bekommen Sie genauere Auskünfte bei der unteren Wasserbehörde Ihrer Gemeinde. Eine sachgemäß verlegte Dränage oder tiefwurzelnde, lockernde Gründüngung helfen Ihnen, solche Nässeprobleme in den Griff zu bekommen. Es lohnt sich, ein Jahr mit der Gartenanlage zu warten und diese Zeit für eine grundlegende Sanierung zu nutzen. Später – wenn schon viele Pflanzen wachsen – können Sie die Probleme nicht mehr so gründlich bei der Wurzel packen!
Umgekehrt kann Ihnen auch länger anhaltende Trockenheit beim Gärtnern schwer zu schaffen machen. Auf Flächen, die am Hang liegen, läuft das Wasser zum Beispiel rasch ab. Kommen noch Steine und eine heiße Südlage hinzu, dann gedeihen auf solchen Hängen nur spezielle Pflanzengemeinschaften, die an Trockenheit und Wärme angepaßt sind. Darüber sollten Sie sich von vorneherein im klaren sein. Nur wenn Sie die richtige Auswahl treffen, ersparen Sie sich jahrelange Enttäuschungen.
Unter dichten Baumbeständen, vor allem unter Nadelgehölzen, kann der Boden ebenfalls sehr stark austrocknen, weil nur wenig Regenwasser bis zur Erde durchdringt. Auch auf solche Verhältnisse müssen Sie sich einstellen.
Ideal ist es, wenn das Lebenselement Wasser sich gleichmäßig verteilt. Dann wirkt es als angenehme Feuchtigkeit, die das Wachstum fördert. Mit diesem erfreulichen Zustand können Sie rechnen, wenn die Erde auf Ihrem Grundstück humusreich und locker ist. Eine naturgemäße Pflanzengemeinschaft und eine günstige Licht-Schatten-Verteilung tragen ebenfalls zur Feuchtigkeitsregulierung bei.
Triefend-naß und trocken-dürr sind dagegen Extreme, die Ihnen Probleme und Arbeit bereiten werden. Ein Grund zur Verzweiflung sind sie aber nicht; im Einklang mit der Natur werden Sie Mittel und Wege finden, um wieder ausgewogene Verhältnisse zu schaffen. In den folgenden Kapiteln finden Sie dafür zahlreiche praktische Hilfestellungen.

Licht und Schatten

Ebensowichtig wie das Wasser ist auch das Sonnenlicht für die gesunde Entfaltung des Pflanzenlebens. Im Laufe einer langen Entwicklung haben sich die Gewächse dieser Erde an sehr unterschiedliche Verhältnisse angepaßt. Es gibt Schattenliebhaber, die gern in feuchter Kühle leben, und Durstkünstler, die es in großer Hitze und Trockenheit aushalten.
Beobachten Sie den Sonnenstand und den Lichteinfall auf Ihrem Grundstück einmal einen Tag lang sehr genau. Schreiben Sie sich zum Beispiel auf, wie viele Stunden die Sonne auf den Platz scheint, den Sie für Ihr Kräuter-

Nur in der Sonne kann sich die Schönheit der Rose entfalten.

gärtchen vorgesehen haben. Natürlich wird die Dauer der Lichteinstrahlung im Frühling kürzer sein als im Hochsommer. Den höheren oder tieferen Stand der Sonne müssen Sie miteinkalkulieren.

Aber bei einer solchen »Verfolgung« der Sonnenstrahlen werden Sie rasch einen Überblick bekommen über diejenigen Stellen im Garten, die längere Zeit am Tag den wohltuenden Einfluß von Wärme und Licht genießen. Gleichzeitig lernen Sie natürlich auch die dunkel-kühlen Schattenecken kennen. Eine sinnvolle Aufteilung des Grundstückes ist von solchen genauen Kenntnissen abhängig. Für ein Kräutergärtchen oder für Ihre Lieblingsrosen müssen Sie zum Beispiel unbedingt einen sonnigen Platz auswählen, während Himbeeren oder Stachelbeeren auch im leichten Schatten noch gut gedeihen.

Licht und Schatten werden immer Ihr Gärtnerglück beeinflussen. Arbeiten Sie nie gegen die Elemente, die das Leben bewegen und aufbauen. Harmonische Entwicklungen entstehen nur im geduldigen Zusammenspiel von Mensch und Natur.

Pflanzen verraten »tiefere Geheimnisse«

Sehr wichtige Aufschlüsse über den Zustand Ihres Grundstückes können Ihnen auch die »grünen Bewohner« geben. Vor dem Kauf oder der Pacht sollten Sie deshalb unbedingt einmal aufmerksam die wildwachsenden Pflanzen anschauen. »Un«-Kraut wächst nie zufällig an dieser oder jener Stelle. Auf bestimmten Böden, unter besonderen Licht- und Feuchtigkeitsverhältnissen siedelt sich immer eine ausgeprägte Wildpflanzengemeinschaft an. Die charakteristischen Vertreter, die besonders typisch für den Standort sind, nennt man »Zeigerpflanzen«. Diese Wildkräuter weisen gewissermaßen mit dem grünen Finger auf Staunässe oder Trockenheit, auf Stickstoffreichtum oder Nährstoffmangel hin. Wer diese Winke der Natur versteht, der erfährt wertvolle Hinweise auf »tiefere Geheimnisse«, die im Boden verborgen sind. Die folgenden Beispiele sollen Ihnen helfen, die »Geheimsprache« der Pflanzen zu deuten und die wichtigsten »Zeiger« auf Ihrem Grundstück wieder zu entdecken.

<u>Guter Gartenboden</u> (humusreich, ausgewogene Stickstoffversorgung)

Große und Kleine Brennessel *(Urtica dioica und U. urens)*,
Ackersenf *(Sinapis arvensis)*,
Vogelmiere *(Stellaria media)*,
Melde *(Atriplex patula)*,
Franzosenkraut *(Galinsoga parviflora)*,
Echte Kamille *(Matricaria chamomilla)*,
Hirtentäschelkraut *(Capsella bursa-pastoris)*,
Weißer Gänsefuß *(Chenopodium album)*.

<u>Lehmiger Boden</u> (humos)

Ackerhahnenfuß *(Ranunculus arvensis)*,
Ackerkratzdistel *(Cirsium arvense)*,
Ackerröte *(Sherhardia arvensis)*,
Huflattich *(Tussilago farfara)*,
Esparsette *(Onobrychis viciifolia)*,
Klettenlabkraut *(Galium aparine)*.

Lehmiger Boden (schwer und naß)
Löwenzahn *(Taraxacum officinale)*,
Scharbockskraut *(Ranunculus ficaria)*,
Beinwell *(Symphytum officinale)*,
Kriechender Hahnenfuß *(Ranunculus repens)*,
Breitwegerich *(Plantago major)*.

Sandiger Boden (leicht und trocken)
Mohn *(Paver argemone)*,
Saatwucherblume *(Chrysanthemum segetum)*,
Hasenklee *(Trifolium arvense)*,
Frühlingshungerblümchen *(Erophila verna)*,
Heidenelke *(Dianthus deltoides)*.

Kalkarmer Boden
Adlerfarn *(Pteridium aquilinum)*,
Hederich *(Raphanus raphanistrum)*,
Hundskamille *(Anthemis arvensis)*,
Stiefmütterchen *(Viola tricolor)*,
Kleiner Ampfer *(Rumex acetosella)*.

Kalkreicher Boden
Wiesensalbei *(Salvia pratensis)*,
Wegwarte *(Cichorium intybus)*,
Echter Gamander *(Teucrium chamaedrys)*,
Kleiner Wiesenknopf *(Sanguisorba minor)*.

1

2

3

4

5

6

Diese Pflanzen sollten Sie kennen, um ihre »Winke« zu verstehen (Fotos von oben nach unten):
1 Vogelmiere
2 Breitwegerich
3 Stiefmütterchen
4 Huflattich
5 Saatwucherblume
6 Wegwarte

So könnte es auch bei Ihnen aussehen

Jeder Garten ist anders; aber es gibt einige typische Situationen, die sich auf vielen Grundstücken gleichen. Solche Muster-Beispiele sind auf den folgenden Seiten beschrieben; sie sollen als Wegweiser für Ihre eigenen, ganz besonderen Probleme dienen.

Ein Baugrundstück

Wenn Sie dieses Kapitel lesen, bevor der Bagger kommt, um Ihren Keller auszubuddeln, haben Sie noch die Chance, schwerwiegende Fehler zu vermeiden. Am besten verbringen Sie den ersten Tag selbst auf Ihrem Grundstück und sorgen dafür, daß die oberste Bodenschicht, der sogenannte Mutterboden, sorgfältig beiseitegeschoben wird! Suchen Sie für die Lagerung einen Platz aus, der während der folgenden Bauarbeiten nicht von schweren Maschinen befahren wird. Andererseits sollte diese wertvolle Erd-Deponie aber auch so gelegen sein, daß sie später ohne Umstände dort verteilt werden kann, wo sie dringend benötigt wird: in Ihrem künftigen Garten.

Baumaschinen hinterlassen ihre Spuren bis tief in die Erde.

Sorgen Sie auch dafür, soweit dies möglich ist, daß Baugeräte nicht unnötig auf dem Gartenteil herumfahren oder geparkt werden. Auch schwergewichtiges Baumaterial wie Steine, Eisenträger und Zementsäcke sollten an anderen Stellen gelagert werden.

Wenn Sie diese Seiten aber erst lesen, wenn Sie bereits glücklich und erschöpft im eigenen Haus sitzen, dann bleibt Ihnen nur das »Ausbaden« der bereits begangenen »Sünden« und eine möglichst gründliche Regenerierung. Das oberste Gebot auf einem Baugrundstück lautet: Geduld! Verfallen Sie angesichts des chaotischen Zustandes nicht in den Fehler, nun möglichst schnell »für Ordnung zu sorgen«. Lassen Sie sich im Gegenteil ein Jahr Zeit, um wieder eine lebendige Grundlage zu schaffen, in der Pflanzen sich gesund entfalten können.

Lockern Sie den mit Sicherheit mißhandelten, verfestigten Boden zunächst mechanisch. Kleine Flächen können Sie mit der Spitzhacke oder einer Platthacke grob aufbrechen. Sammeln Sie Steine und Bauschutt sorgfältig auf. Wo der Boden nicht zu schwer ist, empfiehlt sich auch tiefes, grobscholliges Umgraben. Hier können Sie noch keine natürlichen Bodenschichten schädigen, weil sie sowieso schwer gestört sind.

Eine größere Fläche sollten Sie umpflügen oder fräsen lassen. Nach dieser groben Vorarbeit säen Sie am besten eine tiefwurzelnde Gründüngung ein. Leguminosen (Schmetterlingsblütler), wie zum Beispiel Lupinenarten, eignen sich dazu besonders gut. Eine praktische Anleitung dafür finden Sie auf Seite 32. Diese Pflanzen leisten Pionierarbeit. Tiefer und feinfühliger als jedes Gartengerät dringen sie mit ihrem weitreichenden Wurzelwerk in den Boden. Sie schaffen ein System verzweigter Hohlräume, durch die sich Luft und Wasser später verteilen können, wenn die Wurzeln abgestorben sind. So wird die Erde auf natürliche Weise tief gelockert. Der Gärtner schont seinen Rük-

Gelbe Lupinen lockern mit langen Wurzeln den Boden.

ken und kann einen Sommer lang das summende Insektenleben im blütenreichen Meer der Gründüngung beobachten. Sie werden zu Ihrem Erstaunen erleben, daß diese Pionierpflanzen nicht nur nützlich, sondern auch hübsch anzusehen sind.

Im Spätsommer wird die üppige Pflanzenmasse abgemäht. Auf kleinen Flächen können Sie statt Sichel oder Sense auch ein großes scharfes Messer oder einfach eine Heckenschere dafür benutzen. Ein Teil bleibt als Mulchdecke über Winter liegen und sorgt so für zusätzliche Oberflächenlockerung und Humusanreicherung. Der Rest dient als willkommenes Material zum Aufsetzen des ersten Kompostes.

In diesem Garten-Vorbereitungsjahr können Sie in aller Ruhe einen Plan für die Gestaltung ausarbeiten und Pflanzenlisten zusammenstellen. Schöpfen Sie wieder Kraft nach den Anstrengungen des Bauens, während Ihr Gartenboden sich in einer natürlichen Bodenkur ebenfalls erholt. Im zweiten Jahr sind beide ausgeruht und bereit zum Gärtnern.

Ein Hanggrundstück

Eine mehr oder weniger steile Schräglage ist immer schwieriger zu bearbeiten als ein flaches Grundstück. Besteht der gesamte Garten aus einem abfallenden Hang, dann müssen Sie für den Nutzgartenanteil unter Umständen terrassenartig abgestützte Beete anlegen. Dies ist notwendig, damit die Erde nicht weggeschwemmt wird. Eine so aufwendige Anlage sollte möglichst dauerhaft und solide ausgeführt werden, damit sie sich lohnt und lange hält. Zum Abstützen können Sie zum Beispiel Palisaden verwenden. Achten sie aber unbedingt darauf, daß diese Rundhölzer kesseldruckimprägniert sind, damit sie auch viele Jahre halten. Ungeschütztes Holz würde sonst im Boden rasch verrotten.

Sehr schön und natürlich wirken auch Trockenmäuerchen aus Natursteinen. Für einige wenige Beete lohnt sich diese mühevolle Arbeit durchaus.

Wenn nur ein Teil des Grundstücks aus einem Hang besteht, dann sollten Sie den Gemüse- oder Blumengarten auf einem günstigen, flachen Platz anlegen. Die abfallende Fläche bepflanzen Sie am besten so, wie die natürlichen Gegebenheiten es verlangen. Liegt der Hang auf der Südseite, so trocknet er leicht aus. Verwenden Sie dann bodendeckende Stauden, die mit der Zeit einen dichten Teppich bilden und die Erde festhalten. Viel Sonne und Trokkenheit vertragen zum Beispiel Thymian,

Terrassenartig angelegte Beete fangen das Hanggefälle ab.

An trockenen, sonnigen Hängen fühlen sich nur ausgewählte Anpassungskünstler wohl, hier sind es z. B. Mauerpfeffer, Quendel, Sonnenröschen, Heidenelken und Trockengräser. Sie bilden malerisch blühende Teppiche.

Quendel, Origano, Lavendel, Katzenminze, Sedumarten, Dachwurz, Habichtskraut und Heidenelken. Als Ergänzung eignen sich auch Gräser, die wunderschöne, malerische Gruppen bilden. Wählen Sie vor allem die blaugrauen Trockengräser wie zum Beispiel Blaustrahlhafer *(Avena)*, Blauschwingel *(Festuca glauca)* oder Schillergras *(Coeleria glauca)*.

Wo eine ausreichend tiefe Humusschicht vorhanden ist, da können Sie zwischen den niedrigen Bodendeckern auch als blühende Akzente einige Wildrosensträucher pflanzen. Auf einer dünnen, steinigen Bodendecke siedeln Sie besser hochwachsende Königskerzen an. Anspruchslose Gehölze für trockene Standorte sind Besenginster, Birken und Kiefern.

Liegt Ihr Hang auf der Schattenseite und ist der Boden etwas feucht, dann pflanzen Sie Teppichstauden, die weniger Licht brauchen, zum Beispiel das ausdauernde Immergrün *(Vinca)* oder den kriechenden Günsel *(Ajuga)*. In einer solchen Situation könnten Sie auch eine größere Fläche mit Efeu zuwachsen lassen. Es ist viel zu wenig bekannt, daß diese uralte lebensstarke Kletterpflanze auch ein hervorragender Bodendecker ist.

Holen Sie sich für die Pflanzenauswahl auch Rat in einer örtlichen Baumschule; dort kennen die Fachleute die besonderen klimatischen und geologischen Gegebenheiten in Ihrer Gegend und können Sie entsprechend beraten. Wichtige Grundregeln für die Hangbepflanzung sollten Sie auf jeden Fall beachten:

- Keine pflegeintensiven Kulturen anlegen, die ständig gejätet, gedüngt oder sogar geerntet werden müssen.
- Pflanzen wählen, die vor allem unempfindlich sind gegenüber Trockenheit.
- Pflanzengemeinschaften ansiedeln, die die Erde auf dem abschüssigen Gelände festhalten und durch dichte Blätterteppiche die wenige Feuchtigkeit schützen.
- Anfangs sorgsam jäten; erst wenn die Pflanzen dicht zusammengewachsen sind, bilden sie eine »pflegeleichte« Decke!

Ein Schattenloch

Hohe Bäume oder Mauern bilden manchmal eine undurchdringliche Barriere für das Sonnenlicht. Kleine Grundstücke versinken dann tief im Schatten. Da Sie die äußeren Umstände in einem solchen Fall nicht ändern können, müssen Sie versuchen, das beste aus dieser Situation zu machen. Ganz falsch wäre es, wenn Sie unerfüllbare Wunschträume erzwingen wollten. Gewürzpflanzen, Rosen und Gemüse werden an solchen Plätzen niemals gesund gedeihen. Sie brauchen unbedingt Licht und Sonne. Einen Biogarten können Sie nicht anlegen, wenn die natürlichen Voraussetzungen dafür nicht vorhanden sind!

Naturgemäß arbeiten können Sie aber trotzdem auf Ihrem Problem-Grundstück. Entdekken Sie die Schönheiten, die sich im Verborgenen auf der Schattenseite des Lebens entfalten. Die urtümliche Vielfalt der Farne und der Zauber der Waldgräser werden Sie schon bald gefangen nehmen. Rosa und weiße Blütenwedel der Astilben, blau-violette Waldglockenblumen, Veilchen, Buschwindröschen, Leberblümchen und Schneeglöckchen heitern den stillen Schatten unter Bäumen und Büschen auf. Vor allem die Gehölzränder, wo etwas mehr Licht durchdringen kann, bieten Lebensraum für Zwiebelblumen und Stauden, die im Halbschatten zu Hause sind. Hier können Sie zum Beispiel Lerchensporn, Lungenkraut, Akeleien, Waldmeister, Maiglöckchen, Winterlinge und Märzbecher pflanzen.

Seltene Blumen, die in der Natur bereits sehr gefährdet sind, finden in einem solchen Garten ein geschütztes Refugium. Dazu gehören zum Beispiel Türkenbundlilien, Salomonsiegel, Gefleckter Aronstab, Nieswurz und Eisenhut. An feuchten Stellen gedeiht der robuste heimische Beinwell. Prächtig entfaltet sich auch im grünen Dämmerlicht der Waldgeißbart mit seinen hohen weißen Blütenrispen.

Alle diese Gewächse fühlen sich im Schatten wohl und heimisch. Sie werden sich gesund entfalten und Ihnen viel Freude bereiten. Wenn Sie außerdem dafür sorgen, daß in der naturgemäßen Pflanzengemeinschaft Ihres »Schattenlochs« auch viele Tiere Lebensraum finden, dann kann dieser Garten zu einem lebendigen Paradies werden. Vögel nisten im dichten Geäst; wo Sie Baumstümpfe oder größere Holzstücke dem langsamen Vermodern überlassen, werden bald zahlreiche Käfer- und Wespenarten ihre Gänge bohren. Pilze siedeln sich an; Blindschleichen und Spitzmäuse finden Unterschlupfmöglichkeiten nach ihrem Geschmack.

Diese Vielfalt des Lebens wird Sie schon bald darüber hinwegtrösten, daß Sie andere Gartenträume unter feuchtem Moos begraben müssen. Irgendwo hat aber auch das schattigste Grundstück seine kleinen Sonnenecken. Diese warmen Oasen können Sie nützen, um sich noch einige Wünsche zu erfüllen. Auf einer sonnigen Terrasse am Haus gedeihen zum Beispiel Tomaten im Kübel und würzige Kräuter in

Auch im leichten Schatten kann sich blühendes Leben entfalten. Hier sind es bunte Primeln, Farne und Funkien (oben). Unter Bäumen empfiehlt sich Efeu als Bodendecker (unten).

Kästen und Blumentöpfen. Wo für ein paar Stunden die Sonne durchdringt, können Sie am Rand der Gehölze auch Walderdbeeren, Monatserdbeeren, Himbeeren, Stachelbeeren und Johannisbeeren pflanzen.
Eine Reihe Pflücksalat, ein paar Radieschen und einige Kohlrabiknollen wachsen bescheiden auf einem kleinen Beet unter dem Küchenfenster, wo vielleicht nur die Morgen- oder Abendsonne hingelangt. So können Sie sich an allen natürlichen Schönheiten Ihres Schattengartens erfreuen und trotzdem hier und da ein paar frisch geerntete Köstlichkeiten genießen.

Ein verwilderter Garten

Wer einen Garten übernimmt, in dem lange Zeit die pflegende Hand des Gärtners fehlte, der kann ein Lied von der »romantischen Wildnis« singen. Meist wird es ein Klagelied werden. Die Begeisterung für die unerschöpflichen Einfälle der ungestörten Natur wird bald überwuchert von den Plagen des Rodens.
Dennoch: Behalten Sie einen klaren Kopf und eine Portion Sanftmut. Schauen Sie sich genau an, was da alles von selber wächst, und überlegen Sie ganz besonnen, was Sie vom überreichen Angebot der Natur übernehmen und behalten möchten und wo Sie gründlich Gärtner-Ordnung schaffen müssen. Vielleicht haben sich Wildkräuter angesiedelt, die Ihren Kräutergarten bereichern können: zum Beispiel Johanniskraut, Schafgarbe, Beinwell, Rainfarn oder Wilde Malven. Einen Teil davon könnten Sie durch behutsames Verpflanzen retten.
Unter alten Obstbäumen darf auch eine wilde Wiese mit Margeriten weiter wachsen. Voraussetzung ist allerdings, daß Sie in diesem Teil des Gartens nicht herumlaufen. Das hohe Gras darf hier nicht niedergetreten werden, bevor es gemäht wird.
Unter Heckensträuchern können Sie eine natürliche Bodendecke zum Beispiel aus Gundermann, Taubnesseln und Gräsern in maßvollen Grenzen ebenfalls dulden. Lassen Sie möglichst auch in einer Ecke des Gartens eine Gruppe Brennesseln weiterwachsen – als Nahrung für die Raupe des Kleinen Füchschens und der Tagpfauenaugen.
In einem sehr großräumigen Garten bleibt vielleicht sogar genügend Platz übrig für eine begrenzte Naturgarten-Wildnis, die weitgehend sich selbst überlassen bleibt. Dort entsteht dann ganz von selbst eine Oase natürlichen Lebens. In einem verwilderten Garten genügt es oft schon, wenn eine Ecke weiterhin unberührt bleibt.
Gegen wildwuchernde Brombeerranken müssen Sie an allen anderen Stellen im Garten unbedingt streng und gründlich vorgehen. Sie werden sonst von dem dornigen Gestrüpp überwältigt. Ziehen Sie sich feste Handschuhe an, und schneiden Sie zuerst die sperrigen Ranken stückweise ab. Zum Schluß müssen Sie die Wurzeln und alle Ausläufer so sorgfältig wie möglich ausgraben. Wo immer später junge Brombeertriebe nachwachsen, sollten Sie sie sofort entfernen!
Dort, wo Sie Ihren Gemüse- oder Blumengarten anlegen möchten, muß am Anfang einmal gründlich für Ordnung und »Luft« gesorgt

Wo sich Wildwuchs ausbreiten konnte, da wartet viel Arbeit!

werden. Auch im Biogarten dürfen Giersch, Disteln und Wilder Ampfer nicht zwischen den Nutzpflanzen und den Rosen wuchern. Die »Wilden« sind immer stärker als die Kulturpflanzen. Sie gewinnen jeden Wettlauf im Wachstum. Der Gärtner und die Köchin haben dann bald das Nachsehen.

Teilen Sie die Bereiche, in denen Sie Gartenbeete anlegen möchten, genau ein. Dort müssen Sie sich die Mühe machen, den Boden gründlich von allem Wildwuchs zu befreien. Wo eine dichte Pflanzengemeinschaft entstanden ist, verwenden Sie zuerst eine Spitzhacke oder eine kräftige Platthacke. Wo Sie leichte Maschinen einsetzen können, da sollten Sie diese Anfangshilfe ohne Gewissensbisse in Anspruch nehmen. Der Sauzahn leistet erst später sinnvolle Arbeit!

Eine Fräse kann – bei einmaliger Verwendung am Anfang – hilfreich sein. Dieses Gartengerät hat aber auch einige Nachteile: Das Bodenleben wird durch die Wühl- und Schneidearbeit viel nachhaltiger gestört als durch den Spaten. Problematisch ist die Fräse vor allem dort, wo Wurzelunkräuter vorkommen. Giersch, Winden und Quecken sind in der Lage, aus kleinen Wurzelstücken neue Pflanzen zu bilden. Die Fräse sorgt, weil sie alles, was zwischen ihre Messer gerät, in kleine Stücke zerschlägt, so für eine gleichmäßige neue Ausbreitung der Un-Kräuter!

Kleinere, überschaubare Flächen bearbeiten Sie am besten in gründlicher Hand- und Fußarbeit. Wichtig ist, daß Sie so viel Wildwuchs wie möglich mit den Wurzeln entfernen. Praktische Anleitungen für diese Arbeiten finden Sie im Kapitel »Die ersten Schritte ins Gartenglück« (Seite 30f.). Erledigen Sie diese mühsamen Vorbereitungen so gründlich wie möglich. Sie ersparen sich damit viel Arbeit und Ärger für die kommenden Jahre. Später ist es viel schwieriger, hartnäckige Un-Kräuter zwischen Salatköpfen oder Staudengruppen herauszureißen.

Einem verwilderten Garten bekommt es auch gut, wenn er nach der ersten Rodung noch einmal tief umgegraben wird und grobschollig über Winter liegenbleibt. Vor allem bei lehmigen Böden ist dies empfehlenswert. Im nächsten Frühling können sie dann mit der konsequenten biologischen Bodenpflege beginnen, die das mühsame Graben bald überflüssig machen wird.

Eine ungezähmte Wiese

Wer eine Wiese kauft oder pachtet, um einen Garten daraus zu machen, der muß ganz von vorne anfangen. Er hat aber auch die Chance, unter der geschlossenen Gras- und Kräuterdecke einen ausgeruhten Boden vorzufinden. Schauen Sie sich, bevor Sie zugreifen, die Wildpflanzen auf diesem Grundstück genau an. Wächst sehr viel Löwenzahn, Scharfer Hahnenfuß und Ampfer, dann müssen Sie mit nassem, wahrscheinlich auch verdichtetem Boden rechnen. Erkundigen Sie sich auch, wieviel und womit in den letzten Jahren gedüngt wurde. Ein Übermaß an Gülle kann Ihnen noch jahrelang zu schaffen machen. Auf mageren, kalkhaltigen Boden deuten dagegen die selten gewordenen Wiesenblumen wie Salbei, Glockenblumen, Flockenblumen, Margeriten, Kleiner Wiesenknopf und Rotklee.

Ähnlich wie beim verwilderten Garten können Sie Ihren Sauzahn zuerst einmal an den Nagel hängen. Empfehlenswert ist diese Reihenfolge der Bearbeitung:

- Im Herbst die ganze Fläche umpflügen und über Winter durchfrieren lassen.
- Im Frühling möglichst mit einer Egge lockern und glätten lassen.
- Einen Zaun errichten oder eine Hecke um das Grundstück anpflanzen.
- Die Hauptwege anlegen und die wichtigsten Einteilungen vornehmen, zum Beispiel Rabatten, Gemüsebeete, Kräutergärtchen, Kompostplatz und Frühbeet. Möglichst einen Geräteschuppen bauen.
  Denken Sie auch an eine Wasserleitung oder an eine Auffangmöglichkeit für Regenwasser!

Auf einer Wiese kann ein schöner Garten entstehen, denn unter der Grasdecke liegt oft guter, ausgeruhter Boden.

- Alle Beete mit Gründüngung einsäen; so wird der größte Teil der Wildkräuter, die wieder nach oben drängen werden, unterdrückt und der Boden noch einmal gründlich gelockert. Auf stark gedüngten Flächen sollten Sie aber keine stickstoffsammelnden Leguminosen (z. B. Lupinen oder Klee) verwenden. Phazelia, Sonnenblumen und Ölrettich sind hier empfehlenswerter.
- Ein bis zwei Hügelbeete anlegen, auf einer ausgesparten Fläche, wenn Sie unbedingt bereits im ersten Jahr ernten möchten.
- Im zweiten Frühling kann der Garten bepflanzt werden. Der Boden ist bestens vorbereitet, der erste Kompost ist bereits vorhanden; die abgemähte Gründüngung liefert dafür reichlich Material.

Wenn Sie bereit sind, diese Vorarbeiten zu leisten und ein Jahr Geduld zu haben, werden Sie sehr schnell auf dem Gelände der wilden Wiese einen fruchtbaren Garten gewinnen.

Ein Schrebergarten

In Schrebergärten wird zwar nicht nach »Vorschrift« gegärtnert, aber bestimmte Regeln müssen in einer solchen Gemeinschaftsanlage immer eingehalten werden. Die »Gartenordnung« ist aber nicht allgemein gültig. Jeder Gartenbauverein hat seine eigene Satzung, die von Land zu Land und von Stadt zu Stadt unterschiedlich ausfallen kann.

Ganz allgemein kann man aber feststellen, daß die Zeiten der »großen Giftspritze« vorbei sind. Viele Kleingartenvereine sind heute an naturgemäßen Anbau- und Pflegemethoden für Obst und Gemüse interessiert. Schwierigkeiten werden Sie aber meist mit einer »wilden« Naturgartenanlage bekommen. Ein »ordentliches« Bild der gesamten Anlage ist in der Regel nicht nur Bedingung, sondern auch ein Anliegen der vielen Mitgärtner. In einer Gemeinschaft muß man immer ein paar Kompromisse machen, damit eine freundliche Atmosphäre ebenso gedeihen kann wie der Kohlkopf neben den Blumen.

Wer einen Kleingarten pachtet, sollte sich darüber im klaren sein, daß dieses Stückchen Erde traditionsgemäß vor allem dem Anbau von Obst und Gemüse und der Erholung dient. Beides läßt sich gut mit den Regeln des biologischen Gärtnerns vereinbaren. Lesen Sie sich aber vor Vertragsabschluß die Satzung des Vereins genau durch. Sie erfahren dann zum Beispiel, ob Sie Bienen halten dürfen, wie der Schnitt der Hecken gehandhabt wird und vor allem, welche Vorschriften für den Pflanzenschutz bestehen. Eine Anlage, in der noch – unzeitgemäße – allgemeine Giftspritzungen durchgeführt werden, ist für den naturgemäßen Anbau nicht akzeptabel. Über alles andere

läßt sich reden – mit den Gartennachbarn und sicher auch mit dem Vorstand des Vereins.
Wenn Sie ein Schrebergärtchen liebevoll bearbeiten und langsam in ein Bio-Paradies verwandeln, sollten Sie nie vergessen: Mit einer guten Ernte und ein paar freundlichen Worten über den Gartenzaun werden Sie Ihre Nachbarn eher zum naturgemäßen Gärtnern bekehren als durch abfällige Bemerkungen oder Eigenbrötelei. Nichts ist so überzeugend wie ein gutes Beispiel!

Schrebergarten mit Blumen und Gemüse in bunter Mischung.

»Gift« vom Vorgänger

Wenn Sie einen Garten übernehmen oder ein bepflanztes Grundstück kaufen, ist es immer ratsam, sich zu erkundigen, wie Ihr Vorgänger seinen Boden und seine Pflanzen behandelt hat. Hat er »gespritzt« und synthetische Düngesalze verwendet, dann können Sie diese Behandlung zwar nicht ungeschehen machen, aber Sie wissen, worauf Sie achten müssen.
Lassen Sie eine Bodenprobe analysieren. So erfahren Sie die genauen Werte der Nährstoffkonzentration in Ihrer Gartenerde und den Säuregehalt. Lassen Sie eine solche Untersuchung möglichst in einem biologisch orientierten Institut machen. Sie bekommen dann – auf Wunsch – auch Anweisungen, wie Sie mit naturgemäßen Mitteln vorhandene Mängel wieder ausgleichen können (Adressen finden Sie im Anhang). Auskunft über Schwermetallrückstände erhalten Sie bei einer normalen Grunduntersuchung nicht. Auf spezielle Anfrage werden solche Untersuchungen aber von den landwirtschaftlichen Untersuchungs- und Forschungsanstalten (LUFA) und auch von privaten Labors vorgenommen. Da jeder Schwermetallwert einzeln ermittelt und auch berechnet wird, sollten Sie sich vorher nach den Kosten erkundigen. Auskünfte erhalten Sie auf diesem Wege über Arsen-, Blei-, Cadmium-, Chrom-, Kupfer-, Nickel-, Quecksilber- und Zinkbelastungen im Boden.
Wenn Sie genaue Angaben über die Nährstoffzusammensetzung haben, können Sie vor allem Fehler beim Düngen vermeiden. So ist es zum Beispiel wichtig zu wissen, daß bei zahlreichen Reihenuntersuchungen in verschiedenen Landschaften Deutschlands eine hohe Phosphatüberdüngung festgestellt wurde. Sollte dies auch bei Ihnen der Fall sein, dann meiden Sie für einige Zeit alle phosphathaltigen organischen Dünger, wie zum Beispiel Geflügelmist, Guano und Knochenmehl.
Fehler beim Düngen lassen sich also klar erkennen und auf die Dauer auch wieder ausgleichen. Etwas undurchsichtiger ist die Situation, wenn Ihr Vorgänger Insektizide oder gar Herbizide (Unkrautvernichter) gespritzt hat. Untersuchungen über Rückstände im Boden sind normalerweise für private Gartenbesitzer zu aufwendig. Richten Sie Ihr Augenmerk vor allem darauf, der Natur zu helfen beim Abbau der schädlichen Substanzen. Die Gesundung des Bodens durch regelmäßige Kompostversorgung, Mulchdecken und abwechslungsreiche Mischkulturen wird dann bald Fortschritte machen. Je lebendiger und intensiver die Umsetzungsprozesse im Kompost und auf den Beeten ablaufen, desto mehr schädliche Substanzen können abgebaut werden. Seien Sie zuversichtlich: Wo der Boden noch Regenerierungskraft besitzt, da wird er auch wieder gesunden.

Wollen Sie vorsichtshalber vor der ersten Ernte im neuen Garten Gemüse und Obst auf schädliche Rückstände untersuchen lassen, müssen Sie sich an Speziallabors wenden. Auskünfte erhalten Sie zum Beispiel bei einer Verbraucherzentrale in Ihrer Nähe. Fragen Sie aber auch nach dem Preis – er liegt meist zwischen 100 und 300 DM!

Wo immer Sie einen Garten übernehmen, da sollten Sie auch die Hoffnung auf das Glück im Grünen bewahren. Leben Sie nicht in ständiger Angst – auch wenn viele Gefahren und Schwierigkeiten um uns herum auftauchen. Nur wer innerlich stark und mutig bleibt, kann die Entwicklung in positive Richtungen lenken. Stärken Sie also nicht nur die Widerstandskräfte Ihres Gartenbodens und Ihrer Pflanzen, sondern auch die Zuversicht in Ihrem Herzen. Wir gärtnern für das Leben!

Fruchtbarkeit und Gesundheit sind der Lohn des Gärtners.

Die ersten Schritte ins Gartenglück

Sie haben in den ersten Kapiteln dieses Buches sicher schon öfter bemerkt, daß es besser ist, sich den Garten geduldig Schritt für Schritt zu erobern. Vor allem gründliche Vorarbeiten zahlen sich immer aus. Sorgen Sie deshalb vor der Anlage neuer Beete und vor allem vor der Bepflanzung mit langlebigen Stauden, Sträuchern und Bäumen dafür, daß alle »Hindernisse« für künftiges Gartenglück aus dem Weg geräumt werden. Hartnäckige Un-Kräuter, Steine, Schutt und faulende »Misthaufen« werden entfernt. Erforschen Sie die Ursachen für mangelhaften Wasserabzug und Staunässe. Sorgen Sie für grundlegende Besserung durch Dränage oder tiefreichende Bodenbearbeitung. Sagen Sie vor allem nie: Später! Jetzt will ich zuerst etwas Schönes sehen! Sie werden keine ungetrübte Freude an schnell gepflanzten Rosen und eilig bestellten Gemüsebeeten haben, wenn nach kurzer Zeit tiefverwurzelte Unkräuter aus der Erde kriechen und sich zwischen den Blumen breit machen; oder wenn Ihre Salatpflanzen in steinharter, nasser Erde ein trauriges Invalidendasein führen.

Später ist es dann oft zu spät, um das Übel noch tief an der Wurzel zu packen. Fangen Sie lieber gleich an; bewältigen Sie die weniger angenehmen Arbeiten zuerst, damit die Freude am Garten dann um so länger währt.

Bodenverbesserung

In den Kapiteln »Ein Baugrundstück« und »Eine ungezähmte Wiese« haben Sie bereits erfahren, daß es in manchen Gartensituationen notwendig ist, zuerst eine tiefgreifende Bodenbearbeitung mit Maschinen einzuschalten, ehe

die feinfühlige, naturgemäße Handarbeit einsetzen kann. Ein Pflug, eine Fräse oder eine Motorhacke können für diese Pionierarbeiten gute Dienste leisten. Vor allem für große Flächen sind solche Hilfen unerläßlich. Ein Bauer käme auch nicht auf die Idee, einen Acker mit einem Spaten umzugraben!
Für kleinere Gartengrundstücke reichen dagegen Spitzhacke, Platthacke und Spaten als Pionierwerkzeuge aus, um den Boden zuerst einmal so tief wie möglich zu lockern.
Es gibt aber auch weniger strapazierte, kleine Gärten, in denen Sie wucherndes Un-Kraut in »Handarbeit« entfernen können. Wie Sie diese ungeliebten Mitbewohner Ihres Gartens am besten »beim Schopf fassen«, verraten Ihnen die folgenden Tips:

Un-Kraut mit Stumpf und Stiel gepackt

Für Wildkräuter mit starken Wurzelstöcken benutzen Sie am besten eine Grabgabel. Drücken Sie diese Gabel mit ihren vier flachen Zinken an mehreren Stellen rund um die Pflanze in den Boden. Versuchen Sie jedesmal, die Wurzeln etwas hochzuheben. Zum Schluß packen Sie die Pflanze mit beiden Händen und ziehen sie aus der Erde. Arbeiten Sie dabei »mit Gefühl«, damit Sie möglichst alle Wurzeln aus ihrer unterirdischen Verankerung lösen. Schütteln Sie die Erde ab – der Rest wandert auf den Kompost.
Vorsichtshalber greifen Sie dann noch zu einer kleinen Hacke. »Durchwühlen« Sie die Erde an dieser Stelle noch einmal gründlich auf der Suche nach Wurzel- und Pflanzenresten. Auf diese Weise »roden« Sie zum Beispiel Brennesseln, Gräser oder Hahnenfuß.
Wenn Sie Acker- oder Zaunwinden auf Ihrem Grundstück finden, dann müssen Sie beim Aufsammeln aller Wurzelstücke besonders sorgfältig vorgehen. Aus dem kleinsten Rest kann eine neue Pflanze entstehen! Das vitale Wachstum dieser Winden müssen Sie durch

Mit einem Unkrautstecher graben Sie lange Wurzeln aus.

weitere Maßnahmen zu bremsen versuchen: Reißen Sie alle nachwachsenden Triebe sofort aus, damit die Pflanzen immer mehr geschwächt werden. Wo es möglich ist, decken Sie während einer ganzen Vegetationsperiode den Boden ständig mit Wellpappe oder schwarzer Folie ab. Die Winden gehen darunter zugrunde.
Un-Kräuter mit langen Pfahlwurzeln, wie Löwenzahn oder Disteln, heben Sie am besten mit einem langen, schmalen Unkrautstecher so tief wie möglich aus dem Boden. Diesen kleinen Helfer sollte jeder Gärtner stets griffbereit haben. Mit dem Unkrautstecher können Sie auch viele andere Pflanzen leicht aus der Erde heben. Arbeiten Sie immer nach dem Prinzip: Zuerst lockern und dann so gründlich wie möglich herausreißen. Alles, was zurückbleibt und nachwachsen kann, bereitet Ihnen doppelte und dreifache Mühe.

Pflanzen graben tiefer als der Spaten

Überall dort, wo der Boden Ihres zukünftigen Gartens schwer, verdichtet und ungepflegt ist, planen Sie für die Rekultivierung am besten zwei Arbeitsgänge ein:

- Zuerst mechanisch lockern mit dem Spaten oder mit Maschinen; diese Bearbeitung mit eisernen Werkzeugen wird am besten im Herbst vorgenommen. Über Winter bleibt die Erde grobschollig liegen, damit der Frost für eine erste feinere Zerkrümelung sorgen kann.

- Im folgenden Frühling setzen lebendige Pflanzen die Bodenverbesserung fort.

Grüne Spezialisten vermögen tiefer und vor allem feinfühliger zu »graben« und zu lockern als Metallgeräte in Menschenhand. Solche Pflanzungen nennt man Gründüngung. Sie dringen mit reichem Wurzelwerk in die Erde und schaffen überall wohltuende Hohlräume. Außerdem tragen sie zur Nährstoff- und Humusanreicherung bei. Einige Gründüngungspflanzen, die sogenannten Leguminosen, bilden an ihren Wurzeln in Zusammenarbeit mit bestimmten Bakterien Stickstoffknöllchen. Zu ihnen zählen zum Beispiel Lupinen, Kleearten und Ackerbohnen.

Alle Gründüngungsarten tragen zur Bodenverbesserung auch durch ihre große Blattmasse bei, die nach ein paar Monaten üppigen Wachstums abgemäht und verwertet werden kann. Dies ist, je nach Aussaat, im Spätsommer oder Herbst der Fall. Dann können Sie die ganze eingesäte Fläche abmähen oder abschneiden. Die Wurzeln aller einjährigen Pflanzen bleiben in der Erde; sie werden über Winter von selbst zerfallen und einen lockeren, porösen Boden hinterlassen. Blätter und Stengel können Sie zum Teil als luftige Decke ausbreiten. Dieses erste Mulchmaterial schützt die Feuchtigkeit und das beginnende Bodenleben; sie wird dann an Ort und Stelle in Humus umgesetzt.

Einen Teil der abgemähten Gründüngung können Sie kompostieren. Da es sich um sehr saftreiches, grünes Material handelt, müssen Sie es mit trockeneren Substanzen, zum Beispiel zerkleinertem Baum- und Heckenschnitt, mischen.

Eine andere Möglichkeit besteht darin, einen Teil der grünen Pflanzenmasse als Dünger und Humuslieferanten unterzugraben. Dies muß aber sehr locker und oberflächlich geschehen. Denken Sie daran, daß diese organischen Substanzen sich noch zersetzen müssen im Boden. Für diesen Umwandlungsprozeß wird unbedingt Sauerstoff benötigt. Bei einem »Begräbnis« in tieferen Bodenschichten besteht die Gefahr von Luftmangel und Fäulnis! Dann haben Sie mehr verdorben als verbessert.

Schließlich gibt es noch die Möglichkeit, einjährige Gründüngungsarten, die nicht so hoch wachsen, einfach erfrieren zu lassen. Die Pflan-

Säen Sie die gelben Senfsaat-Körner dicht aus (links). Sehr rasch keimen die ersten Blättchen der Gründüngung (Mitte). Die hochgewachsene Senfsaat wird abgemäht und bleibt als Mulchdecke auf dem Boden liegen (rechts).

Name	Bodenansprüche	Aussaatzeit	Besondere Hinweise
Lupine, gelb *Lupinus luteus*	sandig, sauer	April – Mai	einjährig, tiefe Durchwurzelung, Stickstoffsammler
Lupine, blau *Lupinus angustifolius*	sandig-lehmig, leicht sauer	April – Mai	einjährig, tiefe Durchwurzelung, Stickstoffsammler
Inkarnatklee *Trifolium incarnatum*	mittelschwere Böden, lehmig, leicht sauer bis neutral	Mai – Juni oder Ende Juli – Anfang September	winterhart, später Bodendecker, Stickstoffsammler
Perserklee *Trifolium resupinatum*	mittelschwer, schwach sauer bis alkalisch	Mai – Juli	breite Durchwurzelung, friert ab, Stickstoffsammler
Weißer Steinklee *Melilotus alba*	mittlere bis schwere Böden, neutral	April – Anfang September	winterhart, Stickstoffsammler
Ackerbohne, Dicke Bohne *Vicia faba*	wächst überall, besonders günstig sind mittelschwere, lehmig-feuchte Böden	März – Mai	tiefe Durchwurzelung, Stickstoffsammler, Gemüse!
Gelbsenf *Sinapis alba*	mittelschwer, alkalisch, anpassungsfähig	März – September	einjährig, schnellkeimend und -wachsend, feines, verzweigtes Wurzelnetz
Ölrettich *Raphanus sativus*	mittelschwere bis schwere Böden, neutral bis schwach alkalisch	April – September	sehr tiefreichende Pfahlwurzel, meist nicht winterhart, sehr gut für verdichtete Böden
Sonnenblume *Helianthus annuus*	mittelschwere Böden, neutral bis leicht alkalisch	April – Mai	einjährig, starke, meist in die Breite gehende Durchwurzelung, schöne Blüte, eßbare Kerne
Ringelblume *Calendula officinalis*	wachsen überall	April – Mai	einjährig, schöne Blüte, Wurzelausscheidungen wirken gegen Nematoden (Fadenwürmer)
Bienenfreund *Phacelia tanacetifolia*	besonders günstig sind leichte Böden, anpassungsfähig an fast alle Bodenarten, neutral bis schwach sauer	April – Juli	einjährig, reiche Durchwurzelung, schöne lilablaue Blüte, Bienenweide!

Stickstoffsammelnde Lupinen (oben), Ringelblumen und Tagetes als Bodenteppich (Mitte).

Phazelia als Bodenverbesserung und Bienennahrung.

zenreste legen sich dann von selbst über den Boden. Sie verrotten dort, werden bei wärmerem Wetter von Regenwürmern und Bodenorganismen aufgenommen und in nährstoffreichen Humus umgesetzt.
Das Pionierpflanzen-Angebot der Natur ist sehr vielgestaltig. Die verschiedenen Lupinen, Kleearten, Erbsen, Bohnen und Wicken gehören zur großen Familie der Schmetterlingsblütler. Auch unter den Kreuzblütlern finden sich einige Gründüngungs-Gehilfen, zum Beispiel Senf und Ölrettich.
Zum Trost für alle ungeduldigen Gärtner gibt es aber auch Pflanzen, die den Boden verbessern und gleichzeitig mit bunten Blüten für erste Sommerfreuden sorgen. Vor allem gelbe Sonnenblumen, orangefarbige Ringelblumen und der lila-blaue Bienenfreund *(Phacelia)* verbinden auf diese Weise das Nützliche mit dem Schönen.
Zum Schluß noch ein Tip für Gärtner, die ein stark verunkrautetes Grundstück übernehmen, auf dem der Boden stark vernachlässigt, aber sonst in gutem Zustand ist. Bauen Sie – nachdem Sie den schlimmsten Wildwuchs beseitigt haben, im ersten Jahr Kartoffeln an. Das dichte Laub der Erdäpfel unterdrückt nachwachsendes Unkraut, und die Knollen hinterlassen nach dem Roden einen herrlich lockeren Boden.
Aus der Tabelle (Seite 33) können Sie sich nun die passenden Pioniere aussuchen, die Ihren Boden am besten »beackern«. Im Handel wird Gründüngungs-Saatgut in einzelnen Sorten oder in Mischungen angeboten. Leguminosen, die seit altersher von den Bauern benutzt werden, bekommen Sie zum Beispiel in landwirtschaftlichen Genossenschaften. Dort finden Sie verschiedene Kleearten und Lupinen. Die weitverbreitete Senfsaat bekommen Sie fast überall; vor allem die Bioläden haben sie in ihren Regalen stehen. Speziell auf den Garten abgestimmte Gründüngungs-Mischungen in kleinen Portionen sowie Phazelia, Ringelblumen und Sonnenblumen hat der Samenfachhandel vorrätig.

Gute Aufteilung des Grundstücks

Den Boden können Sie verbessern, aber die Größe und die Form des Grundstücks können Sie nicht verändern. Deshalb ist eine geschickte Einteilung sehr wichtig. Für die meisten Gärten stehen heute nur 200–300 m² Land zur Verfügung. Stopfen Sie nicht alle Ihre Träume in diese kleine Fläche. Die weise Beschränkung auf das »Machbare« fördert die Harmonie der Gestaltung mehr als ein dichter Wirrwarr.

Gehen Sie bei der Planung zunächst von der Form des Grundstückes aus. Ein langes, schmales »Handtuch« hat zum Beispiel eine sehr langweilige Perspektive, wenn Sie in der Mitte ein Rasenband anlegen, das die Länge noch mehr betont. Besser ist es, wenn Sie ein solches Grundstück durch optische Querriegel in mehrere kleine Räume unterteilen. So entstehen abwechslungsreiche Durchblicke und verschiedenartige Nutzungsbereiche.

Solche Unterteilungen können zum Beispiel durch Staudenbeete, Rosenpflanzungen, Sträucher oder Himbeerhecken entstehen. Wenn Sie ein langgezogenes Grundstück auf diese Weise in drei Gartenräume gliedern, kann im ersten Bereich, nahe am Haus, zum Beispiel ein Blumen- und Kräutergarten angelegt werden; in der Mitte findet vielleicht eine Spielwiese mit Wäschetrockner Platz, und ganz hinten am Grundstücksende könnte ein kleiner Nutzgarten, ein ungestörter Naturteich oder eine Laube für stille Stunden entstehen.

Beschränkt sich ein Garten dagegen auf eine sehr kleine Fläche, dann ist es besser, für optische Weite und eine möglichst großzügige Aufteilung zu sorgen. Der Mittelraum kann dann zum Beispiel als Rasenfläche oder als Sitzplatz mit schönen Natursteinplatten angelegt werden. Nur die Ränder werden in möglichst lokkerer Linienführung bepflanzt.

Entscheidend für die Grundstücksaufteilung sind auch bereits vorhandene ältere Bäume.

Schmale Grundstücke sollten abwechslungsreich aufgeteilt werden.

Passen Sie die Gestaltung auf jeden Fall an diese wertvollen »Mitbewohner« Ihres Gartens an. Selbst wenn Sie Schatten in Kauf nehmen müssen – diese grünen Persönlichkeiten prägen Ihre Umgebung; sie schenken Ihnen vielfältiges Leben und eindrucksvolle Bilder zu allen Jahreszeiten. Nutzen Sie dieses großzügige Angebot, und richten Sie einen Sitzplatz unter dem Blätterdach einer Buche oder Kastanie ein. Eine Gruppe von Bäumen bietet sich als Ausgangspunkt für einen Naturgartenbereich an.

Diese wenigen Hinweise können natürlich nur als allgemeine Anregung dienen. Versuchen Sie, Ihr Grundstück so aufzuteilen, daß sonnige Bereiche gut genutzt werden können. Versuchen Sie aber gleichzeitig, Gartenräume zu schaffen, die einen harmonischen Anblick bieten. Wenn Ihnen dies alles nicht allein gelingt, sollten Sie einen Gartenarchitekten zu Rate ziehen, der Erfahrungen in der Gestaltung naturgemäßer Anlagen hat. Auch hier gilt wieder der Grundsatz: Später wird alles schwieriger! Planen Sie auch die Gartengestaltung von Anfang an gründlich und dauerhaft.

Entscheidung für die beste Nutzung

Eng verbunden mit der Gesamtplanung ist auch die Entscheidung für die Nutzung des Gartens. Dabei spielen die persönlichen Wünsche ebenso eine Rolle wie der Grund und Boden, auf dem sie verwirklicht werden sollen. Entscheiden Sie niemals gegen die naturgegebenen Realitäten.

Im Rahmen der Möglichkeiten können Sie dann überlegen, welcher Garten Ihnen die größte Freude oder die Erfüllung lange gehegter Träume bringen kann:

- Ein Gemüse- und Obstgarten bietet sich für diejenigen an, die ihren Haushalt möglichst weitgehend mit selbstgezogenen, gesunden Früchten versorgen möchten. In diesen Nutzgarten müssen Sie jedes Jahr von neuem viel Arbeit investieren, um gute Bio-Ernten zu erzeugen. Für Zierpflanzen, Spiel- und Sitzplätze wird in einem großen Gemüsegarten nur wenig Platz übrigbleiben.
- Ein bunt gemischter Garten ist der ideale Kompromiß für alle, die eigene Früchte ebenso genießen möchten wie die Schönheit von Blumen und Gehölzen. Die Selbstversorgung hält sich in diesem Fall in Grenzen; dafür entschädigt die Vielfalt der Pflanzen und die Freude am bunten Bild der Jahreszeiten.
- Ein naturnaher Garten enthält vor allem wildnishafte Pflanzenschönheit und vielfältiges Tierleben. Gaumenfreuden existieren höchstens am Rande, dort wo Walderdbeeren, Wildkräuter oder Pilze gedeihen.

Innerhalb dieser Hauptgruppen gibt es natürlich vielfältige Variationsmöglichkeiten. Am Anfang sollten Sie vor allem die »große Richtung« festlegen. Änderungen sind immer möglich. Gärtner leben ja von den Erfahrungen, die sie im Laufe der Jahre sammeln. Neue Erkenntnisse und geänderte Lebensgewohnheiten schlagen sich auch auf Gemüsebeeten und Staudenrabatten nieder. Es ist ja das Kennzeichen des Lebendigen, daß es ständig in Bewegung ist. Kreative Wandlungsfähigkeit gehört zu den wichtigen Eigenschaften guter Gärtner. Praktische Anleitungen für die Anlage und Bepflanzung verschiedener Gärten finden Sie im letzten Teil dieses Buches. Für die ersten Schritte ins Gartenglück waren die grundsätzlichen Überlegungen wichtig – bunte Träume und blumige Details folgen später.

Von allem etwas: Gemüse, Obst, Kräuter und Blumen.

Bauen und Handwerken

Wenn der Gärtner sich auch ein wenig als Handwerker betätigt, kann er viel Geld sparen. »Eigenbau« wirkt oft natürlicher und origineller als serienmäßig hergestellte Ware. Ein wenig Geschick und praktische Erfahrung mit Materialien und Werkzeugen gehört aber dazu. Windschiefe Hütten oder buckelige Wege sind die Mühe nicht wert. Wenn Sie selber noch nicht geübt sind im Handwerken, sollten Sie zumindest einen erfahrenen »Berater« oder »Vorarbeiter« aus Ihrem Freundeskreis oder aus der Nachbarschaft hinzuziehen. Beim gemeinsamen Bauen können Sie viel lernen. Nach einiger Zeit gelingt Ihnen dann manche Arbeit auch allein.

Denken Sie bei der Planung von Zäunen, Wegen oder Gartenhäuschen immer daran, daß sich in einem naturgemäß bearbeiteten Garten natürliches Baumaterial am besten einfügt.

Die Grenzen des Gartens

Seit undenklichen Zeiten war der Garten ein Stück Land, das der Wildnis abgerungen und von Menschen beschützt wurde. Räuberische Tiere und wuchernde Wildpflanzen durften hier nicht mehr eindringen. Deshalb wurde der Garten eingefriedet. Ein Zaun oder eine Mauer bewahrten den Frieden in dieser Oase der Kulturgewächse. Die Abgrenzung nach außen bedeutete aber seit jeher auch eine deutlich sichtbare Eigentumsmarkierung. Ein Fremder erkannte ebenso wie der liebe Nachbar: Hier verläuft eine Grenzlinie; eine Übertretung ist nur erlaubt, wenn der Besitzer einverstanden ist.
Auch heute noch ist es üblich und nützlich, einen Garten einzufrieden. Die Grenzen des Grundstücks können durch Zäune, Mauern oder Hecken markiert und geschützt werden. So entsteht ein privates Refugium, in dem Sie ungestört gärtnern, ernten oder sich im Frieden mit der Natur entspannen können.

Zäune

Jede Landschaft hatte früher ihren eigenen Baustil. Auch Zäune waren von lokaler Eigenart geprägt. Heute haben sich die Grenzen sehr vermischt. Industriell hergestellte Zaunelemente werden überall gleichmäßig angeboten. Dennoch sollten Sie darauf achten, daß die Begrenzungsart, die Sie auswählen, in Harmonie zur Umgebung steht.
Ganz allgemein sollte ein Zaun nicht nur einen praktischen Zweck erfüllen, sondern auch einen freundlichen Anblick bieten. Zu einem naturgemäßen Garten paßt das Naturmaterial Holz besonders gut. Die Tradition des Holzzauns reicht weit zurück in die bäuerliche Vergangenheit. Alte und neue Formen werden heute in großer Vielfalt angeboten.

Der Flechtzaun ist eine Jahrhunderte alte, urtümliche Einfriedung. Rohe, kaum bearbeitete Pfähle wurden dafür in den Boden gerammt; die Zwischenräume füllte ein Geflecht aus biegsamen Weidenruten. Sehr selten findet man heute in abgelegenen Landstrichen noch einen solchen Zaun. Leichter ist es, Flechtzäune in Freilichtmuseen ausfindig zu machen und dort die althergebrachte Herstellungsweise kennenzulernen. Wer heute in liebevoller Handarbeit einen solchen Zaun um seinen Biogarten errichten möchte, der sollte dies nur in ländlicher Umgebung tun. Der Flechtzaun gehört zum Bauerngarten, im städtischen Umfeld wirkt er fremd und »fehl am Platze«.

Staketenzäune werden aus schlanken, halbhohen Hölzern zusammengesetzt, die verschieden geformt sein können.

- Rundhölzer sind dünne Stämmchen, etwa vom Durchmesser einer Bohnenstange, die oben angespitzt werden.
- Halbhölzer bestehen aus halbierten Rundhölzern; sie besitzen also eine flache und eine gerundete Seite.
- Latten sind flach und glatt gehobelt; oben können sie, wie die Rund- und Halbhölzer, in eine Spitze auslaufen. Das ist die traditionelle Form des Bauerngartenzauns. Es gibt aber auch moderne Muster; die Latten werden dann maschinell gerundet oder ausgebuchtet.

Bei allen Staketenzäunen werden die senkrechten Hölzer oben und unten an zwei waagerechten Latten oder Rundhölzern festgenagelt. Im Abstand von 2–3 m müssen stabile Stützpfosten eingebaut werden.

Jägerzäune sind weitverbreitet und preiswerter als viele andere Modelle. Die diagonal verarbeiteten Rundhölzer laufen oben und unten in Spitzen aus, die durch ihre dichte Anordnung wie gefährliche Spieße wirken. Gemildert wird das aggressive Aussehen erst, wenn Sträucher den Zaun »durchflechten«.

Bretter- oder Schwarten-Zäune bestehen aus waagerecht verarbeiteten Brettern. Wenn die Rinde teilweise noch am Holz haftet, spricht man von Schwarten. Die unregelmäßige Form des Baumstammes ist bei solchen Brettern noch gut erkennbar.

Flechtwände bilden leichte, aber undurchsichtige Abschirmungen. Ihre festen Rahmen sind von verschiedenartig verflochtenen dünnen Spanhölzern ausgefüllt. Diese fertigen Elemente müssen zwischen Vierkantpfosten montiert werden. Solche dichten, hohen Zäune sind dort empfehlenswert, wo Sichtschutz nötig ist, oder wo der Garten gegen Straßenlärm und Staub abgeschirmt werden soll.

Alle Holzzäune müssen, wenn sie jahrelang halten sollen, entweder tiefdruckimprägniert sein oder regelmäßig gestrichen werden. Verwenden Sie dafür nur pflanzen- und umweltfreundliche Naturfarben. Die Hölzer müssen einige Zentimeter Abstand zum Boden haben, damit sie nicht faulen. Die tragenden Pfosten werden möglichst in »Eisenschuhen« verschraubt, die in kleinen Betonsockeln verankert sind.

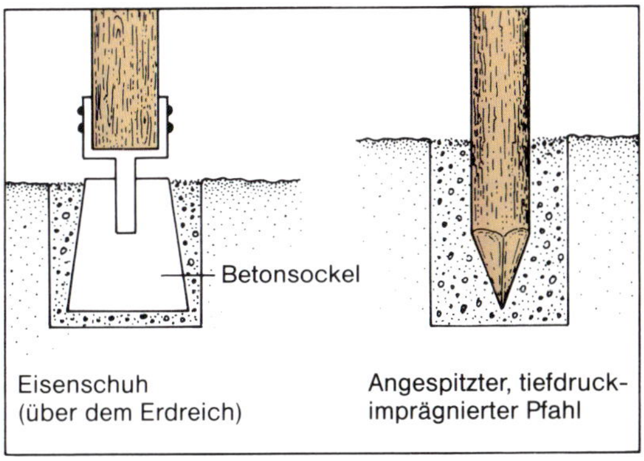

Ein Flechtzaun nach uralter Art paßt zur blühenden Wiese.

Zeitlos schön wirkt ein Staketenzaun in Weiß.

Schlicht-rustikaler Zaun aus rundem Stangenholz.

»Buntgeblümt« wirkt der Jägerzaun freundlicher.

Drahtzäune bestehen keine Schönheitskonkurrenz, aber sie gewinnen oft im Wettkampf der Überlegungen, weil sie preiswerter sind als Holzmodelle. Vor allem dann, wenn ein großes Grundstück eingezäunt werden muß, bleibt der Maschendraht oft als einzige erschwingliche Möglichkeit übrig. Verwenden Sie aber unbedingt kunststoffummantelten Draht, der nicht rostet!
Sträucher, die an der Grundstücksgrenze wachsen, und Kletterpflanzen können mit der Zeit diesem Zaun seine nüchterne Strenge nehmen. Wicken und Winden hüllen ihn einen Sommer lang in Blüten. Efeu kann ihn nach einigen Jahren in eine dichte grüne Wand verwandeln!

Schmiedeeiserne Zäune können wahre Kunstwerke sein. Sie sind aber auch entsprechend teuer. Am besten passen sie zu alten Pfarrgärten und Landhäusern. Wenn Sie, zusammen mit einem Haus, ein solches Prachtstück aus alter Kunstschmiede-Tradition erworben haben, dann sollten Sie es sorgfältig pflegen und regelmäßig streichen.

Mauern

Feste Mauern, die auf der Grundstücksgrenze errichtet werden, sind sehr dauerhaft, aber meist teurer als Zäune. In der Regel besteht nur ein Teil der Einfriedung aus einer Mauer, zum Beispiel an der Straßenseite oder an einer Stelle, wo Gefälle abgefangen werden muß. Eine solide Mauer benötigt ein frostsicheres Fundament, das mindestens 80 cm tief in den Boden reichen muß.
Verwenden Sie möglichst Naturmaterial, das in der näheren Umgebung in Steinbrüchen gebrochen oder in Ziegeleien gebrannt wird. Im norddeutschen Raum bieten sich zum Beispiel traditionsgemäß Ziegelsteine oder Klinker an. Bruchsteine werden in zahlreichen Mittelgebirgen gewonnen; und Sandstein in warmer Rottönung ist in der Pfalz üblich. Ein neutrales, anpassungsfähiges Material für Mauern liefern Kalksandsteine, die später weiß geschlämmt werden.
Sehr wichtig ist es, die Mauerkrone gegen eindringendes Regenwasser zu schützen. Dies kann durch eine Zinkabdeckung, durch schräg aufgelegte Dachziegel oder durch große Deckplatten aus Natursteinen geschehen.
Überlegen Sie gut, bis zu welcher Höhe Sie Ihre Mauer errichten wollen. Sehr hohe Mauern wirken streng und abweisend. Sie werfen auch tiefe Schatten auf die Umgebung. Für kleine Grundstücke sind sie deshalb auf jeden Fall ungeeignet. Bis zu 2 m Höhe dürfen Sie nach eigenem Ermessen mauern. Alles, was darüber hinausgeht, muß von der zuständigen Baubehörde genehmigt werden. Für Baumaßnahmen auf der Grenzlinie benötigen Sie auch das Einverständnis des Nachbarn.
Falls auf Ihrem Grundstück bereits eine wenig ansehnliche Mauer vorhanden ist, zum Beispiel eine nackte Brandmauer, können Sie sie mit Kletterpflanzen nachträglich »einkleiden«. Efeu und Wilder Wein eignen sich dafür besonders gut, weil sie sich mit Haftwurzeln »festsaugen« und keine zusätzlichen Kletterhilfen benötigen.

Hecken

Aus Sträuchern können Sie eine grüne Grenzlinie ziehen, die lockerer und lebendiger wirkt als Steinmauern oder Zäune. Dafür bieten sich sehr unterschiedliche Bepflanzungsformen an. Je nach der Lage Ihres Grundstücks und nach Ihren Lebensgewohnheiten können Sie wählen zwischen folgenden Möglichkeiten:

Die Wildsträucher-Hecke besteht überwiegend aus heimischen Gehölzen, wie zum Beispiel Heckenrosen, Schneeball, Kornelkirschen, Schlehen, Sauerdorn und Weißdorn. Diese Sträucher sind sehr robust und starkwüchsig. Als freiwachsende, lockere Hecke gepflanzt benötigen sie reichlich Platz. Geschnitten werden diese heimischen Wegsträucher nicht. Nur trockenes Holz und zu dicht nach innen wachsende Zweige müssen Sie ab und zu herausnehmen.
Die Wildsträucher-Hecke eignet sich nur für große Naturgärten, wo viel Platz vorhanden ist. Ideal ist sie dort, wo ein Grundstück in die freie Landschaft übergeht.

Die gemischte Blüten- und Beerensträucher-Hecke ist ein hübscher Kompromiß für mittelgroße Grundstücke. Hier können Sie Heckenrosen, Kornelkirschen, Ebereschen und Feuerdorn mischen mit bewährten Blütensträuchern, wie Flieder, Forsythien, Jasmin, Spiersträuchern, Weigelien, Kolkwitzien, Schneeball und *Buddleja* (Schmetterlingsstrauch).
Auch diese Hecke wächst locker und natürlich; weggeschnitten werden nur altes Holz und einzelne Äste, die zu dicht nach innen oder zu weit nach außen wachsen. Je nach Größe und Höhe der Sträucher müssen Sie bei der Pflanzung freiwachsender Hecken 0,50–1,00 m Abstand zum Nachbarn einhalten.

Laubabwerfende Schnitthecken haben alte Gartentradition. Die Sträucher, die sich dafür eignen, wachsen dicht zusammen. Sie bilden »grüne Mauern«, die regelmäßig ein- bis zweimal im Jahr in Form geschnitten werden müssen. Hainbuchen, Weißdorn, Berberitzen und Ahorn eignen sich für dichte Einfassungen. Sie bilden geschützte Gartenräume und bieten gleichzeitig vielen Tieren Nistmöglichkeiten, Unterschlupf und Nahrung.

Immergrüne Schnitthecken haben den Vorteil, daß sie auch im Winter »dicht« sind. Sie können unter Laub- und Nadelgehölzen wählen: Liguster, Buchsbaum und Lorbeerkirsche besitzen feste Blätter, die auch in der kalten Jahreszeit grün bleiben. Unter den Nadelgehölzen eignen sich vor allem Eiben und Fichten für die Heckenpflanzung und den Schnitt. Strenger wirken Scheinzypresse und Thuja, die hohe immergrüne Hecken bilden. Sie haben eine schlanke Wuchsform und können auch dort für Sicht-, Lärm- und Staubschutz sorgen, wo jeder Meter Boden kostbar ist.
Im Schutz einer Hecke bildet sich im Garten ein günstiges Kleinklima. Schädliche Abgase, Schmutz und Verkehrsgeräusche werden gefiltert und gedämpft. So tragen »grüne Mauern« vor allem in dicht besiedelten Ballungsräumen dazu bei, Ihren naturgemäßen Garten vor ungesunden Umwelteinflüssen zu schützen. Gleichzeitig entstehen im Bereich der Hecke Lebensräume für Nützlinge, die »Mitesser« auf Ihren Beeten in Grenzen zu halten.

Eine alte Hainbuchenhecke umschließt den Garten.

Wege und Treppen

Erst durch Wege wird der Garten zugänglich. Aber sie dürfen nicht hart und aufdringlich das Grundstück zerschneiden. Wenn sie ihre praktische Aufgabe erfüllen und sich gleichzeitig harmonisch zwischen Pflanzen und Gebäuden einfügen, ist der Idealzustand erreicht. Wo Höhenunterschiede überwunden werden müssen, da geht der flache Weg in Stufen über. Treppen führen zu höher oder niedriger gelegenen Gartenteilen. Auch diese Bauelemente sollten harmonisch in die lebendig-grüne Umgebung eingegliedert werden.

Der warme Farbton der Natursteine paßt ins Gartenbild.

Schön für die Augen und bequem für die Füße

Für die Gestaltung von Wegen bieten sich sehr vielseitige Materialien an. Ob ein Weg gradlinig oder sanft geschwungen verläuft, hängt ganz von den örtlichen Bedingungen und auch vom Zweck der Anlage ab. Zwischen den Beeten eines Nutzgartens ist meist ein praktischer gerader Weg empfehlenswert. Ein schmaler, geschwungener Pfad paßt dagegen besser zu Wildstauden- und Gehölzpflanzungen. Suchen Sie sich unter den folgenden Möglichkeiten Ihren Lieblingsweg aus.

Bruchsteinplatten mit breiten Fugen und Pflanzenschmuck.

<u>Wege aus Naturstein-Platten</u> fügen sich mit ihren unregelmäßigen Formen sehr gut in den Garten ein. Sie passen sich Gras und Blütenpflanzen an. Verwenden Sie Gestein, das in der Nähe Ihres Wohnsitzes gewonnen wird; denn durch längere Transporte erhöhen sich die Preise für dieses gewichtige Material. Geeignet sind zum Beispiel Platten aus Granit, Sandstein, Kalkstein oder Schiefer.

Naturstein-Platten können Sie im Sandbett verlegen in unregelmäßiger, lockerer Anordnung. Es ist aber auch möglich, diese Platten in Zement fest einzubetten; dann sollten Sie im Bauhandel nach Spezialzement (z. B. Trass-Zement) fragen, der nicht »ausblüht«.

Sehr hübsch wirken Naturstein-Platten, die mit breiten, unregelmäßigen Fugen verlegt werden; die Zwischenräume können Sie mit flachen Kieselsteinen oder Kleinpflaster füllen. So entstehen lebendige Muster.

Wege aus Pflastersteinen bestehen meist aus Basalt oder Granit. Dies ist ein bewährtes, strapazierfähiges Naturmaterial. Solche Steine sind nicht billig, aber außerordentlich haltbar. Manchmal erfährt man in ländlichen Gegenden noch rechtzeitig davon, wenn irgendwo altes Hofpflaster herausgerissen wird, und kann die Steine noch einigermaßen preiswert erstehen. Der Bauhandel bietet sowohl alte als auch neue Pflastersteine an. Sie werden im Sandbett verlegt.

Das Pflastern ist ein altes Handwerk, das Können, Erfahrung und einen guten Blick für die Formen des Steins verlangt. Wenn Sie einen wirklich schönen Weg mit Pflastersteinen anlegen möchten, sollten Sie deshalb einen »Könner« zumindest zu Rate ziehen.

Wege aus Kieselsteinen, die mancher aus dem alten Bauerngarten in romantischer Erinnerung hat, sind gar nicht so unkompliziert, wie es den Anschein hat. Die rundlichen Steine werden nicht einfach oben hin ausgestreut; sie benötigen ein stabiles Bett im Untergrund mit einer Packlage aus Splitt oder Schlacke sowie eine feste Randeinfassung.

Ein Kiesweg ist auch gar nicht so einfach sauber zu halten, da Unkraut leicht zwischen den Steinen sprießen kann. Nur wer Zeit zum geduldigen Auszupfen und regelmäßigen Harken hat, sollte sich für diesen Weg entscheiden.

Wege aus Ziegelsteinen bestehen aus gebrannter Erde. Ihr warmer, bräunlich-roter Farbton harmoniert mit allen Pflanzen. Dieses Naturmaterial wird ebenfalls in einem Sandbett verlegt. Die rechteckigen Ziegel sollten immer »im Verbund«, das heißt mit versetzten Fugen, angeordnet werden.

Lebendig und natürlich wirkt es, wenn sich später die Zwischenräume mit grünen Moospolstern füllen. Achten Sie beim Kauf darauf, daß Sie hartgebrannte, frostsichere Ziegel bekommen. Ein Nachteil des Ziegelstein-Weges: Er kann durch Algen und Moos bei feuchtem Wetter rutschig werden.

Wege aus Betonplatten müssen nicht häßlich sein. Eine Vielzahl formschöner, strapazierfähiger Betonsteine hat die langweiligen Zementplatten früherer Zeit abgelöst. Vom Waschbeton über farbige Oberflächen, die zum Teil durch gemahlenes Naturgestein entstehen, bis zu pflastersteinartigen Kleinplatten ist die Auswahl groß. Das sogenannte Verbundstein-Pflaster ist durch verzahnte Formen gekennzeichnet, die beim Verlegen ineinandergreifen und dadurch sehr stabile Oberflächen bilden. Dieses Betonpflaster wirkt allerdings leicht steril, vor allem auf großen Flächen.

In der Regel werden auch Wege aus Betonplatten in einem Sandbett verlegt. Dieses Material ist im »Eigenbau« meist unkompliziert zu handhaben und später leicht sauberzuhalten. Die Preise variieren stark; es gibt schlichte Ware für wenig Geld und sehr exklusive, teure Platten. Dazwischen wird eine breite Palette verschiedenster Qualitäts- und Preisstufen angeboten.

Große quadratische oder rechteckige Betonplatten lassen sich gut mit Pflastersteinen, Ziegelsteinen oder Kieselsteinen kombinieren. Wenn Sie gekonnt verlegt sind, entstehen phantasievolle Muster.

Wege aus Holz sind nicht unbegrenzt haltbar. Das feuchtigkeitsempfindliche Naturmaterial

Rustikales Holzpflaster, im Sandbett verlegt.

kann für den Wegebau nur verwendet werden, wenn es dauerhaft geschützt ist. Kesseldruckimprägnierte Hölzer und alte Eisenbahnschwellen halten am längsten.
Sehr wichtig ist ein wasserdurchlässiger Untergrund aus Sand- und Schotterschichten. Kurze Plankenwege können auch über Bahnschwellen verlegt werden, ähnlich wie Fußbodenbretter über eine Balkenlage. Holzpflaster wird tief in ein Sandbett eingeschlagen.
Holz und Pflanzen harmonieren natürlich sehr gut zusammen. Deshalb sind gestaltende Elemente aus diesem Naturmaterial immer eine Bereicherung des Gartens.

Wege aus Rindenmulch werden immer beliebter. Dieses natürlich wirkende Material paßt besonders gut zu naturnahen Gärten. Angenehm federnd kann man auf diesem harzig duftenden Untergrund gehen. Die Anlage ist sehr unkompliziert. Der vorgesehene Wegverlauf wird nur ausgearbeitet, trittfest verdichtet und dann 5–10 cm hoch mit Rindenmulch bestreut. Das grobe, holzige Material verrottet nur ganz allmählich. Nach zwei bis drei Jahren müssen Sie die Oberfläche dieser schönen Naturpfade im Garten mit frischer Rinde bestreuen.

Der Rasenweg ist uralt und fast unbegrenzt haltbar. Er muß nur regelmäßig gemäht und an den Rändern sauber abgestochen werden. Achten Sie bei der Anlage auf eine leichte Wölbung in der Mitte und Gefälle nach den Seiten. Voraussetzung für einen schönen, sattgrünen Rasenweg ist genügend Feuchtigkeit in Form regelmäßiger Niederschläge. In regenarmen Gegenden kann der Rasenweg leicht unansehnlich braun und dürr werden.

Das Verlegen des Weges

Jeder Weg braucht einen soliden Untergrund. Im Garten, wo die Platten keinen schweren Belastungen ausgesetzt sind, genügt im allgemeinen eine Verlegung im Sandbett. Dennoch muß die gesamte Fläche ca. 20–25 cm tief ausgehoben werden. Als unterste Packlage füllen Sie 10 cm hoch grobes, wasserdurchlässiges Material wie Schotter oder Kies ein. Auch zerkleinerter Bauschutt kann mit verarbeitet werden. Dieser Untergrund muß festgestampft oder mit einer Rüttelmaschine gleichmäßig verdichtet werden, damit der Weg später nicht in Hohlräume absacken kann.
Dann folgt eine Lage feiner Splitt oder ähnliches Material, und zum Schluß eine 3–5 cm

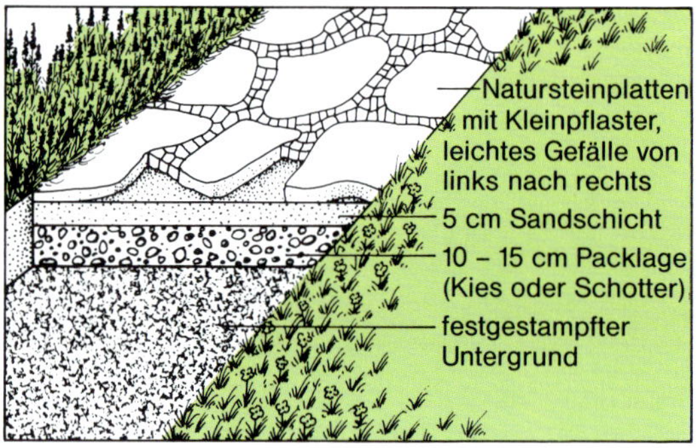

So sieht der fachgerechte Unterbau des Plattenweges aus.

hohe Sandschicht, in die Platten oder Pflastersteine verlegt werden. Benutzen Sie eine Schnur und Latten, um die Abmessungen des Weges gerade und sorgfältig abzustecken. Alle Platten müssen in der Waage liegen; deshalb ziehen Sie das Sandbett vorher mit einem flachen Holzbrettchen glatt, und prüfen Sie die Lage der Platten mit der Wasserwaage. Mit einem speziellen Pflaster-Hammer, den Sie im Bauhandel bekommen, klopfen Sie die Platten vorsichtig fest.
Wichtig ist, daß der Weg ein Gefälle hat, so daß das Regenwasser abfließen kann. Wege, die direkt an der Hauswand beginnen, müssen eine leichte Neigung zur entgegengesetzten Seite erhalten, damit keine Feuchtigkeit ins Mauerwerk zieht. Das Gefälle eines freiverlaufenden Weges kann nach einer Seite ausgerichtet werden, oder durch eine leichte Wölbung in der Mitte, nach beiden Seiten.

Altes Granitpflaster
mit Bruchstein-Einfassung.

Zum Schluß wird der frisch verlegte Platten-, Ziegel- oder Pflasterstein-Weg mit Sand bestreut, der nach und nach in die Fugen gekehrt wird, damit sich diese Hohlräume gleichmäßig füllen. Vorher sollte die Fläche noch einmal festgerüttelt werden. Bei Pflastersteinen ist dies unbedingt erforderlich. Bei Betonplatten und Ziegelsteinen empfiehlt es sich ebenfalls.

Kanten und andere Wegeinfassungen

Damit der Weg nicht seitlich ins weiche Erdreich abrutschen kann, sollte eine feste Kante eingeplant werden. Wenn der Weg an offenen Boden grenzt, wie zum Beispiel im Gemüsegarten oder an einem Blumenbeet, muß die Kante einige Zentimeter höher liegen, damit die Erde nicht ständig beim Arbeiten auf die Platten fällt. Wo der Weg an Rasen entlang führt, muß die Abschlußkante unbedingt flach und bündig angelegt werden, damit sich der Rasenmäher ohne Hindernis darüber hinwegbewegen kann.
Erhöhte Kanten können Sie aus Beton gießen oder als sogenannte Kantsteine meterweise fertig kaufen. Auch aus Ziegelsteinen, Bruchsteinen und Palisadenhölzern lassen sich Wegeinfassungen herstellen.

Stufen und Treppen

Wo Höhenunterschiede im Garten überwunden werden müssen, ist der Bau von Stufen unvermeidlich. Auch diese Anlagen benötigen, wie der Weg, einen festen Unterbau, der sich aus gestampftem Boden, Kies und Sandschichten zusammensetzt. Sehr wichtig beim Bau einer Treppe ist das richtige Verhältnis von Stufenbreite und Stufenhöhe. Beide müssen dem Schritt des Menschen angepaßt sein. Fachleute rechnen dabei mit einer durchschnittlichen Schrittlänge von 64 cm. Die bequemste mittlere Stufenhöhe liegt bei 12–15 cm. Bei einem sehr steilen Treppenanstieg kann sie auch 18–20 cm erreichen. Je höher die Stufe ansteigt, desto schmaler wird der Platz für den Auftritt. Als Faustregel gilt die Berechnung: Zweimal Stufenhöhe plus Auftrittsbreite ergeben zusammen 64 cm.
Als Baumaterial für eine Treppe im Freien eignen sich Holz, Bruchsteine, Ziegelsteine, Pflastersteine oder Betonplatten. Ziehen Sie beim Bau einer Treppe einen Fachmann zu Rate, der die Stufen technisch richtig anlegt. Auch die optische Gestaltung muß gut geplant sein, denn Treppen können ein reizvolles Element im Garten darstellen. Da sowohl Wege als auch Stufen viele Jahre lang benutzt werden sollen,

Harmonische Einheit zwischen Steintreppe und Pflanzen.

lohnt es sich, solche Anlagen sehr sorgfältig und liebevoll auszuführen. Anfangs dominiert noch die Bautechnik; aber mit den Jahren werden die Übergänge zwischen Wegen, Stufen und Pflanzen immer fließender. Besonders natürlich wirken Treppen, die langsam von Teppichstauden eingesponnen werden. Blüten und Blätter mildern alle harten Kanten. Natur und Menschenwerk wachsen dann zu einer harmonischen Einheit zusammen.

Geschickte Heimwerker können ein Gartenhäuschen oder einen Sitzplatz selber bauen. Sowohl für Pergola-Systeme als auch für Holzpavillons gibt es fertige Bausätze im Handel. Gehen Sie aber kein Risiko ein; gute handwerkliche Arbeit ist immer die Voraussetzung für wirklich dauerhafte Freuden. Die folgenden Vorschläge können nur Anregungen geben; sie zeigen Ihnen aus der Fülle der Möglichkeiten einige reizvolle Beispiele.

Gartenhäuschen – Sitzplätze – Rankgerüste

Ob lauschige Laube, romantischer Pavillon oder rustikaler Sitzplatz – in jedem Garten sollte es einen Ort geben, an den man sich ungestört zurückziehen kann. Die wichtigsten Merkmale eines solchen Platzes sind: Schutz vor der Witterung und Schutz vor neugierigen Blicken. Auch Straßenlärm, Staub und Abgase sollen – soweit dies möglich ist – abgeschirmt werden.
Zu allen Zeiten hat es in den Gärten solche Oasen gegeben, wo man lesen, träumen oder warme Sommerabende genießen konnte. Manchmal war es nur eine schlichte Rasenbank, manchmal ein reich verziertes Häuschen, versteckt im Blütenmeer des Gartens. Auch heute gibt es zahlreiche verschiedene Möglichkeiten, einen solchen Sitz- und Ruheplatz zu gestalten.
Sehr wichtig ist bei allen Überlegungen, daß Sie auf dem Grundstück oder in einer bereits vorhandenen Anlage den günstigsten Standort ausfindig machen. Ob Gartenhäuschen oder überdachter Sitzplatz – Planung und Ausführung müssen sowohl auf Ihre Lebensgewohnheiten als auch auf den Garten abgestimmt sein. Bedenken Sie, daß für eine solche »Insel der Träume« handfeste bauliche Maßnahmen erforderlich sind, die man so schnell nicht wieder rückgängig machen kann.

Pavillon und Laube

Die gute alte Gartenlaube weckt Erinnerungen an vergangene Zeiten. Schon das Wort klingt beschaulich und friedlich. Auch in unserer hektischen Zeit könnte die Laube im Garten ein Ort der Ruhe und Entspannung sein. Bei der Konstruktion bleibt der Phantasie viel Spielraum: Lauben können rund oder eckig aussehen; die Wände müssen nicht geschlossen werden. Die tragende Konstruktion besteht im allgemeinen aus mehreren Holzpfosten und einem Dach. Seitlich können Sie dekorative Gitter oder eine halbhohe Bretterverschalung einsetzen. So bleibt die Laube ein luftiger Sommeraufenthalt. Kletterrosen, duftendes Geißblatt oder Glyzinen hüllen sie mit den Jahren in ein romantisches Gewand.
Eine Laube kann auch – ohne ein Gerüst aus Baumaterial – entstehen, wenn Sie ein Gehölz, zum Beispiel Hainbuchen, so schneiden, daß Wände und sogar ein Dach aus Blättern und Zweigen entstehen. Bis es soweit ist, muß der Gärtner viel Zeit und Geduld aufbringen.

Ein Gartenpavillon ist ein geschlossenes Gartenhäuschen mit rundem, sechseckigem oder achteckigem Grundriß. Bei manchen Konstruktionen kann man die Fenster im Sommer herausnehmen und bei kühlem Wetter wieder einsetzen.
Der Pavillon kann auf die verschiedensten Weisen aus Holz, Glas, Stein und Metall errichtet werden. Es bleibt ganz dem Bauherrn überlas-

Diese stabile doppelreihige Pergola ruht auf gemauerten Stützpfeilern; sie ist von Rosen und Wildem Wein umrankt.

sen, ob er eine rustikale oder eine verspielte Form wählt.

Der Sitzplatz im Grünen muß auf jeden Fall gut geschützt werden. Auf eine aufwendige Baukonstruktion können Sie hier verzichten. Nützen Sie das Blätterdach eines Baumes oder den Windschatten einer Hecke aus. Eine natürliche oder künstliche Vertiefung gibt dem Sitzplatz eine »kuschelige« Atmosphäre. Wichtig ist beim »Wohnen im Freien« der Bodenbelag; Gartensessel, Bänke und Tische sollten auf festem Untergrund stehen. Auch für den, der sich dort ausruhen möchte, ist es angenehm, wenn der Platz sauber und trocken ist.

Formschöne Betonplatten, Natursteinplatten oder Pflastersteine bieten sich als »Fußboden« an. Warm und natürlich wirken Holzplanken oder Holzpflaster. Bei kleinen Flächen genügt es, wenn Platten, Steine oder Pflaster in einem Sandbett verlegt werden. Alle Holzteile müssen ausreichend imprägniert sein, damit sie der Witterung standhalten. Dafür gibt es gute giftfreie Produkte.

Pergola und Laubengang

Ein verbindendes Element zwischen dem festgebauten Wohnhaus und dem Freiraum des Gartens bildet eine Pergola. Sie besteht aus einer luftigen Balkenkonstruktion, die von Kletterpflanzen umrankt und mit den Jahren ganz eingehüllt wird. Meist wird eine Pergola in enger Nachbarschaft zum Haus, zur Terrasse

Die gute alte Gartenlaube lädt zur Entspannung ein.

Sehr natürlich wirkt der Laubengang aus Stangenholz.

oder zu einer Mauer gebaut. Sie dient, ähnlich wie die Laube, als geschützter Sitzplatz. Das Dach besteht dann allerdings nur aus Blättern und Blüten.

Es ist auch möglich, aus mehreren Pergola-Systemen, die ein Rechteck bilden, eine Art Laube zu bauen. Zwischen den tragenden Balken können Sie dann zum Beispiel Holzgitter oder Flechtwände anbringen. So entsteht ein abgeschirmter Innenraum.

Eine Pergola kann aber auch als freistehendes Rankgerüst im Garten aufgebaut werden. Sie dient dann gleichzeitig als Kletterhilfe für Pflanzen und als gestaltendes Element. Eine von Rosen, Geißblatt oder Glyzinen umschlungene Pergola bildet zum Beispiel eine herrliche, hohe Kulisse für ein Staudenbeet. Als dichtbewachsene Wand kann sie aber auch Sicht- und Lärmschutz bieten. Aus einer doppelreihigen Pergola entsteht ein wunderschöner, schattiger Laubengang. In einer solchen Form nähert sich diese beliebte, moderne Konstruktion ihrem uralten Vorbild: den weinumrankten Laubengängen der Mittelmeerländer.

Das Konstruktionsprinzip der Pergola ist einfach: Über senkrecht aufgestellten stützenden Pfosten liegen waagerecht die Trägerbalken, die der Fachmann Pfetten nennt. Die Sparren bilden, wie bei einer Dachkonstruktion, die Querverbindungen zwischen den Pfetten. Bei vorgefertigten Bauelementen, die Sie überall im Handel kaufen können, werden in der Regel Vierkanthölzer verwendet. Sie können aber auch Rundhölzer benutzen. Rustikal und sehr naturnah wirkt ungehobeltes Stangenholz, das unregelmäßig gewachsen ist.

Merken Sie sich für den Bau einer Pergola einen wichtigen Grundsatz: Die tragenden Balken müssen unbedingt vor Fäulnis geschützt werden. Aus diesem Grund wird der direkte Kontakt mit dem feuchten Erdreich vermieden. Gießen Sie am Standort der Stützbalken kleine Betonfundamente, in die sogenannte Metallschuhe eingelassen werden. In diesen Laschen verschraubt man die Holzbalken. Sie enden dann einige Zentimeter über dem Boden und werden ständig von Luft umspült. Selbstverständlich müssen alle Holzteile einer Pergola regelmäßig mit natürlichen Holzschutzmitteln gestrichen werden. Nur bei tiefdruckimprägniertem Holz ist dies nicht nötig.

Eine lauschige Atmosphäre gewinnen Lauben, Pergolen oder Sitzplätze im Grünen aber erst, wenn sie von Pflanzen eingehüllt werden. Blühende Wände aus Rosen, Geißblatt, Glyzinen, Kletterhortensien oder Clematis schirmen Sie von der Hektik des Alltags ab. So entstehen stille Garteninseln, wo Sie Zwiesprache mit der Natur halten oder warme Sommerabende in heiterer Gesellschaft genießen können.

Geräteschuppen und Gartenwerkzeug

Ein Dach über dem Kopf benötigt nicht nur der Gärtner – auch die Geräte, die er täglich benutzt, sollten trocken und praktisch untergebracht werden. Ein kleiner Schuppen für Gartenwerkzeuge, Schubkarre, Wasserschlauch und Düngervorräte ist eine Investition, die sich lohnt. Vor allem dann, wenn alle diese Geräte ständig auf kürzestem Weg greifbar sind. Stellen Sie sich einmal vor, Sie müßten Hacke, Sauzahn, Schlauch und Schubkarre jeden Abend in den Keller schleppen und am nächsten Morgen über viele Treppen wieder heraustragen!

Wenn der Platz im Garten es erlaubt, sollten Sie einen kleinen Geräteschuppen errichten, in dem alle wichtigen Werkzeuge sauber, trocken und leicht erreichbar aufbewahrt werden können. Im Handel werden verschiedene Modelle in vorgefertigter Bauweise angeboten. Sie können sich ein Gerätehäuschen aber auch selber zimmern. Ein paar Pfosten und preiswerte Schwartenbretter genügen bereits für eine einfache, rustikale Bauweise.

Bringen Sie an einer Wand des Schuppens eine Aufhängevorrichtung an. Dort können Sie einen großen Teil der Gartengeräte platzsparend unterbringen. Am Boden bleibt dann genügend Abstellmöglichkeit für die Schubkarre, die Gießkannen und andere sperrige Gartenhelfer.

Gutes Werkzeug erleichtert die Arbeit

Jeder Handwerker hat seine speziellen Arbeitsgeräte. Ihre Form wurde aus den täglichen Erfahrungen unzähliger Generationen entwikkelt. Oft sind die wichtigsten Werkzeuge sehr einfach, aber außerordentlich wirkungsvoll. Hammer, Säge und Meißel blieben zum Beispiel über Jahrhunderte in ihrer ursprünglichen Gestalt und Funktion erhalten. Auch unter den Gartengeräten gibt es solche Ur-Formen, die sich seit undenklichen Zeiten bewährt haben. Dazu gehören zum Beispiel der Spaten und der Rechen. Selbstverständlich werden heute auch zusätzliche Produkte einer fortgeschrittenen Technik angeboten. Darunter finden sich ausgetüftelte Helfer, die man bei der Gartenarbeit schon bald nicht mehr missen möchte, wenn man ihre guten Eigenschaften einmal kennengelernt hat.

Für den Garteneinsteiger ist es wichtig, am Anfang eine vernünftige Auswahl zu treffen. Kaufen Sie grundsätzlich nur Werkzeug von bester Qualität. Der höhere Preis zahlt sich ein ganzes Gärtnerleben lang aus. Die folgende Übersicht soll Ihnen helfen, gute praktische Gartenwerkzeuge zu finden und unnötigen Schnickschnack zu vermeiden.

Die Grundausstattung

Auf diese Hauptwerkzeuge kann kein guter Gärtner verzichten. Sie sind für stets wiederkehrende Arbeiten im Garten unbedingt nötig.

<u>Der Spaten</u> muß von stabiler, rostfreier Qualität sein. Bei billigen Spaten biegt sich das Blatt durch! Achten sie auf einen festen, polierten Stiel (möglichst Esche) mit einem Quergriff. Bei dieser sogenannten T-Form können Sie die Hand beim Arbeiten gut aufstützen. Für Gärtnerinnen gibt es kleinere Damenspaten, die entsprechend leichter zu handhaben sind.

Der Spaten wird nicht nur zum Umgraben gebraucht. Beim Ausheben großer Pflanzgruben und beim Roden ist er ebenfalls unentbehrlich.

<u>Die Grabgabel</u> wird auch Spatengabel genannt. Sie besteht aus vier flachen starken Zinken und einem T-Stiel. Auch bei diesem wichtigen Gerät wird eine kleine Damen-Gabel angeboten. Es gibt auch Grabgabeln mit gerundeten Zinken.

Die Grabgabel dient zur Bodenlockerung, zum Ausgraben von Pflanzen, Kartoffeln oder Wurzeln.

Der Rechen hat einen schmalen Rücken mit 10, 12, 14 oder 16 gebogenen Metallzinken. Mit diesem vielseitigen Gerät können Sie grobbearbeitete Erde fein krümeln, die Oberflächen der Gartenbeete glatt ziehen, Abfälle und Unkraut zusammenrechen und vieles mehr. Eine mittlere Breite ist für den Anfang empfehlenswert. Der schmalste Rechen ist ebenfalls sehr praktisch, weil Sie damit zwischen den Gemüsereihen arbeiten können.

Kräuel, Krail, Harke, Häckchen oder Vierzahn – ein so vielseitiges Gartenwerkzeug hat auch viele Namen. Es wird überall seit eh und je benutzt. In der Regel hat dieses Hackgerät 3–4 abgewinkelte Zinken; meist sind sie rund geschmiedet, es gibt aber auch Ausführungen mit flachen Zinken. Sie können wählen zwischen schweren, bäuerlichen Ausführungen und leichten, »wendigen« Häckchen.
Der Kräuel oder Vierzahn kann zu vielen Arbeiten benutzt werden, vor allem aber zur Bodenlockerung und zum Unkraut-Entwurzeln.

Vierzahn, Grubber, Gartenhäckchen und einzinkiger Bodenlüfter.

Praktische Spezialgeräte für die tägliche Arbeit

Diese praktischen Helfer sind keine Luxusgegenstände, im Gegenteil, sie werden für viele alltägliche Arbeiten ständig benötigt. Vor allem für die im Biogarten so wichtige Bodenlockerung können sie sinnvoll eingesetzt werden. Es genügt aber, wenn Sie sich eine Ausführung anschaffen, die für Ihre Boden- und Gartenverhältnisse gut geeignet ist.

Der Grubber besteht aus drei unterschiedlich gebogenen runden Zinken; die Form erinnert an eine Kralle. Dieses seit Generationen unveränderte Gerät können Sie, ohne tiefes Bücken, gut durch die Erde ziehen. Der Grubber lockert den Boden; die stabilen Zinken verbiegen sich auch in schwerer Erde nicht; die kleine, handliche Form eignet sich gut zum Arbeiten zwischen Stauden oder Gemüsereihen.

Der Kultivator ist ein sehr variables Gerät, das drei oder fünf gebogene Zinken besitzt; diese laufen in eine Spitze aus, die einer Miniaturpflugschar ähnelt. Es gibt außerdem einen verstellbaren Kultivator. Wenn Sie eine Flügelschraube lockern, können Sie die einzelnen Zinken oder Schare herausnehmen und wieder zusammensetzen, wie Sie sie gerade benötigen. In manchen Gegenden wird der Kultivator auch Krümmer genannt.
Der kleinste Kultivator besitzt nur einen einzigen Zinken. Er wird auch als Lüfter oder Bodenlüfter angeboten.
Mit seinen verschiedenartigen Zinken ist der Kultivator ein anpassungsfähiges Gerät für viele Gelegenheiten. Er wird durch den Boden gezogen und dient der mehr oder weniger tiefen Lockerung. An seiner Stelle können Sie auch einen Grubber oder einen Kräuel benutzen.

Das Gartenhäckchen gehört zu den altbewährten Geräten, die besonders vielseitig und handlich sind. Dieses schmale Häckchen kann zweiseitig benutzt werden: Auf der einen Seite besteht es aus einem geraden oder herzförmig geschmiedeten Blatt und auf der anderen Seite aus zwei oder drei Zinken. So brauchen Sie während der Arbeit nur den Stiel zu drehen, um das jeweils passende Gerät zur Hand zu haben. Das Gartenhäckchen wird vor allem zum Lockern und Unkrautjäten benutzt.

Bio-Spezialgeräte

Einige wenige Gartengeräte wurden speziell für den Biogarten entwickelt. Sie dienen vor allem der tiefen Bodenlockerung und sind empfehlenswert für Biogärtner, die nicht mehr umgraben.

Der Sauzahn ist das bekannteste Bio-Gerät, das sich inzwischen überall bewährt hat. Er besteht aus einem sichelförmig gebogenen Zinken, der in eine Spitze ausläuft. Wichtig ist, daß dieses Gerät einen leicht gebogenen Stiel besitzt, damit sich die »kleine Pflugschar« mühelos durch die Erde ziehen läßt. Der Sauzahn lüftet tief, ohne den natürlichen Schichtenaufbau durcheinander zu werfen. Im Handel wird dieses Gerät auch unter den Bezeichnungen Bio-Wühlmaus, SZ-Wühler, Azet-Wühler und Bio-Lüfter angeboten.

Die Bio-Gabel ist eine Neuentwicklung. Die Gabel ist 45 cm breit und besitzt fünf versetzt angebrachte 22–25 cm lange Stahlzinken, die einzeln ausgewechselt werden können.
Mit Hilfe dieses handlichen Gerätes kann man den Boden tief lockern ohne übermäßige Kraftanstrengung. Die runden Zinken werden in die Erde gestoßen; mit einem Fuß drückt man leicht nach und bewegt die Gabel dann an den beiden Stielen auf sich zu. Dieses Gerät ist wesentlich leichter zu handhaben als die einfache Grabgabel. Die Arbeit geht viel schneller voran, weil bei jedem Einstich ein halber Meter Boden gelockert wird. Auch für Gärtnerinnen ist die Bio-Gabel empfehlenswert.

Die Biogabel lockert den Boden und ist leicht zu handhaben.

Der Sauzahn gehört zur Standardausrüstung des Biogärtners.

Geräte für besondere Gelegenheiten

Diese Geräte werden nur von Fall zu Fall gebraucht. Suchen Sie sich nur diejenigen aus, die Sie wirklich für Ihre besondere Gartensituation benötigen.

Die Platthacke oder Schlaghacke wird für sehr schwere, grobe Arbeiten gebraucht. Man nennt sie auch Rodehacke, weil sie sich zum Loshakken von Grassoden oder Baumwurzeln eignet. Die Arbeit mit diesem schweren Werkzeug »geht aufs Kreuz«.

Die Spitzhacke ist ebenfalls ein »schweres Geschütz«, das Sie nur dann benötigen, wenn Sie auf einem verwilderten Grundstück Pionierarbeit leisten müssen. Der »Pickel«, wie dieses Werkzeug auch genannt wird, ist aber auch nützlich bei »Bauarbeiten« im Garten.

Die Schaufel hat im Gegensatz zum Spaten ein breites, löffelähnlich gewölbtes Blatt. Sie können damit größere Mengen Erdreich aufnehmen und »befördern«. Am Kompostplatz kann die Schaufel zum Beispiel nützlich sein; für den Erdaushub bei größeren Gruben ist sie unentbehrlich.

Die Mistgabel oder Kompostgabel wird auch Forke genannt. Sie hat vier oder fünf leicht gebogene lange Zinken. Mit diesem Werkzeug können Sie tief in einen Unkraut- oder Misthaufen stechen und eine größere Menge Material hochheben.

Der Häufler sieht aus wie ein kleiner Pflug. Sie können damit breite Furchen ziehen, zum Beispiel zwischen den Kartoffelreihen. Dieses Gerät brauchen Sie nur, wenn Sie größere Mengen Kartoffeln, Bohnen oder Lauch anhäufeln.

Kleingeräte

Die Klein- oder Handgeräte sind meist Miniaturausgaben der großen Gartenwerkzeuge. So bekommen Sie zum Beispiel in verkleinerter Form mit kurzem Stiel Grubber, Doppelhäckchen, Rechen und Fächerbesen. Ganz neu auf dem Markt ist eine kurzstielige Handform des Sauzahns. Diese kleinen Handgeräte sind überall dort praktisch und brauchbar, wo Sie kniend dicht am Boden arbeiten, und dort, wo Sie sehr behutsam zwischen dichten Pflanzenpolstern jäten müssen, zum Beispiel im Steingarten oder zwischen Bodendeckern.
Weitere oft benutzte Kleingeräte sind:

Die Kelle oder Kleinschaufel, mit der Sie kleinere Pflanzlöcher ausheben können, um Blumen oder Blumenzwiebeln zu pflanzen. Dieses Gerät ist wie eine kleine, längliche Schaufel geformt, die vorne in eine Spitze zuläuft. So können Sie leicht in die Erde eindringen.

Der Unkrautstecher gehört zu den am meisten benutzten Werkzeugen. Er besteht aus einer langgezogenen, schlanken Hohlkehle. Sie können damit tief und gezielt in die Erde stechen und zum Beispiel lange Pfahlwurzeln herausheben. Eine besonders schlanke Variante des Unkrautstechers ist der Distelstecher.
Achten Sie beim Kauf unbedingt darauf, einen sogenannten Ganzstahl-Stecher zu bekommen. Geräte aus weichem Material biegen sich bald krumm und bereiten nur Ärger.

Die Gartenschere ist ein kleines Werkzeug, auf das kein Gärtner verzichten kann. Auch hier ist es besonders wichtig, auf eine sehr gute, rostfreie Qualität zu achten. Kaufen Sie lieber eine teurere, handwerklich solide gearbeitete Schere, als ein billiges Massenprodukt, das bald stumpf und verrostet ist. Eine Gartenschere wird so oft und so vielseitig benutzt, daß eine wohlüberlegte Anschaffung sich immer lohnt. Lassen Sie sich in einem guten Fachgeschäft beraten!

Was Sie außerdem brauchen

Der Fächerbesen ist aus schmalen, federnden Stahlzinken fächerförmig zusammengesetzt. Die Enden sind wie kleine Greifer nach unten gebogen. Dieses Gerät ist eine Mischung aus Rechen und Besen. Sie können damit Laub, Unkraut oder Gras zusammenfegen. Auch Kieswege oder der Kompostplatz lassen sich damit säubern. Wunderschön, aber seltener sind Fächerbesen aus gespaltenem Bambus!

Kleingeräte-Auswahl: Grubber, Pflanzschaufel, Distelstecher, Unkrautstecher, Mini-Sauzahn und 1-Zinken-Bodenlüfter.

Die Gießkanne gehört zum Garten wie der Deckel zum Topf! Sie brauchen sie nicht nur zum Gießen sondern auch zum Verteilen der Brennnesseljauche und anderer Flüssigdünger.
Die modernen Kunststoffkannen gibt es in verschiedenen Größen. Sie sind preiswert und haben kaum Eigengewicht. Wer nicht schwer heben und tragen darf, der wählt besser eine leichte 8 oder 10 Liter fassende Kanne aus Plastik. Nach ein paar Jahren wird das Kunststoffmaterial spröde und bricht auseinander. Unverwüstlich ist dagegen die traditionsreiche, verzinkte Schneiderkanne. Diese formschöne, stabile Kanne hat aber schon ohne Füllung ein gewisses Gewicht. Sie faßt 10–12 Liter Wasser.
Wichtig: Alle Gießkannen sollten einen stabilen, in Längsrichtung angebrachten Griff haben, der sich gut fassen läßt. Bevor es friert, müssen die letzten Wasserreste ausgegossen werden. Bewahren Sie alle Kannen über Winter im Keller oder im Geräteschuppen auf.

Die Schubkarre brauchen Sie vor allem, um Gartenabfälle zum Kompostplatz zu bringen oder um fertigen Kompost auf die Beete zu fahren. Für kleine Gärten wählen Sie auch eine kleine Schubkarre, mit der Sie sich auf schmalen Wegen bewegen können ohne anzuecken.

Körbe oder Plastikeimer braucht ein Gärtner immer, um die verschiedensten Dinge zu transportieren. In einem sehr kleinen Garten ersetzen stabile Plastikeimer aus dem Bauhandel sogar die Schubkarre. Sie können Unkraut, Laub, Gras und Kompost hineinfüllen und forttragen. Körbe werden auch bei der Ernte gebraucht.

Der Fächerbesen aus gespaltenem Bambus ist ein natürlich wirkendes Gerät, mit dem sich das Laub gut zusammenfegen läßt.

Kaufen Sie am Anfang nur die notwendigsten Geräte. Je mehr Erfahrung Sie sammeln, desto sicherer können Sie später entscheiden, welche Gartenwerkzeuge Sie für Ihre Verhältnisse wirklich brauchen. Damit gute und teure Geräte auch lange halten, sollten Sie es sich zur Regel machen, sie nach dem Gebrauch immer sofort zu reinigen und wieder an ihren trockenen »Stammplatz« zu bringen. Über Winter bürsten Sie Erdreste sorgfältig ab und reiben die Geräte mit Öl ein, damit sie nicht rosten.

Bio-Gartenarbeit

Der Anfang ist gar nicht so schwer

Wenn Sie jetzt das nötige Werkzeug bereitgestellt und die grundlegenden Vorarbeiten erledigt haben, wird es endlich Zeit, mit der richtigen Gartenarbeit zu beginnen. Wer noch nie ein Beet bestellt und Samen in die Erde gelegt hat, der steht eines schönen Frühlingsmorgens plötzlich ratlos da: Es gibt so viele Handgriffe, die der Anfänger noch nicht beherrscht. Kleinigkeiten werden zu großen Problemen, wenn man die Tricks und Kniffe nicht kennt, die erst

aus der Erfahrung wachsen. Unversehens ist die Begeisterung verflogen; unsanft landet der Bio-Träumer auf dem harten Boden der Gartenrealität.
Lassen Sie sich in solchen Momenten nicht entmutigen. Es ist ganz natürlich, daß Arbeiten, die man noch nicht genau kennt, komplizierter erscheinen, als sie in Wirklichkeit sind. Das beste Mittel zur Überwindung aller Schwierigkeiten heißt: anfangen! Fürchten Sie sich nicht davor, Fehler zu machen. Nichts ist so lehrreich und einprägsam wie etwas, was man falsch gemacht hat! Wenn Sie Ihre Möhren so eng gesät haben, daß sie sich nur zu bleistiftdünnen Wurzeln entwickeln können, dann haben Sie einen hervorragenden Anschauungsunterricht genossen. Ärgern Sie sich nicht – schauen Sie lieber genau hin, und ziehen Sie aus Ihren Beobachtungen die Lehre, die Ihnen die Natur an dieser Stelle erteilt: Was in die Breite und in die Tiefe wachsen soll, muß auch nach allen Seiten genügend Platz vorfinden, um sich »breitmachen« zu können! Diesen Freiraum müssen Sie schon den winzigen Samenkörnern zugestehen – auch wenn Ihnen das Beet dann noch riesig und leer vorkommt. Ein guter Gärtner sollte schon beim Säen die zukünftige Entwicklung seiner Pflanzen vor Augen haben.
Fehler können Sie aber auch noch später korrigieren; wenn die jungen Pflänzchen sehr dicht aufgehen, zupfen Sie so viele heraus, daß die übrigbleibenden luftig stehen und mit genügend Abstand weiterwachsen können. Das Gefühl für die richtigen Maße bekommen Sie im Lauf der Jahre von selbst; die Erfahrung wird es Sie lehren.

Kompost – woher nehmen, wenn er noch fehlt?

Zu den Anfangsproblemen, die ganz plötzlich als brennende Fragen auftauchen, gehört auch dieses: Woher nehme ich den vielgepriesenen Kompost, wenn ich im Frühjahr anfange zu gärtnern? Das Material für den ersten eigenen Humus wird sich erst im Laufe der nächsten Monate ansammeln. Wie kann die Zwischenzeit überbrückt werden, damit die ersten Kulturen bereits auf gesunder Grundlage wachsen?
In diesem Fall müssen Sie sich eine kleine Menge fertigen Kompost besorgen und sehr sparsam mit diesem wertvollen Substrat umgehen. Füllen Sie nur jeweils eine Handvoll reife Komposterde in jedes Pflanzloch. Bestreuen Sie außerdem die Saatreihen dünn mit Kompost. Alle Flächen zwischen den Jungpflanzen versorgen Sie während des ganzen Sommers mit einer dünnen Mulchschicht aus organischem Material, die ständig erneuert wird. So entsteht bereits an Ort und Stelle, direkt auf dem Beet, eine Umwandlung von Gartenabfällen in neue Erde. (Eine genauere Arbeitsanleitung für das Mulchen und die Flächenkompostierung finden Sie auf Seite 86 und 88.)
Für die Beschaffung kleiner Kompostmengen bieten sich folgende Möglichkeiten an:

- Fertigkomposte bekommen Sie in kleinen Gärtnerpackungen im Handel. Meist handelt es sich um wertvolle Konzentrate, wie zum Beispiel »Neudorff's Kräuterkompost«. Sie benötigen davon nur geringe, anregende Mengen.
- Regenwurm-Humus können Sie ebenfalls als Ersatz für den fehlenden eigenen Kompost verwenden. Diese gehaltvolle Erde ist überall im Handel erhältlich.
- Rindenhumus ist brauchbar für den Anfang, wenn es sich um ein Produkt handelt, das sorgfältig aufbereitet wurde. Der pH-Wert muß im neutralen Bereich (um 7) liegen!
- Gärtnerkompost wird in manchen Gärtnereien immer noch oder wieder hergestellt. Manchmal geben die kleinen Betriebe diesen hausgemachten Humus aus den eigenen Abfällen auch an ihre Kunden weiter. Erkundigen Sie sich in Ihrer Umgebung; fragen Sie aber auch nach, unter welchen Bedingungen in der Gärtnerei Pflanzen großgezogen und

die Reste verwertet werden. Sie müssen sicher sein, daß Sie sich keine mit Schadstoffen belastete Erde einschleppen!

- Waldhumus kann nur eine Empfehlung mit Einschränkungen sein. Im äußersten Notfall dürfen Sie sich einmal einen Eimer voll dunkler, duftender Lauberde holen, um dem Garten »auf die Sprünge« zu helfen. Nehmen Sie nur sehr wenig, und sorgen Sie so schnell wie möglich für eigene Humusproduktion.

Adressen für käuflichen Kompost, Regenwurmhumus und Rindensubstrate enthält das ausführliche Bezugsquellen-Verzeichnis im Anhang.
Auf den folgenden Seiten finden Sie genaue Anleitungen für die wichtigsten Gartenarbeiten. Zahlreiche praktische Tips werden Ihnen helfen, die Probleme des ersten Biogarten-Jahres zu bewältigen. Trotz aller – naturgemäßen – Unsicherheiten soll Ihnen die Arbeit im Grünen Freude bereiten, sollen die ersten Erfolgserlebnisse Sie stolz und mutig machen. Dann werden Sie schon bald merken: Aller Anfang ist gar nicht so schwer!

Feste Wege und eine gute Einteilung erleichtern die Arbeit.

Frühlingsarbeit leicht gelernt

Mancher hoffnungsvolle Bio-Gärtner meint, es sei am klügsten, alles »Mutter Natur« zu überlassen, dann werde es schon bestens gedeihen. Er vergißt dabei, daß ein Garten, vor allem ein Gemüse- und Obstgarten, keine Wildnis ist. Im Gegenteil: Dies ist ein Stück Erde, das der Mensch »in Kultur« genommen hat. Daß ein guter Gärtner in seinem umhegten Raum dennoch natur-gemäß arbeitet, bedeutet etwas ganz anderes als ungehemmter Wild-Wuchs. Die Gesetze der Natur werden auf den Garten nur sinngemäß, nicht »wortwörtlich« übertragen. So läßt sich zum Beispiel die Mischkultur, eines der wichtigsten Grundelemente des Bio-Gärtnerns, leichter auf sauber unterteilten Beeten verwirklichen.

Ordnung ist nicht »unnatürlich«

Für Anfänger wie für erfahrene Gärtner ist deshalb eine übersichtliche Einteilung des Nutzgartens unbedingt empfehlenswert. Zwischen den Beeten legen Sie am besten schmale Wege an. Diese Arbeits-Pfade müssen aber so breit sein, daß Sie sich mit den Gartengeräten und vor allem mit einer Schubkarre voll Kompost ungehindert darauf bewegen können. Für »Nebenwege« reichen 30–40 cm Trittbreite, für »Haupt-Zufahrtswege« sollten Sie 60 cm einplanen.
Solche Wege können als schlichte Trampelpfade angelegt werden, die Sie nur mit den Gartenstiefeln festtreten. Noch praktischer sind Betonplatten oder Ziegelsteine, die in einem Sandbett verlegt werden. Einfache Bretter sind ebenfalls eine Zeitlang brauchbar. Sie verrotten aber schnell. Sehr angenehm und natürlich sind Wege, die zuerst festgetreten und dann mit einer dicken Schicht aus zerkleinerter Baumrinde bestreut werden.

Alle Gemüsebeete werden gleichmäßig abgemessen: 1,00–1,20 m haben sich als praktische Breite bewährt, weil man von beiden Seiten die Erde bis zur Mitte bearbeiten kann. Die Länge können Sie beliebig bestimmen und Ihren Gartenverhältnissen anpassen.
Legen Sie einen Nutzgarten immer so an, daß er möglichst viel Licht und Sonne erhält, aber gegen kalte Winde geschützt ist. Wenn das Grundstück leicht abfällt, müssen Sie die Beete quer zum Hang anlegen, sonst schwemmt der Regen die Erde weg.
Die ordentliche Einteilung des Gartens hat viele Vorteile. Sie können sich zum Beispiel auf den Wegen bei jedem Wetter gut bewegen. Auch bei Regen ist es kein Problem, einen Salatkopf zu schneiden, ohne auf das nasse Erdreich zu treten. Unkraut läßt sich müheloser zupfen, wenn Sie von allen Seiten leicht ins Beet hineingreifen können.
Vor allem aber können Sie Ihre Garteneinteilung auch auf Papier übertragen und jedes Jahr einen neuen Mischkulturen-Plan aufzeichnen. Sie glauben gar nicht, wie schnell man vergißt, was im vergangenen Jahr auf den Beeten wuchs! Dann ist es gut und nützlich, auf den alten Plänen nachzuschauen, um für das neue Gartenjahr einen gesunden Wechsel der Gemüsearten einzuhalten.

Die ersten werden oft die letzten sein

Alle Jahre wieder verlocken die ersten warmen Frühlingstage viele Gärtner dazu, endlich die Ärmel hochzukrempeln. Voll Ungeduld haben Sie nach langen Winterwochen darauf gewartet, wieder mit den Händen in der Erde zu arbeiten. Hoffnungsvoll säen sie nun die ersten Samen aus und setzen vorgezogene Salatpflanzen ins Freiland. Gut gelaunt lassen sie sich dabei die Sonne auf den Rücken scheinen.
Fast immer enden solche verfrühten Freuden in einer Enttäuschung. Das launische Frühlingswetter macht eine plötzliche Kehrtwende und überschüttet den Garten mit Regen oder nassem Schnee. Nächtlicher Frost kühlt den Boden aus. Empfindliche Samen und zarte Jungpflanzen überleben solche Wechselbäder meist nicht. Sie faulen in naßkalter Erde oder sie erfrieren in frostigen Nächten.
Schon mancher junge Gärtner mußte erleben, daß ein Nachbar, der die Hände lange in den warmen Hosentaschen behielt, am Ende der klügere war. Auch wenn er die Kartoffeln drei Wochen später legte als normal und mit den Buschbohnen bis weit in den Mai hinein war-

Ein Gartenplan erleichtert die Übersicht über Mischkulturen und Pflanzenauswahl.

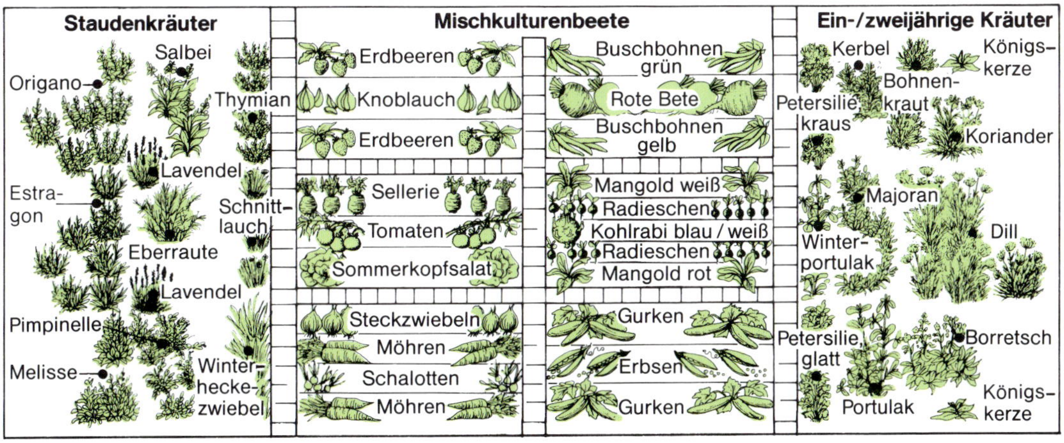

tete – sie wuchsen rascher und gesünder als alle frühen Versuche. Der richtige Zeitpunkt ist eben nicht von starren Kalenderdaten abhängig, sondern vom Klima und von der Landschaft. Wenn man im warmen Rheinland oft schon Ende März Frühkartoffeln setzen kann, muß man in rauhen Mittelgebirgslagen manchmal bis Mitte Mai auf günstige Witterung warten.
Solange Sie noch nicht durch jahrelange Erfahrungen und Beobachtungen die günstigsten Saattermine »im Gefühl« haben, sollten Sie lieber doppelt vorsichtig sein. Geduldiges Warten zahlt sich aus in sicheren Erfolgen. Merken Sie sich für alle Arbeiten im Frühling die folgenden wichtigen Grundvoraussetzungen:
Fast alle Samen brauchen zum Keimen Wärme und Feuchtigkeit. In kalter, nasser Erde faulen sie. Warten Sie deshalb immer so lange, bis der Gartenboden mindestens 7–10 Grad Wärme hat.
Einige Samen, zum Beispiel Petersilie und Möhren, sind »hart im Nehmen«. Sie überstehen auch ungünstige Witterung. Dafür keimen sie aber in kalten Frühlingswochen sehr langsam. Ein wenig später ausgesät, unter wärmeren Bedingungen, wachsen sie viel rascher und holen unter Umständen die früheren Aussaaten wieder ein.
Ausnahmen bilden nur die sogenannten Frostkeimer. Ihre Samen brauchen einen Kälteschock. Sie werden im Herbst gesät, bleiben über Winter in der kalten Erde und keimen erst im nächsten Frühling. Zu den Frostkeimern gehören vor allem einige Stauden, wie zum Beispiel Rittersporn, Pfingstrosen, viele Primeln, Iris und Christrosen. Hinweise auf ihren besonderen Wachstums-Rhythmus finden Sie auch auf der Rückseite der Samentüten.

So wird das Beet zum Bett für die Samen

Sobald die Erde abgetrocknet und genügend erwärmt ist, können Sie mit den Vorbereitungen für die ersten Aussaaten beginnen. Wenn Sie den Boden bereits im Herbst gelockert und mit einer Mulchdecke versorgt haben, brauchen Sie im Frühling die Reste des organischen Materials nur mit einem Rechen beiseite zu ziehen. Darunter ist die Erde locker und durchlässig. Es genügt, wenn Sie sie mit einem kleinen Grubber noch einmal leicht durchharken. Anschließend glätten Sie die Oberfläche mit einem Rechen. Grobere Erdbrocken ziehen Sie zum Beetrand. Dort zerschlagen Sie sie, indem Sie den Rücken des Rechens darauf stoßen. Dabei brauchen Sie keinen besonders starken Druck auszuüben.
Falls ein Beet über Winter unbearbeitet liegen blieb, müssen Sie es jetzt noch lockern und von Unkraut säubern. Benutzen Sie dafür entweder den sichelförmigen Sauzahn oder die neuentwickelte Bio-Gabel. Den Sauzahn ziehen Sie, aufrecht stehend, möglichst tief durch die Erde. Bearbeiten Sie das Beet in diagonalen Linien zuerst in eine Richtung, anschließend noch einmal entgegengesetzt, so daß die Linien sich kreuzen. So erreichen Sie eine sehr »engmaschige« Lockerung des gesamten Erdreiches.
Die breite, tiefreichende Bio-Gabel (Beschreibung Seite 51) stoßen Sie in den Boden und bewegen sie dann nach vorne und nach hinten. Sie sehen und fühlen sofort, wie die Erde zwischen den langen Zinken bricht und krümelt. Fangen Sie an einem Ende des Beetes an, und arbeiten Sie systematisch Meter für Meter weiter, bis die gesamte Fläche gelockert ist. Etwas länger dauert diese Arbeit, wenn Sie statt der großen Bio-Gabel eine normale Grabgabel benutzen. Für kleine Beete reicht dieses Werkzeug aber aus.
Anschließend zerkrümeln Sie die grobe Erde

mit einem Kultivator oder mit einer leichten Hacke (Krail). Bearbeiten Sie ruhig und gleichmäßig einen Streifen nach dem anderen. Zum Schluß wird auch dieses Beet mit einem Rechen geglättet.
Falls Sie im Frühling den Boden verbessern müssen, streuen Sie nur reifen, vererdeten Kompost und etwas Steinmehl aus. Dünger muß mindestens vier Wochen vor der Aussaat oberflächlich in den Boden eingearbeitet werden. Nehmen Sie um diese Jahreszeit nur sogenannte Langzeitdünger, die langsam vom Bodenleben aufgeschlossen werden. Hornspäne, organische Mischdünger auf der Basis von Hornspänen und getrockneter Rinderdung eignen sich dazu. Verwenden Sie sie aber nur dort, wo später auch solche Gemüse wachsen, die kräftige Zusatznahrung benötigen.
Notfalls, wenn die Zeit drängt, genügt es auch, wenn Sie nur die Saatrillen mit reifem Kompost ausfüttern und später die heranwachsenden Pflanzen düngen. Es bedeutet für alle jungen Pflanzen einen gesunden Start, wenn sie die ersten Wurzeln in nahrhaftem, lockerem Kompost ausstrecken können. Füllen Sie deshalb wenigstens die Saatreihen und die Pflanzlöcher mit diesem reifen Humus.
Teilen Sie, nachdem Sie die Erde gelockert, geglättet und vorbereitet haben, alle Beete in Reihen ein. Diese Ordnung erleichtert Ihnen die Übersicht über die Mischkulturen. Außerdem können Sie leichter Unkraut jäten und schon zwischen den jungen Pflanzen mulchen. Benutzen Sie dazu eine Gärtnerschnur, wie sie im Handel angeboten wird. Sie können aber auch ganz einfach glatte, etwa 40–50 cm lange Stöcke nehmen, die an einem Ende angespitzt werden. Wickeln Sie reichlich Paketschnur um das erste Holz, und knoten Sie das Ende am zweiten Stecken fest. Dieser wird an einer Ecke des Beetes tief in die Erde gedrückt. Während Sie langsam zum anderen Ende wandern, wikkelt sich die Schnur ab. Wo die Reihe zu Ende ist, stoßen Sie den zweiten Stab in die Erde und spannen die Schnur gerade, indem Sie den Stock leicht drehen.

In die Saatrillen wird reifer Kompost gestreut.

Nun haben Sie eine Richtschnur für die erste Saatreihe. Normalerweise verläuft sie in Längsrichtung über das Beet. An der Schnur entlang ziehen Sie eine flache, etwa 1 cm tiefe Rille. Dafür können Sie den umgekehrten Stiel des Rechens oder einer kleinen Hacke verwenden. Kurze Reihen können Sie auch einfach mit dem Finger ziehen.
Holen Sie sich den reifen Kompost in einem Eimer zum Beet, und streuen Sie ihn dünn mit der Hand in die Saatrillen. Dabei können Sie gröbere Brocken noch zwischen den Fingern zerkrümeln. So wird eine Reihe neben der anderen hergerichtet. Normalerweise haben auf einem Beet von 1,20 m Breite 3–4 Reihen Platz. Der Abstand richtet sich nach dem Wachstum der unterschiedlichen Gemüsearten. Auf der Rückseite der Samentüten können Sie immer nachlesen, wieviel Zentimeter die Reihen zum Beispiel bei Salat, Roten Beten oder Kohlrabi auseinander liegen sollen.
Die lockere, feinkrümelige Erde auf dem Beet und die weich mit Kompost gepolsterten Saatrillen sind ein angenehmes Bett für die zarten Wurzeln und Blättchen der keimenden Pflanzen. Schwere Erdbrocken, Steine oder eine harte, verschlämmte Oberfläche würden das erste Wachstum buchstäblich »im Keim erstikken«. Deshalb ist es gut, wenn ein Gärtner die

Erde in den Reihen vor der Aussaat noch einmal durch seine Finger gleiten läßt. Dabei kann er harte Stellen zerkrümeln und versteckte Steine entfernen. Ihre Hände sind viel feinfühliger als jedes eiserne Werkzeug! Und die Wurzeln der Pflanzen reagieren sensibler als mancher Gärtner glaubt.

Richtig säen

Samen sind so verschieden wie die Pflanzen, die daraus wachsen. Von festen, runden Kugeln bis zu staubfeinen Körnchen reichen die Variationen. Außerdem gibt es langgestielte und abenteuerlich gezackte Formen. Die Wandlungsfähigkeit der Natur ist auf diesem Gebiet unerschöpflich.

Bei der Aussaat im Garten muß sich ein guter Gärtner dieser Vielfalt anpassen. Als Faustregel kann er sich allenfalls merken: Die meisten Samenkörner dürfen nur so hoch mit Erde bedeckt sein, wie sie selber dick sind. In den meisten Fällen ist das eine dünne Schicht. Kräftige Samen, wie Erbsen oder Bohnen, dürfen natürlich tiefer liegen.

Lesen Sie, solange Sie Samen noch nicht »nach Gefühl« säen können, immer auf der Rückseite der Samentüten nach, wie tief die Rillen sein sollen. Die meisten Samen sind Dunkelkeimer. Sie sollen mehr oder weniger tief in der Erde liegen. Es gibt aber auch sogenannte Lichtkeimer; zu ihnen gehören zum Beispiel einige Kräuter, wie Basilikum und Majoran. Drücken Sie diese Samen nur mit der Hand leicht in die Erde. Sie vertragen höchstens eine hauchdünne, lichtdurchlässige Abdeckung! Achten Sie auf entsprechende Hinweise!

Für alle Samen gilt: Säen Sie niemals zu dicht. Es ist besser, etwas Saatgut übrig zu behalten, als unzählige Pflänzchen heranzuziehen, die sich auf engstem Raum »auf die Füße treten« und keine Luft bekommen.

Am besten streuen Sie sich eine kleine Samenportion aus der Tüte in die linke Hand. Zwischen drei Fingern der rechten Hand greifen Sie davon eine kleine Menge und lassen die Körnchen behutsam, fast einzeln herausgleiten und in die Saatrille rollen.

Größere Samen lassen sich auf diese Weise gut verteilen. Sehr feines Saatgut mischen Sie in der Hand mit ein wenig reinem Sand und säen es dann ebenso aus. Dann liegen die Körnchen nicht so eng nebeneinander.

So lassen Sie die Samen aus der Tüte in die Erde fallen.

Die großen Bohnenkörner können Sie gut verteilen.

Manche Samen verstreuen Sie »breitwürfig« über das Beet.

So werden die gut sichtbaren Körner »verscharrt«.

Sie können auch den oberen Rand der Tüte abreißen und die Samen aus dem spitzen Winkel vorsichtig herausrollen lassen. Außerdem gibt es im Handel noch Saatrollen am Stiel, die die Samen mechanisch verteilen und im richtigen Abstand herauskullern lassen. Solche Hilfsmittel sind aber eigentlich nur »Krücken«. Wer der Natur näherkommen und mit ihr zusammenarbeiten möchte, der sollte lieber den Mut zu Fehlern haben. Nur so kann man wichtige Erfahrungen machen und mit der Zeit das richtige Gefühl für die richtige Handlungsweise bekommen. Nicht umsonst steckt in diesem Wort der Begriff »Hand«. Im Garten und in der Welt der Pflanzen geht es eben nicht um gut funktionierende Mechanik, sondern um lebendige Zusammenhänge. Einfühlungsvermögen bedeutet hier mehr als Technik.

Samen besitzen meist eine harte Schale, die beim Keimprozeß auseinandergesprengt werden muß. Deshalb sollten sie möglichst dicht an die Erde geschmiegt sein, damit sie feucht und warm liegen. Drücken Sie die Körner mit der flachen Hand, mit einem Holzbrettchen oder mit dem Rücken des Rechens leicht an. Erst dann streuen Sie eine dünne Schicht Kompost oder Erde darüber. Bei robusteren Aussaaten können Sie die Erde mit dem Rücken des Rechens in die Rillen schieben. Zum Schluß klopfen Sie die Saatreihen behutsam fest.

Kennzeichnen Sie alle Aussaaten mit Namensschildern. Das geschieht am einfachsten, indem Sie ein Ästchen, das Sie oben mit dem Messer aufspalten, in die Erde stecken. Klemmen Sie die zusammengefaltete Samentüte in dem Schlitz fest. Sie können auch Plastik- oder Holzetiketten verwenden, die Sie mit einem wasserfesten Stift beschriften.

Feuchtigkeit ist lebenswichtig

Ideal wäre es, wenn anschließend ein leichter, warmer Frühlingsregen das Beet anfeuchten würde. Falls der Himmel sich nicht einmischt, müssen Sie mit einer feinen Brause und temperiertem Wasser aus einer Tonne angießen. Benutzen Sie eine leichte Kanne, die nicht ganz gefüllt wird. Sie können dann das Wasser besser dosieren. Zu heftige Güsse schwemmen die Saatkörner wieder aus der Erde!

Prägen Sie sich an dieser Stelle einen wichtigen Grundsatz ein: Jede Aussaat muß bis zum Wachsen der ersten grünen Blättchen ganz gleichmäßig feucht gehalten werden! Wenn während des Keimens der Boden auch nur ein einziges Mal austrocknet, verdorrt der winzige Trieb, und alle Mühe war umsonst. Mancher Gärtner, der auf schlechtes Saatgut schimpft, hat nur vergessen, rechtzeitig zu gießen!

In sehr sonnigen Frühlingswochen können Sie sich mit feuchten Säcken helfen, die Sie über die Saat legen. Sie werden wieder entfernt, wenn die Keimblätter die Erde durchbrechen. Dann sind die Reihen deutlich sichtbar, und Sie können dazwischen eine anfangs dünne, später eine etwas dichtere Mulchdecke auslegen, die die Bodenfeuchtigkeit schützt.
Bei Samen, die erfahrungsgemäß sehr langsam keimen, wie zum Beispiel Petersilie oder Möhren, streut man deshalb ein paar Körnchen Radieschen in die Reihen. Diesen kleinen Trick nennen erfahrene Gärtner »Markiersaat«. Sobald die schnellwüchsigen, robusten Radieschen erscheinen, können Sie gefahrlos zwischen den Reihen Unkraut jäten und mulchen. Solche Orientierungshilfen sind wichtiger, als mancher junge Gartenfreund glaubt. Die Keimblätter, die ersten Blättchen, die aus dem Samenkorn hervortreiben, haben meist noch keine ausgeprägten Formen. Erst nach längerer Übung kann man sie bereits in den ersten Tagen unterscheiden und identifizieren. Schon viele »grüne Lehrlinge« haben eifrig Gemüse und Blumen gejätet und das Unkraut wachsen lassen! Beobachten Sie deshalb die keimende Saat immer wieder sehr genau. Nach zwei oder drei Jahren werden Sie dann schon bei den ersten grünen Blättchen ganz sicher sein: Hier keimen Gurken, dort Kohlpflanzen. Sorgfältig gekennzeichnete Saatreihen werden Ihnen aber in den Lehrjahren eine große Hilfe sein.

Wichtige Saatgut-Tips

Wichtig für den Erfolg ist nicht nur die richtige Aussaat, sondern auch die Qualität des Samens. Kaufen Sie nur gutes Züchter-Saatgut. Bei vielen Marken ist die Dauer der Keimfähigkeit aufgedruckt. Zumindest sollte die Jahreszahl der Verpackung vermerkt sein. So können Sie sehen, ob es sich um frische Samen handelt. Biologisch gezogenes Saatgut ist nur in sehr kleinen Mengen auf dem Markt. Meist bekommen Sie es nur bei speziellen Bio-Händlern oder Bio-Versendern. (Adressen finden Sie im Anhang.)
Empfehlenswert sind aber auch Samen aus guten Zuchtbetrieben, die unbehandelt, das heißt mit nicht giftigen Mitteln gebeizt sind. Statt dessen wurden sie mit naturgemäßen Methoden präpariert. »Bio-Start« (Sperling) und »Bio-Selekt« (Wagner) sind zum Beispiel im normalen Samenfachhandel erhältlich.
Älteres oder übriggebliebenes Saatgut können Sie testen, indem Sie einige Körner auf feuchtes Küchenpapier streuen. Keimt mehr als die Hälfte, können Sie die Samen noch einmal verwenden.

Pflanzenanzucht im Warmen

Nachdem Sie im ersten Lehrjahr die wichtigsten Grunderfahrungen im Freiland gemacht haben, dürfen Sie sich in Ihrem zweiten Gartenfrühling schon den Freuden der Fortgeschrittenen zuwenden. Wenn draußen noch die letzten Schneeschauer über der winterkalten Erde niedergehen, kann auf einer warmen Fensterbank im Haus schon der Frühling Einzug halten.
Gemüse, Kräuter und Blumen, die ursprünglich in sonnenverwöhnten Ländern zu Hause waren, brauchen in unserem rauheren Klima einen behüteten Kindergarten. Sie werden frühzeitig unter besonders geschützten Bedingungen vorkultiviert. So gewinnen sie einen Wachstumsvorsprung. Bis zum Mai, wenn auch im Freiland die Erde wieder genügend erwärmt ist, haben sie sich zu kräftigen Jungpflanzen entwickelt. Dann können auch die Südländer an die frische Luft umziehen.
Für die Vorkultur im Warmen eignen sich zum Beispiel Tomaten, Paprika, Zucchini, Gurken, Basilikum, einjähriger Majoran, Rosmarin, Salbei, Zinnien, Löwenmäulchen und Levkojen.

Auf einer warmen Fensterbank können Sie empfindliche Pflanzen vorziehen. Hohe Luftfeuchtigkeit fördert das Keimen. Ein Mini-Gewächshausklima entsteht unter Plastikdeckeln oder selbstgebastelten Kunststoffhauben.

Gärtnerei auf der Fensterbank

Profigärtner ziehen ihre Jungpflanzen in geheizten Glashäusern groß. Für geschickte Freizeitgärtner genügt schon ein helles Zimmerfenster mit einer breiten Bank. In diesem Fall ist die Zentralheizung unter dem Fensterbrett ausnahmsweise pflanzenfreundlich. Sie sorgt für wohltemperierte »Füße«. Wichtige Voraussetzung für eine erfolgreiche Minigärtnerei sind Wärme, Licht, genügend Luftfeuchtigkeit während der Keimzeit und später frische Luft zum Abhärten der kleinen Pflanzen.

Gefäße Für die Aussaat benötigen Sie zunächst passende Gefäße. Flache Saatschalen eignen sich besonders gut zum Aufstellen auf der Fensterbank. Sie können aber auch runde Tonschalen oder Blumentöpfe verwenden. Für größere Samenkörner, zum Beispiel von Gurken oder Zucchini, sind kleine Torfpreßtöpfe oder Kunststofftöpfchen praktischer. Darin haben die Keimlinge von Anfang an genügend Platz, wenn Sie pro Topf nur ein bis zwei Samenkörner in die Erde legen.
Im Handel gibt es außerdem sogenannte Mini-Gewächshäuser, die aus Saatschalen und durchsichtigen Kunststoffabdeckungen bestehen. In diesen geschlossenen Kästchen entsteht ein feucht-warmes Treibhausklima, das Keimung und Wachstum sehr begünstigt.
Für alle Anzuchtgefäße benötigen Sie passende Untersetzer, in die überschüssiges Gießwasser abfließen kann. Anderenfalls besteht die Gefahr, daß Fensterbank und Teppichboden öfter unter Wasser stehen!
Ganz falsch wäre es aber, wenn Sie Töpfe oder Schalen ohne Bodenlöcher wählen würden, um Tropfwasser zu verhindern. Beim Gießen würde sich im Untergrund bald zu viel Feuch-

Verschiedene Anzucht-Töpfchen aus Preßtorf und Kunststoff.

tigkeit sammeln, die nirgends entweichen könnte. Daraus entsteht dann ein sumpfiger Morast, in dem Samenkörner und Pflanzenwurzeln unweigerlich faulen.
Sorgen Sie zusätzlich für guten Wasserabzug und Dränage, indem Sie einige Scherben von einem zerbrochenen Tontopf über die Abzugslöcher am Boden legen. Bei flachen Schalen sind meist mehrere Öffnungen vorhanden, die mit je einer Scherbe abgedeckt werden. So sind die Abzugslöcher vor der Verstopfung gesichert. Streuen Sie nun als unterste Lage reinen Sand auf den Boden. In flachen Schalen darf diese zusätzliche Dränageschicht nur etwa einen halben Zentimeter hoch sein. In höheren Gefäßen, zum Beispiel in Blumentöpfen, können Sie ruhig 2 cm Sand einfüllen. Hier darf das Material auch einige Kieselsteine enthalten, die zur Lockerung des Untergrundes beitragen.

Die richtige Erdmischung ist wichtig, aber nicht einfach zu finden. Blumenerde, die Sie fertig abgepackt in Säcken kaufen können, enthält meist einen sehr hohen Torfanteil. Ganz abgesehen davon, daß ein Biogärtner die Ausbeutung der Moore für diesen Zweck nicht gutheißen kann – läßt die Qualität vieler Produkte sehr zu wünschen übrig. Oft wird sogar sehr grobbrockiges Substrat verwendet, das für feine Aussaaten ganz ungeeignet ist.
Am besten wäre es deshalb, wenn Sie für die Anzucht Ihrer Pflanzen auch im Zimmer Ihren eigenen gesunden Humus verwenden. »Pur« ist der Kompost allerdings viel zu schwer und nahrhaft für zarte Pflanzenkinder. Mischen Sie für die Saatgefäße zwei Drittel reifen, krümeligen Kompost mit einem Drittel gewaschenem Sand (aus dem Bauhandel oder aus einer Kiesgrube). Zur Lockerung können Sie eventuell noch ein wenig Rindenhumus (statt Torf) untermischen. Aussaaterde muß leicht und luftig sein!
Füllen Sie Ihre Gefäße nun mit dieser Erdmischung, und drücken Sie das Substrat behutsam mit den flachen Händen an. Sie können auch die Oberfläche mit einem schmalen Brettchen glattziehen. Auf jeden Fall muß mindestens 1 cm bis zum Rand frei bleiben, damit Sie ohne Schwierigkeiten gießen können.

Säen auf kleinstem Raum verlangt etwas Fingerspitzengefühl, aber im Grunde gelten die Regeln der Freilandaussaat auch im Zimmer. Aber da der Platz für Samen und Pflanzen hier sehr begrenzt ist, müssen Sie sehr sorgfältig arbeiten. Gehen Sie auf jeden Fall sparsam mit dem Saatgut um, und streuen Sie die Körnchen nicht zu dicht. Feine Samen, zum Beispiel von Basilikum oder Majoran, verteilen Sie am besten in einer Schale über die ganze Fläche. Dann drücken Sie die Saat vorsichtig mit der Handfläche oder mit einem Brettchen an – gerade so viel, daß die winzigen Körner sich ins Erdreich einschmiegen. Für die Lichtkeimer, zu denen Basilikum und Majoran gehören, genügt diese leichte »Versenkung« bereits. Sie werden nicht zugedeckt.
Die meisten anderen Samen, die zu den Dunkelkeimern gehören, müssen Sie anschließend noch mit feiner Erde übersieben. Am besten nehmen Sie eine Mischung aus Reifekompost und Sand zwischen Ihre beiden Handflächen. Wenn Sie diese nun leicht gegeneinander reiben, rinnt zwischen den Fingern, fein wie Mehl, die Erde heraus. Sie legt sich wie eine

Die großen Zucchini-Samen werden einzeln in die Erde gelegt.

leichte, dünne Decke über die Samen. Darunter sind sie bis zur Keimung gut gebettet.
Die großen Körner der Gurken, Melonen und Zucchini können Sie vor der Aussaat eine Nacht lang in einem Schüsselchen mit lauwarmem Wasser quellen lassen. Dann brechen die Saatschalen leichter auf, um die Keimblätter freizugeben. Diese Samen werden ebenso wie die mittelgroßen Körner von Tomaten und Paprika einzeln in die Erde gelegt. Verwenden Sie dafür Blumentöpfe oder kleine Anzuchttöpfe. Säen Sie nicht mehr aus, als Sie später im Garten auch auspflanzen können. Es ist besser, wenige starke und gesunde Pflanzen großzuziehen als einen Urwald voller langbeiniger Schwächlinge!
Ganz zum Schluß feuchten Sie die Erde in Ihren Aussaatgefäßen behutsam an. Von einem harten Wasserstrahl wird die Oberfläche aufgewühlt; dann ist Ihre liebevolle Vorarbeit umsonst gewesen. Nehmen Sie statt einer Gießkanne besser einen Wasserzerstäuber, wie er zum Ansprühen der Zimmerpflanzen benutzt wird. Der feine Wassernebel dringt in die Erde, ohne die Oberfläche zu verändern. Falls Sie dennoch eine Blumengießkanne benutzen, sollte sie einen sehr schmalen Auslauf haben. Lassen Sie nur wenig Wasser »mit Gefühl« herauslaufen.

»Unter der Haube«, in einer feucht-warmen Treibhausatmosphäre, wachsen alle Pflanzen üppig und schnell wie im Urwald. In einem Mini-Gewächshaus entstehen diese Bedingungen rasch, wenn Sie das durchsichtige Dach aufsetzen. Blumentöpfe und Tonschalen können Sie bis zur Keimung mit einer Glasscheibe abdecken. Auch Plastikhäubchen mit Gummizug, wie sie im Haushalt zum Verschließen einer Schüssel benutzt werden, eignen sich. Noch besser ist es, wenn Sie ein etwas höheres Dach selber konstruieren. Stecken Sie einfach zwei starke, gebogene Drähte über Kreuz in den Topf. Darüber spannen Sie durchsichtige Folie, die rund um den Topfrand mit einem Gummiband festgehalten wird.

Sobald die kleinen Pflanzen das zweite Blattpaar entwickelt haben, werden die Abdeckungen entfernt. Die Mini-Gewächshäuser müssen dann öfter gelüftet werden.

Standort und Pflege sind entscheidend für eine gesunde Entwicklung. Alle Anzuchtgefäße stehen am besten auf einer geräumigen Fensterbank oder auf einem Tischchen dicht am Fenster. Günstig ist es, wenn ein Heizkörper die Schalen von unten erwärmt. Die aufsteigende warme Luft trocknet allerdings die Erde schneller aus. Kontrollieren Sie deshalb regelmäßig das Substrat, und gießen Sie rechtzeitig.
Die jungen Pflanzen müssen nahe am Licht stehen, sonst verbiegen sie sich auf der Suche nach der lebensspendenden Energie der Sonne. Ein Südfenster, das sich in der Mittagszeit stark erhitzt, ist allerdings ungeeignet. Hier sind die zarten Pflanzenblätter in Gefahr, zu »verbrennen«. Wählen Sie möglichst ein Ost- oder Westfenster. Zu intensive Sonnenstrahlen kann eine Jalousie abblenden.
Junge Pflanzen, die nicht mehr abgedeckt sind, müssen gleichmäßig feucht gehalten werden. Vermeiden Sie aber übermäßige Nässe ebenso wie das Austrocknen. Stellen Sie sich vor, wie-

Junge Pflänzchen müssen sehr behutsam gegossen werden.

viel Wasser die noch zarten Wurzeln aufnehmen können. Dann werden Sie zwischen Ertrinken und Verdursten das richtige, gesunde Mittelmaß finden.
Neben Wasser, Wärme und Licht ist auch die Luft ein wichtiger Bestandteil gesunder Lebensbedingungen. Pflanzen brauchen ebenso wie die Menschen frischen Sauerstoff! Sobald die Sämlinge größer und kräftiger werden, sollten Sie deshalb regelmäßig lüften. Die Pflanzen wachsen dann gesünder; sie werden abgehärtet und auf ein Leben im Freiland vorbereitet. Öffnen Sie das Fenster aber nur bei warmer Witterung. In eiskalter Luft bekommen Ihre Zimmerzöglinge, die von der Heizung verwöhnt sind, einen Schock! Vermeiden Sie auch unbedingt Durchzug. Pflanzen können darauf, ähnlich wie Menschen, sehr verschnupft reagieren.

Vom Kindergarten zur Selbständigkeit ist nur ein kleiner Schritt. Wenn Sie Saatgut in Schalen ausgestreut haben, entsteht schon bald nach der Keimung ein Gewimmel winziger grüner Blättchen. Dann wird es Zeit, die jungen Pflanzen aus dem überfüllten Kindergarten herauszuholen. Sie brauchen Platz für eine eigenständige Entwicklung. Unter Gärtnern nennt man diesen Arbeitsgang »pikieren« oder »vereinzeln«. Der richtige Zeitpunkt zum Verpflanzen ist gekommen, wenn Sie die Sämlinge zwischen den Fingern fassen können; in der Regel ist dies der Fall, sobald nach den Keimblättern ein zweites Blattpaar nachgewachsen ist.
Verwenden Sie beim Vereinzeln die kleinsten Ton- oder Kunststofftöpfchen (etwa Eierbecher-Durchmesser). Praktisch sind auch Paletten, in die eine ganze Serie kleiner Töpfchen eingelassen ist. Die Erdmischung muß sehr mager sein, dann entwickeln die Pflänzchen kräftigere Wurzeln. Mischen Sie Reifekompost und reinen Sand im Verhältnis 50:50.
Anfangs dürfen Sie nur sehr behutsam gießen. Die winzigen Wurzeln können ja noch nicht viel Wasser aufnehmen. Austrocknen darf die Erde aber auch nie. Stellen Sie die pikierten Sämlinge warm und halbschattig auf – sozusagen im Schonklima. Wenn die Pflänzchen neue Blätter treiben, zeigen sie Ihnen, daß sie angewachsen sind. Bei manchen Gewächsen, zum Beispiel bei Tomaten und Zucchini, schreitet die Entwicklung dann so rasch voran, daß Sie nach ein paar Wochen ein zweites Mal umtopfen müssen.
Heben Sie die Pflanze vorsichtig aus dem Topf; hat sich ein fester Ballen gebildet, der ganz von einem dichten Netz feiner Wurzeln eingesponnen ist, dann ist es Zeit für den Umzug. Wählen Sie diesmal einen Topf, der im Durchmesser 2–3 cm größer ist. Starkwüchsige Pflanzen, wie Tomaten oder Zucchini, die bereits in kleinen Töpfchen gesät wurden, erhalten einen entsprechend breiteren Topf.
Gedüngt werden Jungpflanzen im Zimmer erst, wenn sie gut eingewurzelt und schon kräftig gewachsen sind. Am besten geschieht dies erst im Mai, kurz vor dem Verpflanzen ins Freiland. Sonst ist die Gefahr zu groß, daß die kleinen Tomaten oder Astern ins Kraut schießen und hinter der warmen Glasscheibe kraftlose, überlange Triebe entwickeln. Aus dem gleichen Grund sollten Sie nicht zu früh mit der Aussaat beginnen. Für langsam wachsende

Basilikum-Pflänzchen werden büschelweise pikiert.

Pflanzen, wie zum Beispiel Majoran oder Sellerie, ist Anfang bis Mitte März der richtige Termin. Für schnelle Wachser genügt es, wenn Sie Ende März bis Anfang April säen.
Ideal wäre es, wenn Sie einen Teil der Pflanzen, zum Beispiel die Tomaten, ab Anfang Mai zum Abhärten in ein geschütztes Frühbeet oder in eine warme Balkonecke stellen könnten. Vor Kälteeinbrüchen und Frostnächten müßten sie allerdings durch Fenster oder Folienabdeckungen geschützt werden. Bei günstigen Frühlingstemperaturen werden sich die Pflanzen an der frischen Luft mit größerem »Spielraum« auf jeden Fall kräftiger und gedrungener entwikkeln als auf der inzwischen überfüllten engen Fensterbank.

Merken Sie sich als Faustregel: Alle frostempfindlichen Südländer dürfen erst nach den Eisheiligen auf die Gartenbeete umziehen. Der früheste Zeitpunkt liegt in milden Landschaften um den 15. Mai. In rauheren Gegenden oder in besonders kalten Frühlingswochen sollten Sie vorsichtshalber erst nach dem 20. Mai mit dem Auspflanzen beginnen.

Früher Start in den Frühling: Frühbeet und Folientunnel

Im zweiten oder dritten Gartenlehrjahr können Sie auch schon erste Versuche im Frühbeet oder mit Folientunneln machen. Beide Einrichtungen dienen sowohl der Pflanzenanzucht als auch dem frühen, geschützten Anbau von Gemüsen und Kräutern. Die Tradition des guten alten Frühbeetkastens reicht zurück bis in vergangene Jahrhunderte. Der Folientunnel ist ein Produkt moderner Technik. Beiden gemeinsam sind folgende Eigenschaften: Durch Glasscheiben oder durchsichtige Folien wird die Sonnenstrahlung an ein begrenztes Stück Erde weitergeleitet. Der geschlossene Kasten oder Tunnel hält die Wärme länger fest. So entsteht

Das »Solarbeet« ist eine Frühbeet-Konstruktion aus Kunststoff, die Sie im Handel kaufen können.

ein temperierter Raum, in dem Pflanzen einige Wochen früher wachsen können als in der noch kälteren Umgebung.
Der Fachhandel bietet zahlreiche fertige Frühbeetmodelle an. Sie werden aus sehr unterschiedlichen Materialien, wie zum Beispiel Holz, Holzbetonplatten, Plexiglas oder anderen Kunststoffen, hergestellt.
Statt der früher üblichen schweren Glasfenster werden heute vielfach leichte Kunststoffenster verwendet. Es gibt sogar Frühbeete mit Fenstern, die sich automatisch öffnen und schließen. Für alle herkömmlichen Fenster ist ein Stützholz wichtig, damit die Rahmen zum Lüften hochgelegt werden können.
Legen Sie Ihr Frühbeet möglichst in der Nähe des Hauses an, damit Sie die Fenster jederzeit öffnen oder schließen können. Die Scheiben sollen voll in der Sonne liegen. Die Rahmenkonstruktion muß eine leichte Neigung zur Südseite haben.
Um das Frühbeet mit seinem kostbaren Inhalt im frühen Frühling gegen die Kälte zu schützen, häufen Sie außen um den Rahmen einen dicken Wall aus gemischtem Laub oder Stroh auf. In sehr frostigen Nächten legen Sie zusätzlich Schilfmatten oder Bretter über die Fenster.
Wer nach langen Winterwochen heißhungrig auf frisches Grün und gesunde Vitamine ist, der sollte den Wachstumsvorsprung im Frühbeet nützen. Der frühe Start in den Frühling

zahlt sich in deutlich früheren Ernten aus. Ein Versuch lohnt sich bestimmt.

Frühbeet und Mistbeet

Einen einfachen Frühbeetkasten in traditioneller Bauart kann ein einigermaßen geschickter Gärtner leicht selber bauen. In der Praxis bewährt sind diese Maße: 1,50 m tief und 1,60–2,40 m breit. Dabei wird eine Fensterbreite von 0,80 m zugrunde gelegt. Zwei bis drei Fenster sollte ein Frühbeet mindestens haben. Wer breitere Fenster (1,00 m) wählt, der muß damit rechnen, daß sie schwerer und unhandlicher sind.

Die Einfassung des Kastens besteht meist aus imprägnierten Holzbrettern. Im Handel können Sie sogar vorgefertigte Einzelteile kaufen, die im Garten nur noch zusammengesetzt werden. Der Frühbeetrahmen kann aber auch aus Beton gegossen oder aus Ziegelsteinen gemauert werden.

Die Erde im Frühbeet sollte besonders gut sein. Mischen Sie dafür reifen Kompost mit Sand, etwas Steinmehl und eventuell einer Zugabe aus Rindenhumus. Zwischen der obersten Erdschicht und dem Fenster muß ein freier Raum von etwa 20 cm bleiben, damit die Pflanzen sich ungehindert entwickeln können.

Ein Frühbeet, das so gebaut wird wie ein rundum geschütztes Gartenbeet, nennt man einen kalten Kasten. Es wird nur mit Sonnenenergie erwärmt. Ab März können Sie in diesem Kasten zum Beispiel Salat, Radieschen, Kresse, Kerbel und Kohlrabi säen.

Ein sogenanntes Warmbeet, in dem auch empfindlichere Kulturen vorgezogen werden können, benötigt eine zusätzliche »Fußbodenheizung«. Diese besteht meist aus einer dampfenden Packung Pferdemist. Deshalb nennt man diesen Kasten auch Mistbeet.

Die Mistpackung wird bereits im Februar angelegt. Da der Boden um diese Zeit oft tief gefroren ist, heben Sie die Grube am besten bereits im Herbst aus und füllen sie locker mit Laub, das später leichter entfernt werden kann als Erde. Insgesamt müssen Sie den Boden 60–70 cm tief ausheben. Dann füllen Sie lagenweise ganz frischen, dampfenden Pferdemist ein, der zwischendurch immer wieder mit den Stiefeln festgetreten wird. Dies ist wichtig für die Erwärmung. Den Dung bekommen Sie am leichtesten in einem Reitstall. Nehmen Sie aber nie abgelagerten Mist – er erwärmt sich nicht mehr!

Die festgetretene Packung soll zum Schluß 30–40 cm hoch sein. Dann füllen Sie wieder gute Mistbeeterde auf. Diese Schicht muß etwa 20 cm dick sein. Darüber soll, wie beim kalten Kasten, etwa 20 cm Luft bis zur Scheibe bleiben. Schließen Sie nach dem Packen die Fenster. Der Mist beginnt nun »zu arbeiten«; er gerät in einen hitzigen Umsetzungsprozeß. Dabei wärmt die Packung die darüberliegende Erdschicht auf. Nach etwa fünf Tagen können Sie mit der Aussaat beginnen.

Ihre ersten Versuche sollten Sie aber unbedingt mit dem normalen »kalten Kasten« machen. Die Anlage und Benutzung des Mistbeetes erfordert schon mehr Erfahrung und Fingerspitzengefühl. Im Frühbeet können Sie entweder Salat, Kohlrabi, Radieschen und Kräuter für eine erste frühe Ernte anpflanzen oder die Jungpflanzen für Ihre Gartenbeete preiswert selbst großziehen. Salate, Kohl, Lauch, Astern, Löwenmäulchen, Tagetes und viele andere

Dies ist die traditionelle Konstruktion eines Früh- und Mistbeetes, das Sie leicht nachbauen können.

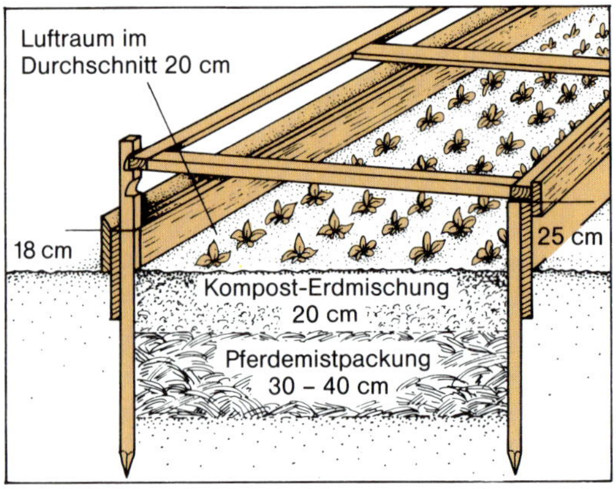

wachsen hier geschützt heran. Im Sommer kann der Frühbeetkasten dann für wärmeliebende Kulturen, wie zum Beispiel Gurken oder Paprika, weiterbenutzt werden.

Der Folientunnel

Diese Form einer wärmenden Beetüberdachung wurde erst durch die Entwicklung durchsichtiger Kunststoff-Folien möglich. Der Folientunnel hat gegenüber dem festgebauten Frühbeet den Vorteil, daß er leicht und beweglich ist. Er kann ohne größeren Aufwand auf einem normalen Gartenbeet aufgestellt werden und je nach Bedarf den Standort wechseln. Im Handel werden zahlreiche Modelle angeboten, die mit wenigen Handgriffen einsatzbereit sind. Aber auch der »Eigenbau« ist leicht zu bewerkstelligen.

Sie benötigen für den Bau eines Tunnels vor allem ein stützendes Gerüst aus halbrunden Bögen. Dafür können Sie starke Drähte verwenden. Stabiler sind aber Rundeisen, die Sie sich in einer Werkstatt biegen lassen. Diese Konstruktion sollte gut einen Meter überspannen. So bleibt auf einem 1,20 m breiten Beet seitlich noch Platz, um die Folie zu befestigen.

Stecken Sie die Bögen in Abständen von 50 cm fest in den Boden. Dann breiten Sie in Längsrichtung die Kunststoffolie darüber aus. An den Enden raffen Sie die Bahnen wie eine Gardine zusammen und beschweren sie mit Ziegelsteinen. An den Längsseiten schlagen Sie die Folien am besten um schmale Bretter. So können Sie sie straff bis zum Boden herunterziehen. Auch diese Bretter werden zum Schluß mit Steinen beschwert, damit der Wind die leichte Konstruktion nicht hochheben kann.

Je sorgfältiger der Folientunnel am Boden geschlossen ist, desto besser hält er die Wärme. Je nach Witterung können Sie unter dem leichten Dach von Mitte bis Ende März mit den ersten Aussaaten beginnen. Wenn an warmen Frühlingstagen gelüftet werden muß, schlagen Sie anfangs nur an den Schmalseiten die Folie hoch. Sie kann mit hölzernen Wäscheklammern am ersten Bogen befestigt werden. Wenn es sehr heiß wird, ist es besser, eine Längsseite zu öffnen und die Folie bis zur Mitte hochzuschlagen.

Pflegetips für Frühbeet und Folientunnel

- Gießen Sie bei der Aussaat oder der ersten Pflanzung gut an. An kälteren Tagen sollten Kasten und Tunnel möglichst geschlossen bleiben.
- Achten Sie bei den frühen Aussaaten sehr sorgfältig auf Unkraut. Die Wildpflanzen gedeihen in der feuchten, warmen Atmosphäre besonders üppig. Wenn Sie nicht regelmäßig jäten, sind die zarten Kulturgewächse schnell überwuchert.
- Je wärmer es wird, desto öfter müssen Sie gießen. Der kleine geschlossene Raum trocknet rasch aus! Wässern Sie in der Zeit zwischen den späten Vormittags- und den frühen Nachmittagsstunden. Bis zum Abend müssen die Pflanzen unbedingt abgetrocknet sein. An feuchten Blättern entsteht in kalten Nächten leicht Fäulnis durch Pilzerkrankungen.

Die Kunststoff-Folien werden zum Lüften hochgeschoben.

Eine preiswerte Konstruktion für Anfänger ist das kleine Kunststoffgewächshaus.

- Im niedrigen Frühbeet oder Tunnel kann sich rasch ein Hitzestau entwickeln, wenn die Frühlingssonne intensiv vom wolkenlosen Himmel strahlt. Lüften Sie an solchen Tagen schon am Vormittag; sonst verbrennen die zarten Blätter der Jungpflanzen. Am Nachmittag sollten Sie Fenster und Folien wieder schließen. So bleibt ein Teil der Wärme erhalten, um die Kälte der Nacht zu mildern.

Das Kleingewächshaus

Ein richtiges kleines Gewächshaus ist ein Gärtnertraum, der meist erst in späteren Jahren in Erfüllung geht. In diesem Buch, das Sie bei den ersten noch etwas unsicheren Schritten in die Bio-Gartenpraxis begleiten möchte, erscheint das Glashaus deshalb nur kurz als Abrundung des Themas Vorkultur. Betrachten Sie diesen Abschnitt als kleinen Ausflug in zukünftige Gefilde.

Gewächshäuser werden in der Regel als Bausatz angeboten; die einzelnen Elemente können beliebig aneinandergereiht werden. Die Konstruktion besteht meist aus leichten, dauerhaften Aluminiumrahmen. Dazwischen werden Scheiben aus Fensterglas oder durchsichtige Kunststoffplatten eingelassen. Sehr schön sind Gewächshäuser aus wetterbeständigem Zedernholz. Sie fügen sich in einen naturgemäßen Garten besonders gut ein.

Die meisten Gewächshäuser benötigen keine Baugenehmigung. Sie werden, je nach Typ, auf frostsicheren Betonfundamenten oder auf einem schlichten Rahmen errichtet. Kleine Glashäuser werden schon für erschwingliche Preise angeboten. Teuer wird es, wenn Sie Arbeitstische, Stellagen, Licht oder sogar eine Heizung mit elektronischer Steuerung einbauen möchten.

Preiswerter, aber nicht so lange haltbar, sind Foliengewächshäuser. Sie gleichen einem überdimensionalen Folientunnel und sind vielseitig nutzbar. Nach einigen Jahren wird die Folienbespannung allerdings brüchig und muß erneuert werden. Die Rahmenkonstruktion kann aber weiter benutzt werden.

Bevor Sie sich eines Tages für ein Gewächshaus

entscheiden, sollten Sie genau wissen, welchen Typ Sie am besten nutzen können.

- Das Kalthaus wird nur von der Sonne beheizt; es ist während der kältesten und dunkelsten Wintermonate nicht benutzbar. Ähnlich wie das kalte Frühbeet kann dieses Kalthaus ab März für Aussaaten und Frühkulturen gute Dienste leisten.
- Das frostfreie Kalthaus wird durch eine Heizung gerade soweit erwärmt, daß die Temperaturen im Winter wenige Grad über Null bleiben. Ideal ist eine nächtliche Mindesttemperatur von plus 6 Grad und eine Tages-Mindesttemperatur von 10–12 Grad. Dann kann das Haus zur Überwinterung von Kübelpflanzen und zur Aussaat ab Januar genutzt werden.
- Das temperierte Haus wird auf mittlere Temperaturen zwischen 12 und 17 Grad erwärmt. Es erfüllt ähnliche Funktionen wie das Kalthaus, kann aber auch Pflanzen beherbergen, die etwas höhere Wärmeansprüche haben.
- Das Warmhaus erreicht Heiztemperaturen von 18–25 Grad. Es ist meist ein Liebhaberhaus, das exotischen Pflanzen mit hohem Wärmebedürfnis gute Wachstumsbedingungen bietet.

Viele Gewächshäuser sind bis Ende Mai leergeräumt, weil Jungpflanzen und Kübelgewächse um diese Zeit in den Garten umgezogen sind. Auf den freien Beeten können dann Tomaten, Gurken, Paprika, Melonen oder Auberginen gepflanzt werden. Diese Südländer gedeihen im Glashaus viel üppiger als im Garten. Vor allem in rauhen Landschaften ist ein Gewächshaus oft der einzige Platz, wo Tomaten reifen.

Für die Anzucht eigener Jungpflanzen bietet ein Glas- oder Folienhaus einige ganz entscheidende Vorteile: Die Luftfeuchtigkeit ist hier höher als im geheizten Zimmer, und das Licht erreicht die Pflanzen von allen Seiten. So können sie gerade und gleichmäßig wachsen. Am Fenster besteht dagegen die Gefahr, daß sie sich nach einer Seite, zur Scheibe hin, neigen. Außerdem ist im Glashaus sehr viel mehr Platz vorhanden, um vielseitige Aussaat-Experimente zu wagen. Für fortgeschrittene Gärtner, denen die Beschäftigung mit Pflanzen zur grünen Leidenschaft wird, ist ein kleines Gewächshaus sicher eine sinnvolle Einrichtung. Beim Gärtnern unter Glas können Sie alle vier Jahreszeiten nach Herzenslust nutzen und genießen!

Auspflanzen im Freiland

Junge Pflanzen, die Sie im Frühling auf der Fensterbank oder im Gewächshaus großgezogen haben, können ab Mai ins Freiland umziehen. Die robusteren »Einheimischen«, wie zum Beispiel verschiedene Salate, Kohlrabi und Kohlarten, vertragen bereits die oft noch unbeständige Witterung der ersten Maihälfte. Frostempfindliche Südländer wie Tomaten, Gurken und Zucchini dürfen erst nach den Eisheiligen an die frische Luft. Je nach Klima ist dies die Zeit zwischen dem 15.–20. Mai. Sie müssen ganz sicher sein, daß keine Nachtfröste mehr zu erwarten sind! Warten Sie lieber ein paar Tage länger, wenn der Frühling einmal außergewöhnlich kalt ist. Die Pflanzen holen diese kleine Verspätung rasch wieder auf. Wenn sie bei günstigem Wetter in die Erde kommen, schlagen sie leicht Wurzeln und wachsen dann kräftig weiter. Setzlinge, die in den ersten Tagen schon mit Kälte oder gar Frost kämpfen müssen, erleiden dagegen einen Rückschlag, der ihnen schwer zu schaffen macht. Oft kümmern sie dann noch wochenlang. Sie sind in diesem Zustand natürlich weniger widerstandsfähig und werden eine »leichte Beute« für Blattläuse und Pilzinfektionen.

Bereiten Sie das Pflanzbeet gut vor, so wie es auf Seite 58 beschrieben ist. Verteilen Sie zunächst die Jungpflanzen mit genügend Abstand auf der Fläche. Stellen Sie sich dabei vor, welchen Umfang zum Beispiel ein ausgewachsener Kohlkopf mit seinen breiten Außenblättern hat, oder wie weit sich eine zwei- bis dreitriebig gezogene Tomate verzweigt. Dann werden Ihnen die Zwischenräume von 40 cm, 50 cm oder 100 cm nicht mehr als Platzverschwendung erscheinen.

Das Pflanzloch heben Sie am besten mit einer kleinen Handschaufel aus. Knien Sie sich dabei auf den Boden; so sind Sie den Pflanzen und der Erde nahe. Wenn Sie ein Holzbrettchen unter die Knie legen, wird der Boden unter Ihrem Gewicht nicht so fest zusammengedrückt. Dieses kleine Hilfsmittel ist auch überall dort empfehlenswert, wo Sie mit den Füßen auf ein Beet treten müssen.

Die kleine Grube, in die Sie die Pflanzenwurzeln betten möchten, muß geräumig und »bequem« sein. Die Wurzeln dürfen nirgends anstoßen oder gar verbogen werden. Füttern Sie jedes Pflanzloch mit einer Hand voll reifem Kompost aus; das ist eine gesunde Starthilfe. Verwenden Sie aber niemals frischen Mist oder Grobkompost – sie verursachen »unter der Erde« Fäulnis und Vergiftungserscheinungen!

Jungpflanzen, die in Einzeltöpfchen umgesetzt wurden, haben bereits einen gut durchwurzelten Ballen entwickelt, der fest zusammenhält. Diesen kräftigen Gewächsen fällt der Umzug ins Freiland nicht schwer. Die Pflänzchen lassen sich leicht herausziehen, wenn Sie das Töpfchen einmal kurz auf dem Tisch aufstoßen. Plastik-Pikiertöpfe aus dünnerem Material drücken Sie am Boden mit zwei Fingern etwas zusammen; dann löst sich die Erde mit den Wurzeln von den Topfwänden. Heben Sie die Pflanze sehr behutsam heraus, so daß die Wurzeln keinen Schaden nehmen und der Ballen gut zusammenhält.

Gut durchwurzelte Pflanzen wachsen leichter an.

Wenn Sie im Frühbeet Salat, Kohlpflanzen oder Sommerblumen ausgesät und dann dort vereinzelt haben, heben Sie die Pflänzchen vorsichtig mit dem Unkrautstecher hoch. Dabei bleibt meist nur wenig Erde an den Wurzeln haften. Kürzen Sie in diesem Fall die längsten Wurzeln etwas ein; sie werden dann zur raschen Bildung vieler Seitenwurzeln angeregt und passen außerdem besser ins Pflanzloch. Meist genügt es, wenn Sie das noch weiche Wurzelgewebe mit den Fingernägeln abknipsen. Sie können auch ein kleines scharfes Küchenmesser dafür benutzen. Wichtig ist, daß ein schneller, glatter Schnitt die Wurzeln trennt. Sie dürfen nicht gerissen und verletzt werden.

Setzen Sie die Jungpflanzen anschließend so tief, wie sie vorher im Topf oder in der Erde standen. Der Stengel darf nicht im Boden versenkt werden. Nur Tomaten bilden eine Ausnahme von der Regel: Diese Pflanzen werden möglichst tief gesetzt; sie entwickeln dann an dem Stengelteil, der im Boden verschwindet, zusätzlich Wurzeln.

Halten Sie mit der linken Hand die kleine Pflanze in der Grube fest, so daß sie in der richtigen Höhe aufrecht steht. Mit der rechten Hand streuen Sie nun die vorher ausgehobene Erde locker und krümelig rund um die Wurzeln. Wenn das Loch wieder ganz gefüllt ist, drücken Sie mit beiden Händen den Boden um die Pflanze sanft an. So bekommen die Wurzeln einen guten Kontakt zum Erdreich und wachsen leicht weiter.

Umzugshilfen: Gießen, Mulchen, Düngen

Zum Schluß gießen Sie mit einem weichen, behutsamen Wasserstrahl jede Pflanze einzeln an. Lenken Sie das Wasser direkt auf das Erdreich über den Wurzeln. So gelangt es dorthin, wo es auch gebraucht wird. Deshalb ist es besser, die Brause vorher abzunehmen. Beim breitflächigen Überbrausen würden die zarten Jungpflanzen völlig durchnäßt und zu Boden gedrückt. Daß diese heftige Dusche kein guter Start ins Leben ist, leuchtet dem einfühlsamen Gärtner schnell ein.

Wählen Sie zum Verpflanzen immer einen trüben, feuchten Tag. Bei solcher Witterung vertragen die Gemüse- oder Blumensetzlinge den Umzug in die neue Umwelt viel leichter. Bei heißer Sonne verdunsten sie zu viel Feuchtigkeit und machen schnell schlapp. Die Wurzeln haben ja noch nicht wieder Fuß gefaßt und können deshalb den Flüssigkeitsverlust nicht schnell genug ausgleichen.

Aus dem gleichen Grund ist der Spätnachmittag die beste Zeit zum Pflanzen. In der kühleren Nacht können sich die Blättchen erholen; der Tau erfrischt sie, und am nächsten Morgen stehen Salate und Astern aufrecht auf den Beeten. Sehr günstig wäre es, wenn in den nächsten Tagen ein leichter Frühlingsregen niederginge. Dann wachsen die Jungpflanzen besonders rasch an. Bei sonnigem Wetter müssen Sie jeden Tag – möglichst am Spätnachmittag – gießen.

Damit die Feuchtigkeit nicht zu schnell verdunstet, streuen Sie zwischen den kleinen Pflanzen eine ganz leichte, dünne Mulchdecke aus. Gut geeignet ist dafür angetrockneter Rasenschnitt. Vermeiden Sie aber unbedingt dicke Lagen und große, nasse Blätter. Darunter finden Schnekken ideale Verstecke. Sie werden von solchen verrottenden Pflanzenteilen angezogen und fallen dann natürlich mit Genuß über die schmackhaften Jungpflanzen her.

Gedüngt werden die Setzlinge erst, wenn sie weiterwachsen und neue Blätter bilden. Dies

Gießen Sie mit sanftem Strahl direkt an die Wurzeln!

ist ein Zeichen dafür, daß die Wurzeln ihre Funktion in der neuen Umgebung wieder aufgenommen haben. Sie wachsen weiter, verzweigen sich und nehmen Wasser auf. In der Bodenflüssigkeit werden auch Nährstoffe gelöst und so »weitergereicht«, wie die Pflanze sie vertragen und verwerten kann. Wenn Sie zu früh und zu stark düngen, können unverwertbare Nährstoffkonzentrationen zu Verbrennungen führen. Im schlimmsten Fall gehen die jungen Pflanzen dann ein. Zur Stärkung der Pflanzenkinder trägt dagegen ein Schluck stark verdünnter Brennesseljauche bei, die Sie an die Wurzeln gießen.

Ein schönes Gärtner-Spiel: Pflanzen selber vermehren

Aus einer einzigen Pflanze viele neue Gewächse hervorzuzaubern – das grenzt immer von neuem ans Wunderbare. Jede Vermehrung ist ein kleiner Schöpfungsakt, der beim Gärtner ein besonderes Glücksgefühl auslöst. Für Anfänger bietet dieses uralte Spiel mit der Natur eine Fülle fast abenteuerlicher Reize. Es ist spannend zu beobachten, wie aus selbstgesam-

Prächtig: ein Lollo-rossa-Salat ist in Blüte geschossen.

melten Samenkörnern kleine Pflänzchen sprießen. Welche Farbkombinationen mögen die Tagetes zeigen, die nicht gezielt von Züchterhand, sondern »frei schwebend« von Bienen bestäubt wurden? Sollte es wirklich gelingen, von einer besonders prächtig blühenden Geranien-Mutter ein halbes Dutzend ebenso prachtvoller Kinder großzuziehen? Das reicht für die Bepflanzung eines ganzen Blumenkastens im nächsten Frühling – zum Nulltarif!

Das Gärtner-Spiel der Vermehrung bietet zahlreiche Vorteile. Es bereitet aber vor allem viel Freude. Aufmerksame Gärtner lernen dabei die Natur wieder ein Stückchen besser kennen. Und schließlich hilft die erfolgreiche Vervielfältigung der Pflanzen auch, eine Menge Geld zu sparen. Aber ehe Sie diese fröhlichen Erfolgserlebnisse im eigenen Garten erfahren, müssen Sie noch ein wenig die Schulbank drücken. Lernen Sie zunächst einmal die wichtigsten Arten der Pflanzen-Vermehrung näher kennen.

Samen sammeln

Fast alle Pflanzen entwickeln nach der Blüte Samen, um sich auf diesem Wege selber zu vermehren. Diese Einrichtung der Natur, die dem Überleben dient, kann jeder Gärtner nützen. Wenn Sie die Samen ernten, ehe sie zu Boden fallen, haben Sie die Vermehrung selber in der Hand.

Wenn Sie zum ersten Mal Saatgut selber sammeln, beginnen Sie am besten mit solchen Pflanzen, die große Samenkörner entwickeln und leicht bearbeitet werden können. Dazu gehören zum Beispiel die flachen Blütenteller der Sonnenblumen, die mit dicken Körnern gespickt sind. Sie können die festen Schalen leicht zwischen zwei Fingern fassen und herausziehen – falls Ihnen die Vögel nicht zuvorkommen! Leicht zu ernten ist auch das Saatgut von Ringelblumen und Studentenblumen. Dicke Samenkapseln bilden die »Jungfer im Grünen« und verschiedene Mohnarten. Mit Sommerastern und Wicken können Sie ebenfalls einen Versuch wagen.

Solche Einjahrsblumen haben eine kurze Lebenszeit und müssen deshalb möglichst rasch für die Samenentwicklung sorgen. Saatgut können Sie aber auch von mehrjährigen Stauden gewinnen. Sehr unkompliziert sind zum Beispiel Akeleien, die runde dunkle Körnchen in festen Kapseln ansammeln, und Lupinen, die große erbsenähnliche Schoten bilden.

Im Gemüsegarten wächst nur dann Saatgut heran, wenn Sie einen Salat oder einen Kohlkopf stehen und in Blüten »schießen« lassen. Der Kohl braucht dazu längere Zeit; einige Arten müssen über Winter auf dem Beet bleiben und blühen dann im folgenden Frühling. Versuchen Sie es anfangs lieber mit einem Salat. Bei warmem Wetter treibt der rundliche Kopf rasch durch; er entwickelt einen hochaufstrebenden Stengel, der sich etwas später verzweigt. An den einzelnen Seitentrieben entwickeln sich kleine Blüten und Samenkörbchen. Am leichtesten gelingt die Samenernte im Gemüsegarten, wenn Sie einige Schoten von Erbsen und Bohnen ausreifen lassen.

Wenn Sie Samen ernten möchten, müssen Sie sich in Geduld üben und die natürlichen Vorgänge genau beobachten. Wählen Sie zum Beispiel einige Blütenpflanzen für die Vermehrung aus. Während Sie sonst überall im Garten verwelkte Blumen herausschneiden, müssen Sie die Samenpflanzen unberührt stehenlassen. Warten Sie, bis die Kapseln, Schoten oder Körbchen herangereift sind. Dieser Prozeß ist, je nach Pflanze, unterschiedlich lang. Sie müssen regelmäßig und sorgfältig beobachten, um den richtigen Zeitpunkt für die Ernte zu erkennen. In der Regel ist es soweit, wenn die äußeren Hüllen trocken und spröde werden.

Eines Tages springen die Kapseln auf und verstreuen den ganzen Samensegen ringsum auf den Boden. Diesem Moment müssen Sie natürlich zuvorkommen. Andererseits dürfen Sie auch nicht zu früh ernten, bevor die Samen richtig ausgereift sind. Handeln Sie mit Fingerspitzengefühl und mit Mut zum Experiment. Es schadet ja nichts, wenn beim ersten Mal noch einiges im wahrsten Sinn des Wortes danebengeht. Schneiden Sie also die Samenstände mit einer guten Haushaltsschere kurz vor dem Aufspringen ab. Legen Sie sie gleich in ein Plastikschüsselchen, damit herausrollende Samen nicht verlorengehen. Sie können auch saubere Quarkbecher oder einzelne Pappkartons verwenden. Jede Sorte muß einzeln aufbewahrt werden. Wählen Sie für die Samenernte immer einen sonnigen, trockenen Tag aus. Wenn das Saatgut feucht ist, schimmelt es leicht und läßt sich nicht lagern.

Zur weiteren Bearbeitung bringen Sie die Samen auf einen Tisch im Haus. Legen Sie weiße Papiertücher unter die Schüsselchen oder Schachteln, damit Sie herausrollende Samenkörnchen gut sehen und wieder einsammeln können. Zupfen Sie nun die größeren Samen aus ihren Hüllen; feste Kapseln brechen Sie auf und lassen den Inhalt in das Gefäß rieseln. Alle Samenhüllen werden so entfernt. Die letzte Spreu im Saatgut blasen Sie einfach weg. Zum Schluß füllen Sie die trockenen Samen in Briefumschläge, die Sie vorher mit den Pflanzennamen und dem Erntedatum beschriften.

Es ist sehr wichtig, daß das Saatgut bis zum nächsten Frühling trocken aufbewahrt wird, damit die volle Keimfähigkeit erhalten bleibt. Da auch in beheizten Zimmern zeitweise höhere Luftfeuchtigkeit herrschen kann, stecken Sie die Samentüten besser in saubere Blechdosen, die mit einem Deckel verschlossen werden

Blüten und Samenkapseln des Japanischen Seidenmohns.

Die großen Samen der Sonnenblumen sind leicht zu ernten.

können. Auch Schraubgläser eignen sich gut für die Aufbewahrung. Stellen Sie diese Vorratsbehälter an einen trockenen aber nicht zu warmen Ort.
Das selbstgeerntete Saatgut wird im nächsten Frühling genauso ausgesät wie das gekaufte. Besonders spannend und lehrreich sind die Beobachtungen in den folgenden Monaten: Welche Zufallskreuzungen sind im eigenen Garten entstanden? Die buntgescheckten Studentenblumen aus der »Bienen- und Hummelzucht« bereiten einem Biogarten-Lehrling dann noch mehr Vergnügen als die edelsten Gärtnersorten. Er hat ein wenig in der Werkstatt der Natur mitgearbeitet und darf nun stolz und glücklich seine farbenfrohen Erfolge bewundern.
Während die Blumenvermehrung vor allem Spaß macht und Geld spart, kann das selbstgeerntete Saatgut von Erbsen, Bohnen, Tomaten oder Radieschen auch zur Erhaltung und Verbreitung alter Sorten dienen. So könnte manche Rarität durch experimentierfreudige Gärtner wieder neue Freunde und Lebensmöglichkeiten finden.

Stecklinge schneiden

Während in den Samen die Erbanlagen verschiedener Eltern immer wieder neu und bunt gemischt werden, erhalten Stecklinge alle Eigenschaften der Mutterpflanze. Dies ist die sogenannte vegetative Vermehrungsform. Wenn Sie zum Beispiel von einer roten Geranie Triebspitzen schneiden, werden sich daraus mit absoluter Sicherheit wieder rotblühende Pflanzen entwickeln.
Auch diese Art der Vermehrung erlernen Sie am besten, wenn Sie Gewächse wählen, die sich leicht und unkompliziert bewurzeln. Dazu gehören zum Beispiel Geranien, Fuchsien, Fleißige Lieschen und Efeu. Wenn Sie genügend Erfahrungen gesammelt haben, können Sie mit Hilfe von Stecklingen auch Stauden vermehren, zum Beispiel Chrysanthemen und Indianernesseln. Im Kräutergarten läßt sich ebenfalls manches Beet durch Stecklinge auffüllen: Estragon, Lavendel, Thymian, Ysop und Zitronenmelisse eignen sich neben vielen anderen für diese Methode. Auch von zahlreichen Gehölzen im Obst- und Ziergarten könnten Sie Stecklinge schneiden, aber diese Gärtnerarbeit sollten Sie vorläufig noch den fortgeschrittenen »alten Hasen« überlassen.
Machen Sie Ihre ersten Versuche mit Geranien und Fleißigen Lieschen. Im Spätsommer, in den Monaten Juli bis August, ist die beste Zeit, um Stecklinge von Geranien abzunehmen. Wählen Sie eine besonders schöne Mutterpflanze aus, und schneiden Sie mit einem sehr scharfen Messer an den Spitzen der Stengel einige Triebe ab. Die Stiele sollten noch frisch sein, am besten im Übergangsbereich zwischen weich und beginnender Verfestigung. Schneiden Sie etwas schräg unterhalb eines Knotens, aus dem ein Blattpaar wächst. Insgesamt soll der Steckling drei bis vier Blattpaare besitzen. Um die Feuchtigkeitsverdunstung während der nun folgenden »Durststrecke« zu verringern, sollten Sie die Blätter mit einer scharfen Schere oder einem Messer zur Hälfte abschneiden. Blüten und Knospen müssen unbedingt entfernt werden! Wenn Sie die Schnittstelle am Stengel in Holzkohlenpuder tauchen, desinfizieren Sie die Wunden und beugen der Fäulnisgefahr vor.
Sie können Ihre Stecklinge nun einzeln in kleinste Töpfchen oder zu mehreren in eine flache Schale stecken. Die Erdmischung, in der die Triebspitzen Wurzeln schlagen sollen, muß sehr mager sein. Mischen Sie ein Substrat aus feinem Reifekompost und gewaschenem Sand im Verhältnis 1:1. Gerade der Mangel an Nährstoffen regt die Pflanzen an, mit möglichst vielen Würzelchen auf Nahrungssuche zu gehen. Drücken Sie die Geranienstecklinge mit den Stengeln tief in das feuchte Erdreich. Gießen Sie vorsichtig an, und sorgen Sie dann zwei bis drei Wochen lang für sehr hohe Luftfeuchtigkeit und viel Wärme an einem schattigen Platz. Falls Sie die Schale eines Zimmergewächshau-

Für die Stecklingsvermehrung schneiden Sie frische Triebspitzen ab und stecken sie in eine sandige Erdmischung. Unter einer Folienabdeckung schlagen sie in feucht-warmer Atmosphäre bald Wurzeln. So werden sie in Töpfe gepflanzt.

ses verwenden, schließen Sie den Deckel. Anderenfalls decken Sie die Gefäße mit Plastikhauben oder Küchenfolie so ab, wie es bei der Aussaat beschrieben ist. Je dichter das Gefäß geschlossen ist, desto länger hält die Feuchtigkeit. Bevor die Erde trocken ist, müssen Sie mit warmem, abgestandenem Wasser gießen.
Wenn Ihre Stecklinge an der Spitze neu zu treiben beginnen, zeigen sie Ihnen, daß sie Wurzeln gebildet haben und weiterwachsen. Nun können Sie die Abdeckungen entfernen und normal weitergießen. Stecklinge in der Schale müssen nun in kleine Einzeltöpfe versetzt werden. Sobald diese durchwurzelt sind, topfen Sie noch einmal in etwas größere Gefäße um. Geranien-Stecklinge überwintern auf einer mäßig warmen, hellen Fensterbank.
Triebspitzen von Fleißigen Lieschen bewurzeln am besten in einem Glas mit Wasser. Sie können hier gut beobachten, wie die weißen Wurzeln aus dem Stengel wachsen. Wenn sie dicht und kräftig geworden sind (nicht zu lang!), werden die Stecklinge ebenfalls in Töpfchen mit sandiger Erdmischung eingepflanzt. Eine Abdeckung ist bei diesen Pflänzchen nicht unbedingt nötig. Halten Sie die Erde gleichmäßig feucht, und stellen Sie die Lieschen auf eine warme, halbschattige Fensterbank.

Stauden teilen

Unkompliziert und »handfest« geht die Vermehrung durch Teilung vor sich. Probieren Sie diese Methode an einigen Stauden in Ihrem Garten aus. Geeignet für Anfänger-Experimente sind zum Beispiel Kissenastern, Margeriten, Phlox, Taglilien und Schnittlauch. Sie können im Herbst mit dem Spaten einen Teil des Wurzelballens von einer alten Staude ausstechen. Dieses Stück wird an einer gut vorbereiteten Stelle neu eingepflanzt.
Sie können aber auch eine ganze Staude vorsichtig mit der Grabgabel ausgraben, indem Sie von mehreren Seiten die Zinken einstechen und die Wurzeln lockern. Zum Schluß heben Sie die Pflanze mit einem möglichst unversehrten Ballen heraus und stellen sie wieder auf den Boden. Alle verblühten Stengel werden abgeschnitten, große Blätter eingekürzt. Mit dem Spaten oder mit einem scharfen Messer zerteilen Sie nun den gesamten Wurzelballen in mehrere, etwa faustgroße Stücke. Diese werden dann einzeln wieder eingepflanzt. Verletzte oder zu lange Wurzeln schneiden Sie vorher ab. Kleinere weiche Pflanzen, wie zum Beispiel Schnittlauch, können Sie auch mit beiden Händen auseinanderreißen.

Eine kräftige Schafgarbenstaude wird mit dem Spaten geteilt.

Wählen Sie für die Staudenvermehrung einen bedeckten Tag mit sehr hoher Luftfeuchtigkeit. Windige, sonnige Herbsttage sind ungünstig, weil dann die freiliegenden Wurzeln rasch austrocknen und Schaden leiden. Wichtig ist natürlich auch bei dieser Vermehrungsart und bei der Anlage neuer Staudenbeete, die damit verbunden ist, daß Sie gut angießen. Halten Sie die Erde im Bereich der neuen Pflanzen gleichmäßig feucht und unkrautfrei.

Wer im Herbst keine Zeit findet, der kann zahlreiche Stauden auch im Frühling (von März bis Anfang Mai) noch teilen. Ausgenommen sind nur diejenigen, die um diese Zeit bereits Blüten treiben. Bei der Teilung handelt es sich, wie bei den Stecklingen, um eine vegetative, das heißt sortenechte Vermehrungsform. Sie wissen also immer, was Ihnen demnächst blüht!

Gießen mit Gefühl

Auf den zurückliegenden Seiten ist an vielen Stellen vom Gießen die Rede gewesen: angießen, kräftig wässern, feucht halten – diese Formulierungen mögen beim Lesen, auf dem Papier, einleuchtend und selbstverständlich klingen. Aber gerade die einfachen Dinge haben oft ihre versteckten Tücken. Auch der richtige Umgang mit dem Element Wasser will gelernt sein. Vor allem in heißen Sommerwochen steht mancher Biogarten-Anfänger etwas hilflos zwischen Gießkanne und Wasserschlauch. Er möchte nicht wider die Natur handeln und »künstlichen Regen« einschalten. Auch die Verschwendung großer Mengen kostbaren Trinkwassers widerstrebt ihm. Andererseits kann das Schleppen von Gießkannen in einem großen Garten zur Plage werden, wenn es längere Zeit nicht regnet. Selbst unter den Mulchdecken gehen dann die Feuchtigkeitsreserven zu Ende.

Kritisch wird die Situation vor allem für junge Aussaaten und Jungpflanzen. Die kleinen Wurzeln erreichen nur das Wasser in der obersten Bodenschicht, die am schnellsten austrocknet. Auch flachwurzelnde Stauden und Gehölze leiden bald Not. Alle tieferwurzelnden Pflanzen erreichen dagegen noch längere Zeit Feuchtigkeitsreserven im Untergrund. Lassen Sie sich also nicht nur von der trockenen oberen Bodenschicht zum Gießen verleiten. Prüfen Sie die Gesamtsituation, und helfen Sie vor allem denjenigen Gewächsen, die sich nicht mehr selber helfen können.

Wichtig ist ausreichende Wasserversorgung auch für alle Pflanzen, die sich gerade in der Hauptentwicklungsphase befinden. Flüssigkeitsmangel kann hier zu Wachstumsstockungen führen. Wenn Sie große, saftige Äpfel, zarte bitterfreie Gurken und dicke feste Kohlköpfe ernten möchten, müssen Sie für gleichmäßige Feuchtigkeit sorgen.

Wasserprobleme gibt es vor allem in trockenen Frühlingswochen und in heißen Sommermonaten. Gießen Sie, solange dies möglich ist, mit der Gießkanne. Versorgen Sie nur diejenigen Kulturen mit Wasser, die es wirklich brauchen. Wenn Sie einmal angefangen haben mit dem Gießen, dann müssen Sie so lange weitergießen, bis der nächste Regen Ihnen die Mühe abnimmt.

Großflächiges Wässern ist nur dann nötig, wenn die Trockenheit sehr lange anhält. Gärten, die am Hang liegen, dörren dann zu sehr

Künstlicher Regen muß fein versprüht werden. So erwärmen sich die Wassertropfen in der Sommerluft. Nur bei lang anhaltender Trockenheit sollte der Sprenger eingeschaltet werden; sonst genügt die Gießkanne!

aus. Auch Grundstücke mit dünner Humusschicht sind in solchen Zeiten gefährdet. Passen Sie sich bei der »künstlichen« Wasserverteilung soweit wie möglich den natürlichen Bedürfnissen der Pflanzen und der Erde an.
Totes Leitungswasser, das eiskalt aus der Leitung spritzt, bedeutet für alle Gewächse einen Schock. Vor allem, wenn unvorsichtige Gärtner das kühle Naß in der Mittagshitze über Blätter und Blüten niederprasseln lassen. Denken Sie einmal nach: Wäre es Ihnen selbst angenehm, wenn jemand plötzlich, ohne Vorwarnung, einen kalten Wasserstrahl über Ihre sonnenheiße Haut jagen würde? Das langsame Eintauchen in sommerlich temperiertes Meerwasser ist dagegen ein erfrischender Genuß!
Sorgen Sie dafür, daß auch das Wasser für Ihre Pflanzen sich auf erträgliche Temperaturen erwärmt. Fangen Sie das Regenwasser in Tonnen auf. Sie können auch Leitungswasser in solche Behälter füllen. Es erwärmt und regeneriert sich in der Sonne.
Mit diesem abgestandenen Wasser können Sie alle Gartenpflanzen versorgen. Gießen Sie sie kräftig direkt in den Wurzelbereich, dann dringt die lebensspendende Feuchtigkeit tiefer ein und bleibt länger im Boden erhalten. Wenn Sie nur oberflächlich ein wenig Wasser aussprengen, verdunstet es dagegen schnell und gelangt gar nicht zu den Wurzeln.
Der Wassersprenger nützt bei länger andauernder Hitze vor allem dem Rasen oder größeren Gemüsekulturen. Für Rosen- und Blumenbeete ist er denkbar ungeeignet. Der künstliche Regen verdirbt die Blüten. Auf den nassen Blättern finden bei warmem Wasser Pilzkrankheiten eine ideale Vermehrungsgrundlage! Da Rosen mit ihren Wurzeln tief in den Boden reichen, finden sie noch lange Feuchtigkeit. Gießen Sie sie entweder mit der Kanne oder in Notzeiten mit einem sanft eingestellten Wasserschlauch direkt in den Wurzelbereich.
Noch ein wichtiges »Wassergesetz« sollten Sie sich einprägen: In der Mittagszeit wirkt jeder Tropfen wie ein Brennglas in der Sonne. Verbrennungsschäden sind dann fast unvermeidlich. Außerdem verdunstet die Feuchtigkeit in der Hitze rasch wieder. Gießen Sie deshalb im Sommer grundsätzlich in den frühen Morgen- oder in den späten Nachmittagsstunden.
Versuchen Sie immer nachzuempfinden, wie Ihren Pflanzen zumute ist, dann werden Sie auch mit dem richtigen Gefühl und mit dem richtigen Maß gießen.

Lernen Sie Gärtnern mit den Hilfsmitteln der Natur

Kompostieren

Kein Biogarten ohne Kompost. Das ist selbstverständlich. Nicht ganz so einfach ist es dagegen, die gute Idee in die widerspenstige Praxis umzusetzen. Wie guter Kompost »komponiert« wird, erscheint vielen Gärtnern immer noch als eine schwierige Geheimwissenschaft. Oft wird der Komposthaufen auch mit einer Art wilder Müllkippe in einer dunklen Gartenecke verwechselt. Dort wirft man alle »Abfälle« einfach übereinander, in der Hoffnung, daß sich dieser Berg irgendwann wieder in Erde verwandelt. Im schlimmsten Fall wird daraus ein übelriechender faulender »Misthaufen«, der den Ärger der Nachbarn erregt und die Kompostierung in Verruf bringt.

Dabei ist es im Grunde gar nicht schwierig, einen richtigen Komposthaufen aufzusetzen, für eine harmonische Rotte zu sorgen und schon nach wenigen Monaten duftenden, nährstoffreichen Humus zur Verfügung zu haben. Jeder Gärtner, der sich einmal klargemacht hat, unter welchen Bedingungen die Umsetzungsprozesse optimal ablaufen, wird seine »kleine Erdfabrik« bald gut im Griff haben. Lernen Sie die Regeln des Kompostierens am Beispiel der Miete einmal von Grund auf kennen.

Ein günstiger Kompost-Platz

Für die Verrottung der organischen Substanzen sind gleichmäßige Feuchtigkeits- und Wärmeverhältnisse wichtig. Legen Sie einen Kompostplatz deshalb in einer leicht beschatteten Gartenecke an. Unter einem Holunder- oder Haselnußbusch ist die Miete zum Beispiel vor

austrocknendem Wind, heftigen Regengüssen und direkter Sonneneinstrahlung gut geschützt. Tiefer Schatten und naßkalte Winkel sind ebenso ungünstig wie eine ungeschützte, heiße Südlage. Wo in einem neuangelegten Garten noch keine Sträucher wachsen, da können Sie auch mit einjährigen Pflanzen eine kurzfristige Abschirmung schaffen. Hohe Sonnenblumen, rankende Feuerbohnen oder Mais eignen sich dazu.
Praktisch und empfehlenswert ist es, den Kompostplatz mit festen Wegen gut zugänglich zu machen. Zementplatten oder Ziegelsteine ergeben eine haltbare Unterlage. Sie sind leicht sauberzuhalten und können auch bei feuchtem Wetter mit schweren Schubkarren voller Gartenabfälle befahren werden.

Sammeln – zerkleinern – mischen

Die Vorstufe zum Kompost ist ein kleiner Sammelplatz. Hier sollten Sie unbedingt eine größere Menge verschiedenartiger organischer Abfälle »horten«, bevor Sie mit dem Aufsetzen der Miete beginnen. Geeignet sind zum Beispiel: ausgerissenes Unkraut (möglichst ohne Samen!), verwelkte Blumen, Staudenstengel, Erbsen-, Bohnen- und Kartoffellaub, Reste von abgeernteten Gemüsebeeten, Kräuter, Heckenschnitt, Baumschnitt, Laub und Küchenabfälle. Jeder Biogärtner sollte es sich von Anfang an zur Gewohnheit machen, in seiner Küche einen Extraeimer für organische Abfälle bereitzustellen. Darin sammelt sich Tag für Tag eine Menge wertvolles Kompostmaterial an. Gemüseabfälle, Obstreste, verwelkte Blumen, Kehricht, Hundehaare, Kaffeesatz und Teeblätter wandern auf diesem kleinen Umweg zurück in den großen Kreislauf der organischen Substanzen.
Wenn Sie so viel verschiedenartiges Kompostmaterial gesammelt haben, daß die Menge zum Aufsetzen etwa eines Kubikmeters ausreicht, werden die verschiedenen Substanzen zunächst zerkleinert. Für weiche Bestandteile können Sie einen Spaten benutzen. Kleine Mengen holziger Zweige oder Stengel lassen sich gut mit einer scharfen Gartenschere auf Handbreite zerschneiden. Wo sich dagegen ein ganzer »Berg« Heckenschnitt angesammelt hat, da lohnt sich ein Häcksler (mit Motor oder als Handschneider), damit das wertvolle, aber sperrige Material wieder für den Garten verwertet werden kann.
Die zerkleinerten Abfälle zersetzen sich wesentlich schneller; sie sind gewissermaßen für Mikroorganismen und Bodentiere bereits »vorgekaut«. Wichtig ist, daß Sie saftreiche, frische Substanzen und trockene, holzige Abfälle gut vermengen. So entsteht eine lockere, luftige Mischung.
Wo dagegen feuchte, grüne Blätter in großen Mengen aufeinanderliegen, da klebt die Masse bald fest zusammen. Übermäßige Nässe und Fäulnis sind die unangenehme Folge. Einseitig trockenes Material verrottet ebenfalls schlecht.

Das Aufsetzen der Miete

Wenn genügend vorbereitetes Material vorhanden ist, können Sie mit dem Aufbau der Miete beginnen. Die Grundfläche sollte etwa 1,00–1,50 m breit sein. Die Länge richtet sich nach dem vorhandenen Platz. Setzen Sie Kompost niemals auf einer undurchlässigen Unterlage, wie zum Beispiel Zementplatten, auf! Offener, lockerer Boden ist eine wichtige Voraussetzung für die vielfältigen lebendigen Prozesse, die hier stattfinden sollen. Haben Sie leichte, sandige Gartenerde, dann streuen Sie Tonmehl über die Grundfläche, um Feuchtigkeit zu binden und rasche Austrocknung zu vermeiden. Ist Ihre Erde dagegen schwer und lehmig, dann sorgen Sie für guten Wasserabzug, indem Sie als unterste Lage grob zerschnittene Zweige ausbreiten. Sie dienen als Dränage- und Lüftungsschicht.
Eine Kompostmiete muß wenigstens einen Meter hoch aufgerichtet werden, damit sich das Material rasch erwärmen kann. Reichen Ihre

Vorräte nicht für die gesamte Fläche, dann setzen Sie anfangs nur 1 m^3 oder 2 m^3 auf und bauen später wieder an.

Nachdem die Grundlage geschaffen ist, häufen Sie die gut gemischten Abfälle lagenweise auf. Eine Schicht kann etwa 20–30 cm dick sein. Dann streuen Sie ein wenig Kalk (am besten Algenkalk!) und eine Handvoll Hornmehl oder einen anderen stickstoffhaltigen, organischen Dünger über die gesamte Fläche. Kalk fördert die Zersetzung. Stickstoff ist »Futter« für Mikroorganismen, die Ihre Abfälle in Erde umarbeiten sollen. Gutgenährte Arbeiter schaffen schneller! Außerdem entziehen die Kleinlebewesen und Bodentiere dem Komposthaufen dann weniger Nährstoffe für den eigenen Verbrauch.

Eine rasche und harmonische Verrottung wird auch durch Kompoststarter oder Kompostbeschleuniger gefördert, die im Handel erhältlich sind. Für ermutigende Erfolge im Anfängerstadium sind sie durchaus empfehlenswert. Später können Sie statt dessen einige Schaufeln voll Kompost von einem fertigen Haufen zwischen die frischen Abfälle streuen. Damit übertragen Sie anregendes Bodenleben in die neue Miete.

So wird eine Lage nach der anderen aufgeschichtet, bis der Kompost gut einen Meter

1

2

3

Hier können Sie zuschauen, wie Kompost gemacht wird: Auf einem Sammelhaufen hat sich verschiedenartiger Abfall angehäuft. Zweige werden mit der Schere zerkleinert, weiche Pflanzenteile mit dem Spaten. Mit der Kompostgabel mischt der Gärtner das zerkleinerte Material. Über groben Zweigen wird die erste Schicht ausgebreitet. Kompoststarter, Kalk und Hornspäne sollen die Rotte beschleunigen. Mit Herbstlaub deckt der Gärtner zum Schluß die Kompostmiete zu. (Fotos fortlaufend von oben nach unten)

4

5

6

7

8

9

Höhe erreicht hat. Die Miete hat nun die Form eines flachen Zeltes. Sie wird zum Schluß mit einem lockeren, luftdurchlässigen Mantel aus Stroh, Gras, Laub oder alten Säcken abgedeckt. Wärme und Feuchtigkeit im Inneren werden dadurch geschützt.
Achten Sie stets darauf, daß Ihre Abfälle locker und luftig aufgeschichtet sind. Die ganze Masse muß gleichmäßig feucht sein, darf aber nie vor Nässe triefen. Bei trocken-heißem Wetter müssen Sie die Miete mit Regenwasser oder verdünnter Brennesseljauche begießen. Langanhaltende Regenfälle können Sie durch eine zeitweise Abdeckung mit Brettern oder Folien in Grenzen halten. Ist das Material locker und die Unterschicht durchlässig, läuft überschüssige Nässe aber von selbst ab.
Wenn Sie alles richtig gemacht haben, dann erwärmt sich die Miete sehr rasch. Sie können das leicht prüfen, wenn Sie die Hand hineinstecken. Die Temperatur kann im Inneren bis zu 60 oder 70° ansteigen! Nach dieser ersten hitzigen Phase verringert sie sich wieder. Bei warmem Sommerwetter entsteht aus zerkleinerten Abfällen innerhalb von drei bis vier Monaten verwertbarer Grobkompost. Wer im Herbst eine Miete aufsetzt, der muß über Winter mit einer Ruhepause rechnen. Erst bei warmem Frühlingswetter kommen die Umsetzungsprozesse wieder richtig in Gang.
Wenn Sie Ihre Gartenabfälle so vorschriftsmäßig aufsetzen, dann brauchen Sie wegen der raschen, harmonischen Rotte die Miete nicht mehr umzusetzen. Lassen Sie das wertvolle »braune Gold« auch nicht wie früher zwei bis drei Jahre lang liegen. Der frische, noch etwas grobe Kompost ist viel reicher an Nährstoffen als der stark vererdete alte Humus. Durch die modernen Kompostierungsmethoden sparen Sie viel Zeit und Mühe!

Und nun können Sie guten Mutes mit Ihrer eigenen Komposition beginnen – ohne Sorge, daß es zu schrillen Mißtönen kommen könnte, weder auf dem Kompostplatz noch hinter dem Nachbarzaun.

Drei goldene Kompostregeln

Ein Komposthaufen ist ein lebendiger Organismus, der dem wechselvollen Auf und Ab von Werden und Vergehen unterworfen ist. Beobachten Sie ihn mit wachen Augen, und versuchen Sie, ihn einfühlsam zu behandeln. Als Leitfaden für erfolgreiches Kompostieren können Ihnen drei wichtige Grundregeln dienen:

- Luft und Sauerstoff sind lebensnotwendige Elemente für die Bodentiere und Mikroorganismen, die die Abfälle zersetzen und umwandeln. Ein lockerer Aufbau ist deshalb wichtig. Grobe, holzige Bestandteile sorgen für Hohlräume in der Mischung, durch die Sauerstoff zirkulieren kann.

- Feuchtigkeit gehört ebenfalls zu den elementaren Lebensbedingungen der Milliarden »Erdarbeiter« in Ihrer »Kompostfabrik«. Sie muß mäßig aber gleichmäßig verteilt sein. Zuviel Nässe verursacht verklebte Schichten, Sauerstoffmangel und Fäulnis. In trockenen Bereichen »ruht« die Arbeit. Die Bodenlebewesen ziehen sich dann in tiefere, feuchte Erdschichten zurück. Eine gute Materialmischung und rechtzeitiges Gießen verhindern diesen »Streik«.

- Wärme ist unbedingt erforderlich für einen raschen und harmonischen Ablauf der Rotte. Die Energie, die zum »Aufheizen« nötig ist, erzeugen die Bodenlebewesen, wenn sie gut ernährt werden, mit schnell verwertbarem »Futter«. Zerkleinerte Abfälle und zusätzliche Stickstoffversorgung fördern schnelle Umsetzungsprozesse.

Gut versteckt im Grünen:
ein Kompostbehälter aus Metall.

Kompost in Kisten

Wenn Sie nur ein kleines Gartengrundstück besitzen, wird der vorhandene Platz für eine geräumige Kompostanlage mit Wegen und mehreren Mieten nicht ausreichen. Das ist aber kein Grund zum Verzagen. Die Kompostherstellung kann immer an die gegebenen Verhältnisse angepaßt werden. In kleinen Gärten fällt ja auch weniger Abfall an! Es genügt also, wenn Sie einen bescheidenen Sammelplatz freihalten und daneben einen Behälter für die Kompostierung aufstellen.

Im Handel werden zahlreiche Varianten zum Thema Kompost-Silo angeboten. Sie können wählen zwischen traditionsreichen, stabilen Holzlegen und verschiedenartigen Konstruktionen aus Metall oder Kunststoff. Es ist auch nicht schwierig, aus imprägnierten Brettern oder Rundhölzern selber einen Kompostbehälter zu bauen. Achten Sie sowohl beim Kauf als auch beim »Eigenbau« darauf, daß Ihre Kompostkiste seitlich Schlitze oder andere Öffnungen besitzt, damit die Luft Zugang zum Verrottungsprozeß hat. Auch hier ist das richtige Maß wichtig: Bei zu großflächigen Öffnungen besteht zum Beispiel die Gefahr, daß Sonne und Wind das Kompostmaterial an den Außenwänden zu stark austrocknen. Drahtgitter sind aus diesem Grund für die Konstruktion von Kompostbehältern nicht empfehlenswert.

Ein Kompostsilo besitzt nur Seitenwände, keinen abschließenden Boden. Der Behälter wird stets direkt auf die lebendige, gelockerte Erde gestellt. Die Bretter an der Vorderseite müssen so eingefügt sein, daß sie jederzeit herausgehoben werden können. Dies erleichtert Ihnen das Einfüllen von Abfällen und das Herausschaufeln des fertigen Kompostes. Bei Metall- oder Kunststoffmodellen müssen Klappen oder ähnliche Öffnungsmöglichkeiten vorgesehen sein.

Stellen Sie ein oder zwei Kompostkisten im leichten Schatten eines Strauches oder Baumes auf. Sie benötigen dafür nur 1–2 m^2 Platz. Wenn Sie es geschickt anstellen, ist Ihre »Abfallverwertung« so gut im Grünen getarnt, daß das harmonische Bild des Gartens nicht gestört wird.

Viel Humus auf kleinstem Raum entsteht in solchen Holzsilos.

Aufgesetzt wird das Kompostmaterial im Silo nach den gleichen Grundregeln wie die Miete:
- zuerst genügend Abfälle sammeln;
- dann zerkleinern und mischen;
- lagenweise locker aufschichten;
- ein wenig Kalk und stickstoffhaltigen Dünger dazwischenstreuen;
- Komposstarter oder eigenen Grobkompost hinzufügen.

Auch in einem Kompostbehälter können die organischen Abfälle sich unter günstigen Bedingungen innerhalb von vier bis sechs Monaten in nährstoffreichen Humus umsetzen.

Herbstliche Gartenabfälle und Laub zersetzen sich direkt auf den Beeten in neuen Humus. Diese Art der Verrottung ist eine Mischung aus Mulchen und Kompostieren.

Die Flächenkompostierung

Diese besondere Art der Umwandlung von Gartenabfällen in Erde findet in einer Übergangszone zwischen Kompostieren und Mulchen statt. Die Flächenkompostierung kommt der natürlichen Humusproduktion im Mischwald sehr nahe. Sie kann im Herbst auf leeren Gemüsebeeten oder unter Sträuchern und Bäumen angewandt werden.

Nachdem Sie den Boden mit dem Sauzahn oder einem anderen Gerät gelockert haben, streuen Sie gemischtes und zerkleinertes Kompostmaterial direkt auf die freien Flächen. Die Schicht kann 10–20 cm dick sein. Diese organischen Substanzen werden an Ort und Stelle von den vorhandenen Bodenlebewesen »verarbeitet« und umgesetzt. Dies geschieht noch schneller, wenn Sie etwas Dünger und einen Kompoststarter über das Material streuen. Denn Zusatznahrung erhöht die Leistungsfähigkeit der Mikroorganismen.

Die Flächenkompostierung erspart Ihnen die Arbeit des Aufsetzens auf dem Kompostplatz und die spätere Verteilung des Humus. Alle wichtigen Vorgänge finden direkt an Ort und Stelle statt: Die Umwandlung der Abfälle und die Bodenverbesserung. Damit die relativ dünne Schichtung feucht bleibt und gegen extreme Witterung geschützt ist, sollten Sie die ganze Fläche mit Mulchmaterial zudecken. Gras, Brennesseln, Laub oder Beinwellblätter eignen sich dazu.

Im Frühling ziehen Sie vor der Bestellung der Gemüsebeete nur die Reste, die noch nicht verrottet sind, beiseite. Dieses Material kann später wieder zwischen den jungen Pflanzen als Bodendecke ausgebreitet werden. Unter Sträuchern und auf Baumscheiben bleibt die Flächenkompostierung liegen, bis sie sich in nahrhafte Erde verwandelt hat. Erneuern Sie hier nur von Zeit zu Zeit die Mulchdecken.

Mit Hilfe der Flächenkompostierung ist es möglich, in kurzer Zeit dicke, lebendige Humusschichten zu erzeugen. Vor allem für leichte Böden kann diese Methode empfohlen werden. Auf schwerem, feuchtem Lehm dürfen die Schichten dagegen nicht so dick aufgetragen werden. Hier müssen Sie immer mit der Gefahr rechnen, daß Staunässe und Fäulnis entstehen können. Auch in schneckengeplagten Gärten ist Vorsicht geboten: Vermeiden Sie alles, was diesen Tieren feuchtdunklen Unterschlupf bieten kann!

Geräte, die Sie zum Kompostieren brauchen

Wie und wo Sie eigenen Kompost erzeugen können, haben Sie nun erfahren. Dieser kleine Überblick soll Ihnen noch das notwendige Handwerkszeug zeigen. Sie benötigen auf keinen Fall alle Geräte gleichzeitig. Suchen Sie sich diejenigen aus, die in Ihrer speziellen Situation brauchbar und notwendig sind. Fangen Sie lieber mit einer ganz kleinen Auswahl an. Ergänzen Sie Ihre Geräte erst dann, wenn Sie genügend Erfahrungen gesammelt haben. Dann können Sie besser beurteilen, was für Ihren Garten praktisch und nützlich ist.

- Die Kompostgabel wird zum Mischen und Aufsetzen der organischen Abfälle benutzt.
- Die Grabgabel erfüllt den gleichen Zweck.
- Die Schaufel dient dazu, den fertigen Kompost in die Schubkarre zu schaufeln und dann auf den Gartenbeeten zu verteilen.
- Der Kräuel oder Vierzahn kann zum Lockern des Untergrundes oder zu stark verdichteter Kompostschichten verwendet werden.
- Der Spaten dient zum Zerhacken grober, aber nicht zu harter Abfälle.
- Die Gartenschere wird zum Zerschneiden von Stengeln und dünnen Zweigen benutzt.
- Ein Kompostsieb brauchen Sie, um sehr grobe Rückstände auszusortieren. Ein engmaschiges Sieb ist nötig, wenn Sie feine Aussaaterde gewinnen möchten.
- Schredder oder Häcksler in verschiedenen Ausführungen können große Mengen Abfälle, auch holziges Material, zerkleinern.
- Schubkarre, Eimer und Körbe dienen zum Transport von Gartenabfällen und Kompost.

Die Verwendung von Kompost im Garten

Wie kann nun jemand, der zum ersten Mal im Leben Kompost selber herstellt, feststellen, ob sein Werk gelungen ist? Ganz einfach: Sehen Sie nach! Haben Sie in den warmen Sommermonaten mit der Kompostierung begonnen, können Sie bereits nach drei bis vier Monaten die Miete oder die Kiste an einer Stelle öffnen. Wenn alle Abfälle sich weitgehend zersetzt und ein braunes, erdiges Aussehen angenommen haben, dann ist bereits Grobkompost entstanden. Dieses lebendige, nährstoffreiche Material wird auch Mulchkompost genannt.

Nehmen Sie eine Probe davon in Ihre Hände und riechen Sie daran. Wenn Ihnen ein angenehmer, frischer Duft in die Nase steigt, der Sie an Waldboden und Pilze erinnert, dann ist Ihr Kompost in Ordnung.

Wenn Sie dagegen nasse, schmierige Klumpen finden, die faulig riechen, dann ist etwas schief gelaufen. In diesem Fall können Sie Ihren Kompost retten, indem Sie das gesamte Material noch einmal auseinandernehmen. Lassen Sie alles – möglichst flach ausgebreitet – etwas antrocknen. Überschüssige Nässe können Sie

Verteilen Sie den Kompost, wenn er noch etwas grob ist.

auch binden, indem Sie Tonmehl über die Abfälle streuen. Sobald das Material nicht mehr naß und speckig, sondern nur noch angenehm feucht ist, setzen Sie es von neuem möglichst locker und luftig auf. In schwierigen Fällen mischen Sie vorher holzige Abfälle unter die Masse.
Ein Komposthaufen, der erst im Herbst begonnen wurde, benötigt im Frühling noch einige warme Wochen, bis er reif ist.
Verwenden Sie Ihren wertvollen Humus, sobald sich die organischen Substanzen umgesetzt haben. Das Material sollte noch etwas grob sein und zum Beispiel halbverrottete Zweige enthalten. In diesem Zustand ist der Kompost sehr nährstoffreich. Er enthält auch noch einen Teil der Bodentiere und Mikroorganismen, die Spezialisten für die Humuserzeugung sind. Alle diese wertvollen Bestandteile bringen Sie auf Ihre Gartenbeete, wenn Sie Grobkompost verteilen.
Lockern Sie vorher die Erde auf diesen Flächen und entfernen Sie das Unkraut. Dann streuen Sie den Kompost, je nach Vorrat, mehrere Zentimeter dick aus. Mit einer Harke »scharren« Sie den Superhumus nun ganz wenig in die Erdoberfläche ein. Es soll nur ein Kontakt zwischen den beiden Schichten entstehen, der einen fruchtbaren Austausch möglich macht.

Niemals – unter gar keinen Umständen – dürfen Sie Kompost untergraben!

Decken Sie die feuchte, grobe Kompostschicht rasch mit einer Mulchdecke aus Gras oder Laub zu. In den folgenden Wochen und Monaten wird sich das Material noch weiter zersetzen. Bis die Beete bestellt werden, ist eine fruchtbare Humusschicht entstanden, die den Pflanzen nahrhafte Lebensbedingungen bietet.
Sie können Ihren Kompost entweder im Herbst oder im zeitigen Frühjahr verteilen. Wählen Sie für diese wichtige Arbeit einen windstillen, feuchten Tag aus, damit der lebendige Humus nicht austrocknet, während Sie ihn ausbreiten. Bei besonderen Gelegenheiten, wenn Sie ein neues Beet herrichten oder kranken Pflanzen helfen wollen, können Sie auch während des ganzen Sommers Kompost verwenden. In den warmen Monaten ist es natürlich besonders wichtig, daß Sie bei dieser Arbeit heiße Tage vermeiden. Die Erde, auf die Kompost gestreut wird, muß immer feucht sein!
An einer besonderen Stelle des Kompostplatzes lassen Sie einen kleinen Teil Ihrer Erdproduktion länger ausreifen, bis ein dunkelbrauner, feinkrümeliger Humus entstanden ist. Diesen sogenannten Reifekompost verwenden Sie dann, um Saatreihen und Pflanzlöcher »auszufüttern«.
Selbst wenn Sie die Seiten dieses Kapitels sehr aufmerksam gelesen haben und ganz sorgfältig »nach Vorschrift« arbeiten, kann es trotzdem geschehen, daß in der ersten Zeit noch Pannen vorkommen. Und das ist gut so! Denn das Gärtnern und das Kompostieren lernt man nicht auf dem Papier. Der beste Lehrmeister ist die Erfahrung. Deshalb sollten Sie jetzt alles, was Sie hier gelesen haben, einfach ausprobieren. Lassen Sie sich aber nicht entmutigen, wenn Sie beim ersten Versuch noch keinen Superhumus vorfinden. Die duftende Walderde ist auch nicht im Handumdrehen entstanden. Der Wald hat Zeit. Alle guten Dinge brauchen Zeit. Lassen Sie auch sich selbst die Zeit, ein guter Bio- und Kompostgärtner zu werden.

Mulchen

Ein Gärtner, der nach dem Vorbild der Natur überall zwischen seinen Pflanzen die freiliegende Erde zudeckt, genießt viele Vorteile:

- Der Boden bleibt unter der schützenden Schicht länger feucht und locker. Der Gärtner muß nur selten gießen oder hacken.
- Das Unkraut hat Mühe, die Mulchdecke zu durchstoßen; Wildwuchs wird unterdrückt. Der Gärtner braucht weniger zu jäten.

- Das organische Material bietet Regenwürmern und anderen Bodenlebewesen reichlich Nahrung. Die »Erdarbeiter« finden sich auf gemulchten Beeten in Scharen ein. Sie wandeln Gras, Laub oder Häcksel in nährstoffreichen Humus um.
  Der Gärtner braucht weniger zu düngen.

Stoffe für natürliche Decken

Die Vorteile der Bodendecken leuchten rasch ein. Aber wie sieht die Praxis aus? Mancher Anfänger fragt sich etwas unsicher und besorgt: Woher nehme ich denn soviel Mulchmaterial, um alle Beete zuzudecken? Das bißchen Rasenschnitt reicht doch nie aus! Und Laub fällt erst im Spätherbst ab. Gerade in heißen Sommerwochen, wenn dringend Mulch-Nachschub benötigt wird, hängen noch alle Blätter an den Bäumen. Keine Sorge – die Natur hat viel mehr zu bieten als Laub und Gras. Wenn Sie erst einmal wissen, wie viele Stoffe für natürliche Decken geeignet sind, dann werden Sie nie wieder Mangel leiden!
Zahlreiche Mulchlieferanten wachsen in Ihrem Garten von selbst. Andere, wie zum Beispiel Brennesseln und Beinwell, sollten Sie – in kontrollierten Mengen – als nützliche Wildkräuter anpflanzen. Am Rand des Kompostplatzes oder rund um die Jauchetonnen finden sie einen guten Platz. Beide Kräuter gehören zu den ausdauernden Stauden, die jedes Jahr neu ausschlagen. Sie können vom Frühling bis zum Spätsommer mehrmals geschnitten werden. Nach der »Ernte« treiben Beinwell und Brennnesseln jedesmal wieder neue Blätter. Suchen Sie sich aus den folgenden Beispielen dasjenige Mulchmaterial aus, das für Ihren Garten am besten geeignet und für Sie am leichtesten zu finden ist.

Gras oder Rasenschnitt gibt es fast überall. Lassen Sie die kurzen Halme des Rasenschnitts leicht anwelken, bevor Sie sie dünn als Mulchdecken ausbreiten.

Weißer Kohlrabi mit Häcksel.

Höher gewachsenes Gras darf nur verwendet werden, wenn es noch keine Samen angesetzt hat. Nehmen Sie niemals das Heu einer frisch gemähten Wiese, um damit Gemüsebeete zu mulchen. Sie säen sich sonst die schönste Wildblumenmischung mitten in den Nutzgarten! Wieviel Arbeit die »Rekultivierung« in den nächsten Jahren bereitet, können Sie nur ahnen. Machen Sie lieber nicht die Probe aufs Exempel, und mulchen Sie statt dessen mit normalem Rasenschnitt.

Laub eignet sich vor allem zum Mulchen von Gehölzen, Baumscheiben, Beerensträuchern und Erdbeerbeeten. Dieses Material erzeugt einen leicht sauren Humus.

Laubmulch eignet sich gut für Erdbeerbeete.

Brennesseln ergeben ein hervorragendes Mulchmaterial.

Die großen Beinwellblätter werden zum Mulchen zerkleinert.

Lange haltbar sind Bodendecken aus Rindensubstrat.

Verwenden Sie möglichst eine Mischung verschiedener Laubarten, zum Beispiel von Buchen, Birken, Haselnußsträuchern und gesunden Obstbäumen. Ungeeignet sind die stark gerbsäurehaltigen Blätter von Eichen und Walnußbäumen. Sie dürfen höchstens kleine Mengen davon unter anderes Laub mischen.

<u>Un-Kräuter</u> sind ein ausgezeichnetes Mulchmaterial, wenn Sie junge Pflänzchen ausreißen und locker auf dem Boden ausbreiten. Die Wurzeln müssen in der Luft liegen, damit Sie vertrocknen. Sie dürfen ja nicht wieder Fuß fassen! Gemischte Wildkräuter vermitteln dem Boden eine Fülle wertvoller Substanzen. Sie tragen zur Gesundheit der Pflanzen und zur Regenerierung des Humus bei.
Wenn das Un-Kraut schon höher gewachsen ist, können Sie es mit der Gartenschere oder dem Spaten zerkleinern, bevor Sie es zwischen Gemüsereihen ausbreiten. Nur Pflanzen, die bereits Samen angesetzt haben, sind ungeeignet als Mulchmaterial.

<u>Brennesseln</u> liefern sehr wertvolles Material, das sich in besten Humus umsetzt. Ziehen Sie feste Gärtnerhandschuhe an, und schneiden Sie möglichst junge, weiche Triebe, die Sie auf Handbreite zerkleinern. Brennesselblätter sind stickstoffreich; für Regenwürmer ist dieses Grünfutter ein Leckerbissen. Die nützlichen Tiere versammeln sich gern auf Beeten, die mit Brennesselkraut bedeckt sind!

<u>Beinwell</u> ist mit seiner großen Blattmasse ein großzügiger Mulchlieferant. Sie können die Blätter einzeln zwischen den Pflanzen auf den Beeten ausbreiten. Wenn Sie sie vorher mit der Schere zerkleinern, zersetzt sich das Material schneller. Die kalihaltigen Beinwellblätter haben sich besonders auf dem Tomatenbeet bewährt. Sie können sie auch gut mit Brennesseln mischen.

<u>Holzige Abfälle</u> gewinnen Sie selber, wenn Sie Hecken oder Baumschnitt schreddern oder

kleinere Mengen mit der Schere zerschneiden. Dieses feste Material zersetzt sich sehr viel langsamer als frisches, saftiges Grünzeug. Holzige Abfälle eignen sich als dauerhafte Bodendecken unter Sträuchern und Bäumen; auch Himbeeren, Brombeeren, Johannisbeeren und Stachelbeeren fühlen sich wohl, wenn Sie holziges Material zu ihren Füßen ausbreiten.
Wenn Sie im eigenen Garten keinen Hecken- oder Baumschnitt zur Verfügung haben, können Sie fertig abgepackten Rindenmulch kaufen. Diese zerkleinerte Baumrinde eignet sich für die gleichen Zwecke. Es ist aber sehr wichtig, daß Sie beim Kauf auf einwandfreie Ware achten. Die Rinde darf nicht zu viel Gerbsäure und vor allem keine giftigen Spritzmittelrückstände enthalten!

Für den Anfang reicht diese Auswahl völlig aus. Sie finden darin für alle Gartenbereiche etwas Passendes. So lernen Sie auch, auf die unterschiedlichen Bedürfnisse der Pflanzen beim Mulchen einzugehen.
Im Gemüsegarten verwenden Sie am besten frisches Material wie Gras, Unkraut, Brennesseln oder Beinwell. Holzige Abfälle wirken hier nicht naturgemäß, denn Kohl oder Kartoffeln sind keine Waldgewächse.
Baumscheiben, Beerensträucher und Ziersträucher können Sie dagegen mit Laub, Rindenmulch oder Gehölzschnitt versorgen. Diese Bodendecke entspricht ihren Lebensbedürfnissen als ehemalige Waldrandbewohner.
Im Bereich einer Wildsträucherpflanzung oder einer Hecke brauchen Sie den Boden nicht zuzudecken. Lassen Sie hier das Laub, das im Herbst herunterfällt, einfach liegen.
Nur auf dem Rasen und auf den Wegen erfüllt der herbstliche Blättersegen keine nützliche Funktion. Kehren Sie hier das Laub zusammen, und tragen Sie es in Körben zum Erdbeerbeet oder zu den Himbeeren. Damit der Herbststurm die Blätter nicht fortweht, streuen Sie ein paar Schaufeln voll Grobkompost darüber. Die Erdbrocken halten die losen Blätter am Boden und fördern gleichzeitig die Verrottung.

Mulchen im Blumengarten?

Viele Fragen wirft am Anfang auch die Bodendeckung im Ziergartenbereich auf. Rosen-, Stauden- und Sommerblumenbeete sollen ja einen schönen, ästhetischen Anblick bieten. Laub oder Brennesselmulch wirken dort leicht als Fremdkörper. Zudem ist eine solche Kombination für viele Gärtner sehr ungewohnt. Versuchen Sie, hier Lösungen auszuprobieren, die den Boden schützen und trotzdem Ihr Schönheitsempfinden nicht stören.
Wenn Sie sich für das Mulchen entscheiden, verwenden Sie am besten nur ganz dünnen, feinen Rasenschnitt. Dieses Material zersetzt sich rasch und paßt sich der Bodenstruktur gut an. Kurz gesagt: Rasenschnitt ist unauffällig und trotzdem nützlich.
Sie können aber auch im Blumengarten freie Stellen zwischen Rosen und Stauden mit niedrigen, einjährigen Sommerblumen zusäen. So entsteht in kurzer Zeit eine blühende Bodendecke, die wunderschön aussieht und ganz nebenbei die Bodenfeuchtigkeit schützt. Sehr gut geeignet ist für solche Zwecke vor allem das raschwachsende duftende Steinkraut. Seine weißen, lila oder rosa Blüten passen gut als Partner zu Rosen.
Teppiche in Gelb, Orange und Rostbraun bilden die unermüdlichen Tagetes. Außerdem können Sie, neben vielen anderen, noch Vergißmeinnicht, Schleifenblumen, Liebeshainblumen oder niedrige Ringelblumen-Züchtungen verwenden. Probieren Sie diese anmutige Form der Bodenbedeckung einmal aus, dann werden Sie ganz von selbst jeden Sommer neue Blumen und neue Teppichmuster entdecken.

Darauf müssen Sie achten

Das Mulchen ist ein sinnvoller und notwendiger Bestandteil der naturgemäßen Gesetze, die im Biogarten angewendet werden. Dennoch gibt es einige »Gefahrenpunkte«, auf die Sie achten sollten:

- Streuen Sie niemals Mulchmaterial auf ausgetrockneten Boden. Sie verhindern durch die Abdeckung, daß der Regen die Erde wieder gründlich durchfeuchten kann. Gießen Sie vorher und mulchen Sie nur sehr dünn. Erst nach einem kräftigen, durchdringenden Regen verteilen Sie neues Material.
- Auf schweren Böden, die die Nässe lange festhalten, darf grundsätzlich nur dünn und luftig gemulcht werden. Sauerstoff muß zirkulieren, und Sonnenwärme muß ans Erdreich gelangen können. Unter dicken, dichten Bodendecken entsteht auf lehm- oder tonhaltigen Böden leicht ein Feuchtigkeitsstau. Das Mulchmaterial beginnt zu faulen; die Pflanzen erleiden Schaden an den Wurzeln oder durch Pilzinfektion.
- In schneckengefährdeten Gärten müssen Sie sehr sorgfältig mulchen. Vermeiden Sie alles, was den Tieren als feuchtes, dunkles Versteck dienen kann. Große Blätter und dicke Schichten sind hier gefährlich. Streuen Sie nur dünne, luftige Lagen aus angewelktem Grasschnitt aus. Grobes Stroh, Farnblätter, Gerstenspreu oder scharfkantiger Schilfschnitt üben eine gewisse Abwehrwirkung auf Schnecken aus. Bei Dauerregen verzichten Sie auf das Mulchen.
- Verwenden Sie niemals krankes Laub zum Mulchen. Pilzinfektionen, zum Beispiel Rost oder Monilia, werden mit den Blättern übertragen. Die Pilzsporen überdauern im Boden und befallen von dort die Pflanzen.
- Das Laub von Bäumen, die dicht an verkehrsreichen Straßen stehen, dürfen Sie nie im Garten verwenden. Dieses Material ist angereichert mit Schwermetallen, die Ihre Erde vergiften!

Wenn Sie das Mulchen eine Zeitlang ausprobiert haben, werden Sie aber vor allem positive Wirkungen beobachten. Sie bekommen dann auch bald »ins Gefühl«, welche Bodendecken für Ihre Gartenerde und Ihre Pflanzen besonders günstig sind. Dann verlassen Sie sich am besten auf Ihre eigenen Erfahrungen.

Mischkulturen anlegen

Alle Pflanzen entnehmen dem Boden, in dem sie wachsen, Nährstoffe. Sie scheiden aber gleichzeitig über die Wurzeln auch Substanzen aus ihrem eigenen Stoffwechsel aus. Dort, wo lange Zeit die gleichen Kulturpflanzen am selben Platz wachsen, wird der Humus ausgelaugt und nährstoffarm. Die Ausscheidungen der Pflanzen summieren sich und verursachen gefährliche Bodenmüdigkeit und Anfälligkeit für Krankheiten.

In einem naturgemäßen Garten dürfen Sie es niemals soweit kommen lassen. Ein Biogärtner weiß, daß der bunte Wechsel verschiedenartiger Pflanzen wesentlich zum gesunden Wachstum beiträgt. Die Praxis der gemischten Kulturen hat sich nicht nur in zahlreichen Biogärten bewährt, sie war auch bereits seit Generationen in den alten Bauerngärten üblich. Mancher Gärtner von heute wird sich erinnern, daß der Blick über einen ländlichen Gartenzaun gerade deshalb so viel Freude bereitete, weil dort auf begrenztem Raum eine fröhlich-bunte Gesellschaft von Gemüse, Kräutern und Blumen nebeneinander gedieh. Diese Mischung bildete durchaus kein wirres Durcheinander, im Gegenteil – die Fülle rundete sich zu einem harmonischen Gesamtbild.

Im naturgemäßen Garten wurden solche Pflanzen-Nachbarschaften bewußt weiterentwickelt. Die günstigsten Kombinationen, die sich in jahrelangen Experimenten herausstellten, können heute an alle Gärtner weiterempfohlen werden. Die Praxis der Mischkultur mit ihren vielfältigen Wirkungen lernen Sie am besten kennen, wenn Sie sie auf ihren eigenen Gartenbeeten ausprobieren. Beobachten Sie die Pflanzen immer wieder, und prüfen Sie ihre Entwicklung, ihre Gesundheit und ihren Geschmack. Dann werden Sie mit der Zeit ein sicheres Gefühl dafür entwickeln, welche Kulturen in harmonischer Nachbarschaft miteinander gedeihen.

Es gibt zwar bestimmte Gesetzmäßigkeiten, die

Auf diesem Beet wachsen Kohlrabi, Radieschen und Kresse mit rotem Eichblattsalat und Pflücksalat »Amerikanischer Brauner«.

in der Mischkultur immer wiederkehren, aber es handelt sich dabei doch um ein lebendiges Gefüge, das zahlreichen Einflüssen unterworfen ist. Das Wetter, die Bodenverhältnisse und die allgemeinen ökologischen Bedingungen können das grüne Miteinander zum Guten, zum Besseren oder auch zum weniger Guten beeinflussen. Handeln Sie deshalb nicht nur als »braver Schüler« nach Tabellen und Empfehlungen, sondern probieren Sie soviel wie möglich selber aus. Für den Anfang sind einige ausgewählte Beispiele am besten geeignet, um grundlegende Erfahrungen zu sammeln. Darauf können Sie dann später aufbauen.

Mischkulturen für Anfänger

Diese Beispiele können von Gartenlehrlingen im ersten oder zweiten Jahr leicht in die Praxis umgesetzt werden. Auch Sie werden damit schmackhafte Früchte und ermutigende Erfolgserlebnisse ernten!

Kohlrabi, Salat, Radieschen und Kresse werden in abwechselnden Reihen auf ein Beet gesät. Sie können dafür Schnittsalat, Pflücksalat oder Kopfsalat wählen. Im April lohnt es sich noch, Frühlingssalat, zum Beispiel Maikönig, als vorgezogene Pflanzen zu setzen. Ab Mai sollten Sie lieber Sommersalate säen, die nicht so schnell bei Hitze schießen. Statt Radieschen sind auch die zarten Rettiche der Sorte 'Ostergruß' empfehlenswert. Sie sind außen rosarot und innen weiß gefärbt. Kohlrabi gibt es in weißen und blauen Sorten.
Alle Kulturen wachsen rasch und können bereits nach wenigen Wochen geerntet werden. Die Kresse übt einen günstigen Einfluß auf das Aroma der Radieschen aus.

Bohnenkraut schützt Bohnen vor schwarzen Läusen.

Salate und gemischte Kräuter bilden eine ideale Gemeinschaft für den Garten und die Küche. Säen Sie im Mai Sommersalat, Eissalat und Pflücksalat abwechselnd mit Kerbel und Dill. Schnittlauch eignet sich als Randpflanze. Boretsch, der so gut zu frischem Salat schmeckt, muß entweder sehr jung geerntet oder gestutzt werden. Die mächtigen Pflanzen überwuchern sonst alle Nachbarn. Sie können natürlich auch noch andere Kräuter säen, zum Beispiel Portulak, Postelein, Pimpinelle und Lauchzwiebeln. Petersilie wächst nicht gut neben Salat; diese Nachbarschaft sollten Sie meiden!

Dill gedeiht besonders gut zwischen Gurkenranken.

Buschbohnen und Bohnenkraut sind sehr gute Partner, die beide erst im Mai gesät werden, wenn die Erde warm und frostfrei ist. Auf diesem Beet haben Sie die passende Würze zum Bohnengemüse gleich zur Hand. Außerdem wehrt das Kraut erfolgreich die schwarze Bohnenlaus ab. Die Bohnen tragen reich und gesund im Schutz der starkduftenden Würze.

Gurken und Dill sind ein ideales Paar. Das zarte Gewürzkraut verhält sich im Kräutergarten oft wie eine launische Primadonna. In der Nachbarschaft der Gurken gedeiht es dagegen in der Regel problemlos. Säen Sie Gurken erst ab Mitte Mai auf niedrige Hügel in der Mitte eines Beetes. An den Rändern bleibt Platz für das einjährige Kraut. Neben den Gurken bildet der Dill im Sommer eine meterhohe Einfassung. Gewürzblätter für den Salat und Blütendolden für süß-sauer eingelegte Früchte sind stets reichlich vorhanden.

Da Gurken aus warmen, tropischen Heimatländern stammen, sind sie dankbar für den Windschutz und den lichten Schatten, den ihnen die »Dill-Hecke« bietet. Der Dill dagegen liebt den feuchten Boden, der unter dem Schutz der Gurkenranken auch im Sommer nicht austrocknet.

Möhren und Zwiebeln oder Lauch und Möhren haben sich als klassische Mischkultur seit unzähligen Generationen bewährt. Sie können dafür frühe oder späte Möhrensorten oder zarte runde Karotten verwenden. Steckzwiebeln, Schalotten oder Lauch eignen sich als Partner. Säen und pflanzen Sie diese Gemüse in abwechselnden Reihen. In dieser engen Nachbarschaft wehren sie sich gegenseitig die Möhren- und die Zwiebelfliegen ab.

»Dicke Freunde« sind Möhren und Lauch.

Tomaten, Petersilie, Schnittsellerie und Kapuzinerkresse bilden zusammen eine bunte, gesunde Gemeinschaft, die sich gegenseitig im Wachstum fördert. Säen Sie im April an eine Schmalseite des Beetes Petersilie; im Mai kann an der anderen Seite der wärmebedürftige Schnittsellerie folgen. In der Mitte des Beetes pflanzen Sie ab 20. Mai vorgezogene Tomaten mit reichlich Abstand. Dazwischen bleibt Platz für Kapuzinerkresse, die über Sommer mit ihren langen Ranken die Aufgabe eines Bodendeckers übernimmt; sie hält die Erde zu Füßen der stets durstigen Tomaten feucht.
Blätter und Blüten der »Mexikanischen Kresse« würzen den Tomatensalat. Sellerieblätter passen zu einem kräftigen Eintopf mit den roten »Paradiesäpfeln«.

Kartoffeln, Kümmel und Kapuzinerkresse können gut auf einem Beet wachsen, wenn Sie die Kräuter als Randpflanzung verwenden. Das zweijährige Würzkraut Kümmel bleibt allerdings länger stehen als die Hauptkultur. Es wirkt sich günstig auf das Aroma der Erdäpfel aus. Die Kapuzinerkresse, deren Blätter und Blüten Sie als aparte Salatwürze verwenden können, fördert das Wachstum. Die Knollen der Kartoffeln drängen geradezu in die Nachbarschaft dieser Blumen. Verwenden Sie in der Mischkultur die nichtrankenden Sorten der Kapuzinerkresse. Sie bilden rundliche Büsche und wachsen »ordentlich« in der Reihe. Rankende Sorten überwuchern dagegen ganze Beete!
In kleinen Gärten lohnt sich vor allem der Anbau von Frühkartoffeln. Zwei Reihen liefern bereits eine Delikatess-Ernte. Die Saatkartoffeln werden im April gelegt, sobald der Boden sich erwärmt hat. Kümmel können Sie ebenfalls im April säen, die Kapuzinerkresse folgt Anfang Mai.

Erdbeeren und Knoblauch oder Monatserdbeeren und Schnittlauch sind unproblematische Partner, die Ihnen süße Freuden und gesunde Würze garantieren. Ein Erdbeerbeet sollte in keinem Garten fehlen. Wenn Sie eine öftertragende Züchtung auswählen, können Sie auch im Spätsommer und Herbst noch die köstlichen Beeren genießen. Zwei Reihen Erdbeeren haben auf einem normalen Beet Platz. In der Mitte pflanzen Sie eine Reihe Knoblauchzehen. Dieses heilkräftige Würzgemüse wirkt vorbeugend gegen Pilzerkrankungen und fördert die Gesundheit der Erdbeeren.

Knoblauch sorgt für Gesundheit im Erdbeerbeet.

Die gleichen Vorteile bietet eine Mischkultur aus Monatserdbeeren und Schnittlauch. Dies ist eine ebenso gesunde wie wohlschmeckende Variante für den kleinen Garten.
Monatserdbeeren und Schnittlauch pflanzen oder säen Sie im Frühling von April bis Mai. Die Pflanzzeit für großfrüchtige Erdbeeren sind die Monate August bis September. Knoblauchzehen werden entweder im Frühling (März bis April) oder im Herbst (September bis Oktober) in die Erde gesteckt.

Fröhliche Farbtupfer im Mischkulturengarten setzen Tagetes und Ringelblumen. Diese beiden Blumen tragen mit dazu bei, daß der Boden gesund und frei von schädlichen Wurzelälchen bleibt. Besonders günstig ist zum Beispiel die Kombination von Tagetes und Petersilie. Die goldgelbe Ringelblume ist außerdem eine alte Heilpflanze. Säen Sie diese Blume überall aus, wo sie noch Platz findet am Rand der Beete. Sie werden selbst bald erleben, wie sich ihr guter, heilkräftiger Einfluß überall bemerkbar macht. Probieren Sie alles aus, und mischen Sie fröhlich mit – in Ihrem eigenen Garten!

Naturgemäß düngen

Auch Pflanzen wollen satt werden

Alle grünen Gewächse brauchen ausreichende Nahrung, um sich gesund und kräftig zu entwickeln. Sie finden ihre Lebens-Mittel im Boden und nehmen sie dort mit Hilfe der Wurzeln auf. Da Pflanzen ihr ganzes Leben an einem einzigen Ort verbringen, sind die Vorräte nach einiger Zeit erschöpft. Die Nährstoffe wurden während der Wachstumsperiode in Blätter, Blüten, Früchte und Samen umgewandelt. Wenn an der gleichen Stelle im nächsten Jahr wieder grünes Leben gedeihen soll, müssen die verbrauchten Nahrungsreserven wieder aufgefüllt werden.
Auch im Biogarten gilt dieses Gesetz. Sie können die Versorgung Ihrer Kulturpflanzen nicht einfach »Mutter Natur« überlassen. Sie sorgt für die Wildnis. In einem Garten ist der Gärtner für das Wohlergehen seiner Gewächse verantwortlich! Aber er sollte dabei so naturgemäß wie möglich handeln.

Die fröhlich-bunte Bauerngartenmischung ist im Sommer dicht zusammengewachsen.

Wenn Sie regelmäßig nährstoffreichen Grobkompost auf allen Beeten verteilen, haben Sie bereits für eine gute Grunddüngung gesorgt. Nur die anspruchsvollen Pflanzen, die besonders viel Nahrung brauchen, müssen mit zusätzlichen Portionen versorgt werden. Sie bekommen sogenannte organische Dünger, die aus natürlichen Substanzen bestehen. Dazu gehört der Mist von Kühen oder Pferden ebenso wie Hornspäne und Rizinusschrot. Diese Nährstofflieferanten werden unter die Gartenerde gemischt. Im Grunde düngen Sie damit zuerst den Boden. Regenwürmer und Mikroorganismen »verarbeiten« dieses »Futter« und schließen dabei Nahrungsquellen für die Wurzeln auf. Erst nach einer Umwandlungsphase in der Erde werden nach und nach pflanzengerechte Nährstoffe freigesetzt. Ein großer Teil der organischen Düngemittel wirkt also wie eine langsame, über lange Zeit fließende Nahrungsquelle. Die Pflanzen werden deshalb nicht überfüttert und nicht überdüngt.
Außerdem gibt es aber noch Flüssigdünger, wie zum Beispiel die Brennesseljauche. Darin sind die Nährstoffe in wässriger Lösung verteilt. Die Pflanzen können eine solche nahrhafte »Suppe« viel schneller aufnehmen als »feste Nahrung«. Wo in der Hauptwachstumszeit für rasches, stetiges Wachstum gesorgt werden muß, da gießt der Biogärtner Jauche an die Pflanzenwurzeln.

Nährstoffe, die Pflanzen brauchen

Wenn Sie Ihre Pflanzen richtig und sinnvoll düngen wollen, müssen Sie zunächst einmal wissen, welche Substanzen für eine ausgewogene Ernährung »der Grünen« gebraucht werden. Die Hauptnährstoffe, ohne die kein harmonisches Wachstum möglich ist, sind Stickstoff, Phosphor und Kali. Über ihre Wirkung sollten Sie ein wenig Bescheid wissen:

Stickstoff ist nötig, um das Wachstum der Triebe und der grünen Blätter zu fördern. Gut

Links: gut ernährte Pflanze – rechts: Stickstoffmangel.

mit Stickstoff versorgte Pflanzen sehen dunkelgrün und gesund aus.
Wo Stickstoffmangel herrscht, da färben sich die Blätter gelblich; sie wirken schon auf den ersten Blick krank und schlapp.

Phosphor ist vor allem für die Bildung von Blüten und Früchten verantwortlich. Wo dieser Nährstoff ausreichend vorhanden ist, da leuchten die Blumen in strahlenden Farben, da entwickeln sich saftige, gutgeformte Früchte.
Wo Phosphormangel herrscht, da zeigen die Pflanzen dies durch spärlichen Fruchtansatz und rötlich-braune Blattverfärbungen.

Kali sorgt für festes Pflanzengewebe; vor allem Stengel, Wurzeln und Knollen brauchen diesen Stoff.
Wo Kalimangel herrscht, da stockt das Wachstum. Im schlimmsten Fall gehen die Pflanzen sogar ein.

Spurenelemente in geringen Mengen benötigen die Pflanzen außer den drei Hauptnährstoffen ebenfalls. Wichtig sind zum Beispiel Magnesium, Eisen, Kupfer und Molybdän.

Kalk ist ein sehr wichtiger Stoff, der stets in einem ausgewogenen Verhältnis im Gartenboden vorhanden sein muß. Er ist ein feingemahlenes, natürliches Mineral. Streng betrachtet

Die gelbgefärbten Rosenblätter zeigen Eisenmangel an.

zählt der Kalk nicht zu den Düngern sondern zu den Bodenverbesserungsmitteln. Er schließt Nährstoffe auf, regt das Bodenleben an und verbessert die Krümelstruktur. Vor allem aber bindet der Kalk die Säuren im Boden.

Wenn die Erde sauer reagiert

Die meisten Gartenpflanzen fühlen sich in einem leicht sauren Humus am wohlsten. Der Säuregehalt eines Bodens wird nach einer international festgelegten Skala gemessen, die in pH-Werten angegeben wird. Der pflanzenfreundliche, leicht-saure Mittelbereich liegt zwischen pH 6 und 7. Über pH 7 beginnt die alkalische Bodenreaktion. Dann enthält die Erde mehr Kalk als für die meisten Pflanzen gut ist. Unter pH 6 wird der Boden immer saurer. In solcher Erde fühlen sich nur noch Spezialisten unter den Pflanzen wohl, zum Beispiel Rhododendron, Hortensien und Heidekraut.
Einen Gartenboden, der zu sauer reagiert, können Sie mit Hilfe von Kalk wieder ins neutrale bis schwachsaure Gleichgewicht bringen. Sehr viel schwerer ist es dagegen, ein Übermaß an Kalk wieder rückgängig zu machen.
Merken Sie sich deshalb gleich zu Beginn Ihrer Garten- und Düngepraxis: Bevor Sie organische Nährstoffe oder Kalk über die Beete streuen, müssen Sie genau wissen, was Ihre Erde wirklich braucht. Dort, wo die natürlichen Vorräte ausreichen, müssen Sie nicht nachhelfen. Aber dort, wo Mangel herrscht, sollten Sie ganz gezielt die fehlenden Stoffe ergänzen.

Bodenanalyse und Kalktest

Klarheit über die Zusammensetzung der wichtigsten Nährstoffe in Ihrer Gartenerde können Sie nur mit Hilfe einer Bodenanalyse gewinnen. Vor allem dann, wenn Sie einen Garten neu übernehmen oder zum ersten Mal bearbeiten, ist es wichtig, über den Zustand des Bodens genau Bescheid zu wissen.
Einen ersten Kalktest können Sie ohne weiteres selber machen. Im Handel sind dafür einfache Zutaten erhältlich. Der »Calcitest« besteht zum Beispiel aus einem Glasröhrchen, einem Fläschchen mit destilliertem Wasser und Testtabletten. In das Glas füllen Sie nach Vorschrift Gartenerde, Wasser und eine Tablette. Schon nach kurzer Zeit färbt sich die Flüssigkeit. Danach können Sie sehr einfach und sicher bestimmen, in welchem pH-Bereich sich Ihre Gartenerde befindet: Ein tiefes Blau zeigt zum Beispiel idealen schwachsauren Humus an. Gelb ist ein alarmierendes Zeichen für einen sehr sauren Boden.
Über alle anderen Werte des Bodens erhalten Sie genaue Angaben nur durch eine chemische Analyse. Zu diesem Zweck müssen Sie eine Bodenprobe in ein Speziallabor einschicken. Eine normale Grunduntersuchung führen die Landwirtschaftlichen Untersuchungs- und Forschungsanstalten durch, die es in jedem

Beim Kalktest zeigt die blaue Farbe einen idealen pH-Wert.

Bundesland gibt. (Adressen finden Sie im Anhang.) Dort erhalten Sie Auskunft über die Bodenart, den pH-Wert, den Kalkzustand, den Phosphor- und den Kaliwert. Meist wird auch der Magnesiumgehalt untersucht. Stickstoffwerte können nur in einer teuren Sonderuntersuchung ermittelt werden.
Die Untersuchungsergebnisse der LUFAS sind meist kurz und bündig in Prozentwerten ausgedrückt. Für einen Anfänger ist es nicht gerade einfach, daraus die richtigen Schlüsse zu ziehen. Deshalb ist es empfehlenswert, die Analyse in biologisch ausgerichteten Speziallabors (Adressen im Anhang) durchführen zu lassen. Dort sind die Preise zwar höher, aber Sie bekommen ausführliche Beschreibungen des Bodenzustandes und darüber hinaus auch praktische Ratschläge zur Verbesserung von Mängeln. Selbstverständlich werden Ihnen dafür nur biologische Mittel empfohlen.
Nun werden Sie natürlich mit Recht fragen: Wie sieht denn solch eine Bodenprobe aus? Und wie verschickt man seine Gartenerde? Am besten arbeiten Sie dabei nach diesem Grundmuster: Packen Sie Ihre Bodenproben getrennt nach den wichtigsten Bereichen in Ihrem Garten ein, zum Beispiel aus dem Gemüsegarten, vom Staudenbeet und aus der Rhododendron-Ecke. In jedem dieser Spezialbereiche graben Sie mit einer kleinen Schaufel an 10–15 Stellen etwas Erde aus der obersten Bodenschicht aus. Mischen Sie diese Proben, säuberlich getrennt, in Plastikeimern gut durch. So erhalten Sie einen Durchschnittswert. Zum Schluß füllen Sie aus jedem Bereich etwa 500 g Erde in einen Plastikbeutel. Darauf kleben Sie ein Etikett, auf dem zu lesen ist, woher die Probe stammt.
In ein Päckchen legen Sie außerdem noch eine Kurzinformation mit Ihren Wünschen. Sie können zum Beispiel eine normale Grunduntersuchung verlangen oder zusätzliche Informationen über die Schwermetallbelastung und den mikrobiologischen Zustand des Humus anfordern. Zusatzuntersuchungen werden gesondert berechnet. Bitten Sie auf jeden Fall um Dünge- und Bodenverbesserungsvorschläge.

So wird die Erdmischung für eine Bodenanalyse abgefüllt.

Die günstigste Zeit für eine Bodenanalyse liegt im Spätherbst, wenn die Pflanzen eine Vegetationsperiode lang Nährstoffe verbraucht haben. Nehmen Sie die Proben immer, bevor neuer Kompost verteilt wurde. Wenn Sie die Beete erst im Frühling neu herrichten, können Sie auch im Februar oder März noch Proben verschicken.
Sobald Sie das Ergebnis bekommen, können Sie ganz gezielt die Boden- und Nährstoffverhältnisse in Ihrem Garten verbessern. Sie wissen dann genau, woran es im Rosenbeet mangelt und welche »Grundnahrungsmittel« im Gemüsegarten aufgefüllt werden müssen.

Die Sonderwünsche der Pflanzen

Nachdem Sie sich nun allgemein über den Zustand Ihres Bodens informiert haben, müssen Sie auch noch etwas über die Sonderwünsche der Pflanzen erfahren. Der Appetit der grünen Gewächse ist nämlich sehr unterschiedlich. Es gibt unter den Pflanzen ausgesprochene Vielfraße und andere, die mit sehr bescheidenen Mahlzeiten zufrieden sind. Auch auf diese Gewohnheiten müssen Sie Ihre Düngerationen

Ein »gefräßiger« Starkzehrer ist der Blumenkohl.

Möhren sind mit mittelmäßigen Nahrungsmengen zufrieden.

Zu den bescheidenen Schwachzehrern gehören die Bohnen.

abstimmen. Traditionsgemäß teilen die Gärtner vor allem die Gewächse des Nutzgartens in drei Kategorien ein:

Die Starkzehrer haben den größten Appetit. Sie werden von Kompost allein nicht »satt« und benötigen zusätzliche Nährstoffe. Organische Dünger und Jauche sind bei ihnen immer willkommen. Zu den Starkzehrern gehören zum Beispiel Tomaten, Rhabarber, alle großen Kohlarten, Gurken, Sellerie, Lauch und Kürbis. Am besten ist es, wenn Sie auf den Beeten der Starkzehrer bereits im Herbst oder im zeitigen Frühling einen Vorratsdünger verteilen. Während der Hauptwachstumszeit versorgen Sie die Pflanzen dann nochmals mit flüssiger Zusatznahrung. Besonders gut geeignet ist dafür Brennesseljauche.

Die Mittelzehrer haben auch einen mittelmäßigen Nährstoffbedarf, der in der Hauptsache von Kompost gedeckt wird. Für gutes Wachstum sorgen kleine Gaben organischer Dünger im Frühling und ein- bis zweimal ein Guß Brennesseljauche in der Hauptwachstumszeit. Zu den Mittelzehrern gehören zum Beispiel Kartoffeln, Möhren, Kohlrabi, Radieschen, Salat, Spinat, Fenchel, Rote Bete, Paprika und Schwarzwurzeln.

Die Schwachzehrer sind die bescheidensten unter den Gartengewächsen. Ihnen genügt die Versorgung mit Kompost. Erbsen, Bohnen, Zwiebeln und Kräuter dürfen Sie beim Düngen übergehen. Vor allem Stickstoff wäre für eine gesunde Entwicklung von Erbsen, Bohnen und Zwiebeln eher schädlich als nützlich.

Es ist sehr wichtig, daß Sie am Anfang Ihrer Gartenpraxis über die Nährstoffverhältnisse im Boden und über die Nahrungsansprüche Ihrer Pflanzen genauer Bescheid wissen. Mit halbblinden Streuversuchen können Sie mehr verderben als fördern. Außerdem ist es teuer, wenn Sie Dünger kaufen, der eigentlich gar nicht benötigt wird.

Prägen Sie sich vor allem die wichtigsten Düngeregeln des naturgemäßen Gartens ein:

- Die Nahrungsgrundlage besteht immer aus Kompost.
- Dünger wird nur dort eingeplant, wo er dringend gebraucht wird.
- Die Zusatznahrung wird gezielt zum richtigen Zeitpunkt verteilt.
- Der Dünger muß auf das spezielle Nährstoffbedürfnis der Pflanzen abgestimmt sein, also stickstoff-, kali- oder phosphorbetont.

Die folgende Düngerauswahl ist so zusammengestellt, daß Anfänger leicht damit umgehen können. Selbstverständlich ist das Sortiment organischer Dünger viel größer. Aber das würde Sie nur verwirren. Probieren Sie erst einmal eine Weile aus, wie die verschiedenen Nährstoffkombinationen wirken und wie die Pflanzen darauf reagieren. Wenn Sie genügend Erfahrungen gesammelt haben, können Sie später auch andere Mittel verwenden.

Organische Volldünger
(mit Stickstoff, Phosphor und Kali)

Rindermist ist ein milder Naturdünger, der alle wichtigen Nährstoffe in ausgeglichener Form enthält. Verwenden Sie aber nur Mist von Tieren, die aus naturgemäßer Haltung stammen. Am besten ist Rindermist mit Stroheinstreu.
Dieser Dünger wird zuerst in Mieten aufgesetzt und kompostiert. Verwenden Sie dabei keinen Kalk! In die Zwischenlagen wird nur Erde oder Tonmehl gestreut.
Verrotteter Rindermist eignet sich als wertvolle Nahrung für alle Starkzehrer im Gemüsegarten. Sie können auch Ihre Rosen und Obstpflanzungen damit düngen.
Niemals dürfen Sie frischen Mist untergraben oder roh direkt zwischen die Pflanzen streuen!
Im Handel wird getrockneter Rindermist angeboten. Sie können ihn anstelle des selten er-

Besten Naturdünger hinterlassen die Kühe im Stall.

reichbaren frischen Kuhmists verwenden. Achten Sie aber auch bei diesem Dünger auf einwandfreie Herkunft. Empfehlenswert sind zum Beispiel »California Rinderdung«, Oscorna-hum und »Neudorff's Bio-Substrat«.

Pferdemist enthält ebenfalls alle Nährstoffe. Er gehört aber im Gegensatz zum sanften Rinderdung zu den sehr hitzigen Düngern. Deshalb wird er ja auch als »Heizung« ins Mistbeet gepackt! Auch Pferdemist wird zuerst kompostiert. In verrottetem Zustand ist er ein ausgezeichneter Nährstofflieferant für Tomaten, Gurken und andere Starkzehrer.

Horn-Blut-Knochenmehl ist eine Mischung aus Naturprodukten, die Sie im Handel kaufen können. Dieser natürliche Volldünger wird im Boden langsam aufgelöst und eignet sich sehr gut als Vorratsdüngung, die über längere Zeit wirksam bleibt. Ein empfehlenswertes Produkt aus sorgfältig ausgesuchten Rohstoffen ist zum Beispiel »Oscorna Animalin«.
Der Stickstoff- und Phosphoranteil liegt bei Horn-Blut-Knochenmehl-Mischungen bedeutend höher als der Kaliwert. Oft werden zur Ergänzung solcher Mischprodukte auch noch einige andere organische Bestandteile hinzugefügt.

Stickstoffbetonte Dünger

Hornmehl und Hornspäne sind unterschiedlich zermahlene Produkte, die aus den Hörnern und Klauen von Schlachttieren gewonnen werden. Sie enthalten neben einem hohen Stickstoffanteil auch reichlich Phosphor, aber kein Kali. Je grober diese Substanzen sind, desto langsamer zersetzen sie sich im Boden.
Horndünger werden seit unzähligen Gärtnergenerationen benutzt. Sie eignen sich sowohl für Stark- und Mittelzehrer im Gemüsegarten wie für Staudenbeete, Sommerblumen, Rosen und Beerensträucher.

Rizinusschrot ist ein Produkt, das aus der tropischen Rizinuspflanze gewonnen wird. Er ist stickstoffreich, enthält aber auch Phosphor und Kali. Dieser Pflanzendünger ist für alle Gewächse mit höherem Nährstoffbedarf geeignet.

Phosphorbetonte Dünger

Knochenmehl besitzt einen sehr hohen Phosphoranteil, etwas Stickstoff und wenig Kali. Sie können gezielt Blumen und Obst damit düngen.

Geflügelmist aus naturgemäßer Kleintierhaltung kann von Hühnern, Enten oder Tauben geliefert werden. Dieser Dung ist sehr scharf! Er enthält reichlich Phosphor, aber auch Stickstoff und Kali.
Geflügelmist muß immer kompostiert oder als Jauche angesetzt und verdünnt werden. In zu hoher Konzentration kann er Verbrennungen verursachen. Richtig angewendet ist Geflügelmist aber ein reichhaltiger Nährstofflieferant für Gemüse und Blumen, die zu den Stark- oder Mittelzehrern gehören.

Peru-Guano ist ebenfalls im weitesten Sinn ein Geflügeldünger. Er stammt von Seevögeln, deren meterhohe Kotablagerungen an den Küsten Perus abgebaut werden. Guano ist sehr reich an Phosphor; er enthält aber auch Stickstoff und Kali. Dieser wertvolle Dünger wird im Fachhandel verkauft. Achten Sie darauf, daß Sie echten Peru-Guano bekommen; denn es werden auch Produkte angeboten, die mit Hühnermist vermischt sind!
Von reinem Guano brauchen Sie nur kleine Mengen. Der raschwirkende Dünger eignet sich für nahrungshungrige Gemüse, für Sommerblumen und Balkongewächse.

Kalibetonte Dünger

Holzasche bietet mehr Kali als alle anderen Naturdünger. Sie enthält außerdem Phosphor, Kalk und reichlich Spurenelemente. Holzasche kann man im Handel kaufen; Sie können aber auch Asche verwenden, die in einem offenen Kamin oder beim Verbrennen holziger Gartenabfälle entsteht. Voraussetzung ist nur, daß es sich um reine Holzasche handelt, ohne Beimischung von Brikett oder anderem Material.
Holzasche können Sie gezielt bei Kalimangel einsetzen. Sie ergänzt andere organische Dünger, die diesen Nährstoff nicht enthalten. Ganz allgemein ist Holzasche gut für Rosen und Wurzelgemüse.

Bei der Kleintierhaltung fällt wertvoller Mist an. Hühner, Enten, Gänse und Tauben liefern Dünger mit hohem Phosphatgehalt.

Bodenverbesserungsmittel

Kalk ist, streng betrachtet, kein Nährstofflieferant und damit auch kein Dünger. Dieser wichtige Stoff gehört zu den Bodenverbesserungsmitteln. Seine guten Eigenschaften haben Sie bereits auf Seite 97 kennengelernt.
Oft genügt es schon, wenn Sie Ihren Garten nur über den Kompost mit kleinen Kalkmengen versorgen. Auch in verschiedenen Düngern ist ein Kalkanteil enthalten, der ausreicht, um eine leichte Übersäuerung des Bodens auszugleichen. So enthalten zum Beispiel Holzasche, Knochenmehl, Guano und einige Steinmehle auch Kalk.
Für direkte Kalkgaben sind Kalkmergel, kohlensaurer Magnesiumkalk und vor allem Algenkalkprodukte besonders empfehlenswert.

Stein- und Tonmehle dienen ebenfalls der Verbesserung des Bodens. Sie bestehen aus feinem Gesteinsstaub, der als Abfallprodukt in Steinbrüchen anfällt. Alle Steinmehle sind wertvoll durch ihren hohen Gehalt an Spurenelementen. Unterschiedlich sind die Gehalte von Kalk, Kali und Magnesium. Diese sind abhängig von den Gesteinsarten, aus denen der fruchtbare Staub entstand.
Die wertvollen Inhaltsstoffe der Gesteinsmehle gehen nur langsam in den Boden über; deshalb können auch Anfänger keine Überdüngungsfehler mit diesem Material machen. Spurenelemente und Magnesiumgehalt des Gesteinsstaubes fördern die Gesundheit und die Widerstandskraft der Pflanzen. Eine Handvoll Steinmehl ins Pflanzloch oder zwischen die Kulturen gestreut, kann nie schaden!
Noch wichtiger als die Spurenelemente sind aber andere Eigenschaften der Stein- und Tonmehle: Sie sind in der Lage, ihre Oberfläche stark auszudehnen und können deshalb viel Feuchtigkeit im Boden festhalten. Auch Nährstoffe werden in dieser natürlichen »Spardose« angereichert und bei Bedarf wieder an die Pflanzen abgegeben.
Die größte Quellfähigkeit haben die Tonmehle.

Steinmehl wird dünn über die Gartenbeete ausgestreut.

Sie sind zur Verbesserung sandiger Böden besonders wichtig, weil sie das rasch fortrinnende Regen- oder Gießwasser aufnehmen und festhalten. Auch bei der Kompostierung leisten Steinmehle gute Dienste.
Achten Sie beim Kauf auf die Zusammensetzung der verschiedenen Produkte, die im Handel angeboten werden. Sehr kalkhaltige Steinmehle sollten Sie zum Beispiel nur dann verwenden, wenn Ihr Gartenboden unter Kalkmangel leidet, das heißt, wenn er sauer ist.

Flüssigdünger – Jauche

Die preiswerteste Pflanzennahrung, die jeder Biogärtner selber herstellen kann, ist die Jauche. Solche Flüssigdünger sind ebenso wirkungsvoll wie gesund. Alle Pflanzen können die nahrhafte Brühe rasch aufnehmen und umsetzen. Wenn Sie Brennesseljauche an die Wurzeln Ihrer Tomaten gießen, können Sie beinahe zusehen, wie die Blätter sich in kurzer Zeit dunkelgrün färben. Die Pflanzen strotzen vor Gesundheit; sie wachsen zügig, aber nicht übertrieben.
Gerade für den Beginn der Biogarten-Praxis ist die Brennesseljauche sehr empfehlenswert. Sie können sowohl bei der Herstellung als auch bei der Verwendung Einblick in natürliche Wachs-

So wird Brennesseljauche angesetzt:
Frisch gesammeltes Kraut »brennt« noch stark.
Ziehen Sie Handschuhe an beim Arbeiten!

- Lange Zweige werden zerschnitten.
- Wenn genügend Brennesseln eingefüllt sind, gießen Sie Wasser darüber. Die Tonne darf nicht bis zum Rand gefüllt werden.
- Rühren Sie kräftig um.
- Jauchegerüche werden durch ein paar Tropfen Baldrianblüten-Extrakt oder durch Steinmehl gebunden.
- Verdünnen Sie die fertige Jauche 1:10 mit Wasser,
- und gießen Sie die nahrhafte Brühe direkt an die Wurzeln (Fotos von oben nach unten).

tumsvorgänge gewinnen. Beobachten Sie einmal ganz bewußt, wie aus pflanzlichen Substanzen neue Pflanzennahrung entsteht. Verfolgen Sie dann mit der gleichen Aufmerksamkeit, wie die verschiedenartigen Gewächse auf diese natürliche Nährbrühe reagieren. Solche Lehrstunden im Gartenlabor der Natur sind mindestens ebenso wichtig wie die Erfolge, die Sie mit diesem preiswerten Dünger erzielen werden.

Brennesseljauche – Naturdünger zum Nulltarif

Verwenden Sie zum Ansetzen der Jauche Gefäße aus Holz, Steingut oder Kunststoff. Metallfässer eignen sich nicht, weil während der Gärung ungünstige chemische Reaktionen stattfinden können. Für einen sehr kleinen Hausgarten genügt schon ein sauberer 10-Liter-Plastikeimer. Größere Jauchemengen setzen Sie am besten in Holzfässern oder umfangreichen Kunststofftonnen an.

Frisches Brennesselkraut können Sie vom Frühling bis zum Sommer immer wieder schneiden, solange es noch keine Samen angesetzt hat. Ziehen Sie bei der »Ernte« feste Handschuhe an, damit Sie sich nicht an den Nesseln »verbrennen«. Schneiden Sie die Zweige mit einer Haushaltsschere in handbreite Abschnitte. Dann lassen sie sich besser schichten.

Füllen Sie reichlich Brennesselkraut in das vorbereitete Gefäß. Anschließend gießen Sie abgestandenes Wasser oder Regenwasser dazu. Alle Pflanzenteile müssen von der Flüssigkeit bedeckt sein. Lassen Sie am oberen Rand ein bis zwei Handbreit freien Raum, denn die Jauche schäumt später während der Gärung hoch. Besonders in den ersten Tagen entwickelt die Pflanzenbrühe unangenehme Gerüche. Das können Sie verhindern, wenn Sie öfter eine Handvoll Steinmehl oder einige Tropfen Baldrianblüten-Extrakt unter die Mischung rühren. Beide Mittel bekommen Sie im Fachhandel.

Wenn Ihr Jauchefaß oder Ihr Eimer an einem sonnigen Platz stehen, geht nun alles rasch voran; denn Wärme beschleunigt die Gärung. Rühren Sie jeden Tag die Brühe einige Male mit einem Stock kräftig um, damit Sauerstoff in den Zersetzungsprozeß gelangt. Anschließend legen Sie über die Öffnung des Gefäßes einen Holz- oder Drahtrost, damit keine Vögel oder andere Tiere in die Flüssigkeit fallen können. Wenn Sie engmaschigen Fliegendraht benutzen, sind auch Insekten vor dem Tod des Ertrinkens geschützt.

Wenn es im Jauchegefäß nach einigen Tagen wie in einem Waschbottich heftig zu schäumen beginnt, ist die Gärung in vollem Gange. Wenig später beginnt die Brühe sich wieder zu klären. Je nach Witterung ist die Brennesseljauche innerhalb von zwei bis drei Wochen fertig. Sie zeigt eine dunkle Farbe und schäumt nicht mehr. Von diesem Zeitpunkt an können Sie das Gefäß auch mit einem Deckel verschließen. Die Brennesseljauche ist nun lange Zeit haltbar und kann jederzeit verwendet werden.

Verdünnen Sie diesen konzentrierten Flüssigdünger etwa 1:10 mit Wasser. Am besten Verwenden Sie dafür einen alten Meßbecher aus der Küche und eine 10-Liter-Gießkanne. Damit das richtige Mischungsverhältnis entsteht, nehmen Sie etwas weniger als einen Liter Jauche! Der Brennesseldünger wird aus einer Kanne ohne Brauseaufsatz direkt in den Wurzelbereich der Pflanzen gegossen. Kleine Pflanzenreste in der Brühe stören dabei nicht.

Brennesseljauche eignet sich als schnellwirkende Düngung während der Hauptvegetationszeit für Gemüse, Blumen, Beerensträucher und Obstbäume. Die Brühe ist stickstoffhaltig. Sie fördert gesundes, kräftiges Wachstum, ohne übermäßig zu treiben. Die Widerstandskraft der Pflanzen wird gestärkt. Sie können den Erfolg innerhalb kurzer Zeit an sattgrünen Blättern erkennen. Dieser hausgemachte Dünger ist nicht nur natürlich und gesund, sondern auch ausgesprochen preiswert.

Gemischte Pflanzenjauche

Sie können anstelle der reinen Brennesseljauche auch eine Mischung aus verschiedenen

Wild- und Gartenkräutern ansetzen. So gewinnen Sie eine besonders reichhaltige Brühe, deren wertvolle Inhaltsstoffe Ihren Pflanzen zugute kommen. Beinwell bringt zum Beispiel Kali mit, während Zwiebeln, Knoblauch und Schachtelhalm Substanzen freisetzen, die vorbeugend gegen Pilzerkrankungen wirken.
Setzen Sie Ihre gemischte Jauche aus einem Teil Brennesseln und kleingeschnittenen Beinwellblättern an. Je nach Vorrat können Sie außerdem noch ein paar Hände voll Schachtelhalm, Kamille, Schnittlauch, Löwenzahnblätter, Zwiebelreste und Knoblauchzehen hinzufügen.
Herstellung und Verteilung der gemischten Jauche werden genauso vorgenommen wie bei der reinen Brennesseljauche.

Düngen Sie starkwachsende Pflanzen mehrmals mit der flüssigen Nährlösung. So sorgen Sie für kontinuierliche Entfaltung und natürliche Vitalität. Dies ist der beste Schutz vor Krankheiten und Schädlingen.

Für gemischte Jauche eignen sich Beinwell und Kräuter.

Naturgemäßer Pflanzenschutz

Der Schutz der liebevoll gehegten Kulturpflanzen vor »Feinden« und Schäden aller Art nimmt einen wichtigen Platz im Gärtneralltag ein. Wer gerade die ersten Erfahrungen im Garten sammelt, der kann über Nacht böse Überraschungen erleben: Von prächtigen Salatpflanzen, die noch am Abend sorgfältig gegossen wurden, ragen am nächsten Morgen nur jämmerliche Stengelenden aus der Erde. Die Schnecken, die hier im Schutz der Dunkelheit »aufräumten«, haben sich längst wieder in feuchte Ecken verkrochen.
Etwas später bleiben von hoffnungsvollen Kohlköpfen nur gespenstische Blattrippen übrig. Spielerisch gaukeln weiße Schmetterlinge über die Beete; die Kohlweißlinge suchen immer noch nach gedeckten Tischen für ihren gefräßigen Raupennachwuchs!
Und schließlich ersticken die Rosenträume des ganz und gar nicht »glückseligen« Gärtners unter einem dicken, weißlichen Pelz. Der Echte Mehltau hat Einzug gehalten und demonstriert anschaulich, was ein winziger Pilz zu leisten vermag.

Von nützlichen Läusen und schädlichen Gärtnern

In solchen Situationen dürfen Sie nicht gleich in Panik geraten. Es gibt keinen Garten, in dem nicht jedes Jahr irgendwelche Mißgeschicke oder kleinere Katastrophen geschehen können. Die Natur ist sehr lebendig und unberechenbar. Sie geht ihrer Wege, ohne sich um das Glück des Gärtners zu kümmern. Schließlich hat sie für viele Geschöpfe zu sorgen – nicht nur für solche, die unbedingt dicke Salatköpfe und süße Erdbeeren ernten möchten. Die Vermehrung der Läuse und Raupen ist der »großen Mutter« genauso wichtig. Wovon sollten sonst

Schwebfliegen haben eine wespenähnliche Zeichnung; sie sind aber ungefährlich und machen sich im Garten sehr nützlich.

die kleinen Meisen und die zahlreichen Larven der Marienkäfer satt werden? Der Gärtner mag selber sehen, wie er zurechtkommt – auch dazu ward ihm der Verstand gegeben!
Genau an diesem Punkt wandelt sich ein ängstlicher oder zorniger Pflanzenverteidiger in einen nachdenklichen Biogärtner. Wer zusammen mit der Natur gärtnern möchte, der muß zunächst einmal zugeben können, daß er mit all seinen Wünschen und Träumen nur Teil eines großen grünen Ökonetzes ist. Darin werden viele Fäden gesponnen, die alle miteinander in Verbindung stehen. Niemand ist unnütz in diesem Gemeinschaftswerk; auch das kleinste Rädchen erfüllt eine Aufgabe, die für das Funktionieren des verzweigten Unternehmens Natur wichtig ist. Läuse sind also keine unverschämten Schmarotzer, die sich am Eigentum des Gärtners vergreifen. Sie sind vor allem ein wichtiges Glied in der Nahrungskette anderer Lebewesen.
Wenn Sie erst einmal angefangen haben, die Dinge so zu betrachten, kommen Sie bald zu der überraschenden Erkenntnis, daß es gar keine Schädlinge gibt! Deshalb ist es auch sinnlos und wider die Natur, wenn Gärtner von Schädlings-Bekämpfung oder von Ausrottung sprechen. Mit solchen kriegerischen Gewaltmaßnahmen werden die natürlichen Zusammenhänge zerstört, in denen auch der Mensch mit seinen Pflanzen lebt. Dann kann ein Gärtner zu einem weit gefährlicheren »Schädling« werden als die Läuse. Während die zahlreichen kleinen »Fresser« das ökologische Netz nur in einer ständigen Pendelbewegung hin und her schaukeln, reißt der »große Zweibeiner« mit chemischen Gewaltmaßnahmen große Löcher ins System. Dann gerät das eingespielte Gleichgewicht außer Kontrolle, die Folgen für den großen Naturhaushalt und für die kleine Gartenwelt sind unübersehbar. Oft löst nur eine größere Plage die relativ harmlosen Schäden ab, die mit unverhältnismäßig harten Mitteln »bekämpft« wurden.
Die massenhafte Vermehrung der Schnecken, die viele Gärtner zur Verzweiflung bringt, ist

ein Beispiel für schwerwiegende Entgleisungen im ökologischen System! Nicht die Schnekken sind schuld an der gefräßigen Invasion. Die Menschen haben ihnen erst die Möglichkeiten zu einer übermäßigen Ausweitung geschaffen, indem sie die von der Natur »beauftragten« Schneckenvertilger vertrieben oder umbrachten.
Verständnis für die ökologischen Zusammenhänge bedeutet aber nicht, daß ein Gärtner tatenlos zusehen muß, wie alle möglichen ungebetenen Gäste seine Ernte verspeisen. Es ist sein gutes Recht, Grenzen zu ziehen und Eindringlinge abzuwehren. Ein paar Prozent muß jeder für den »Sozialfond« der Natur opfern, das ist er dem Gemeinwesen schuldig! Aber den größten Teil seiner Früchte sollte der Gärtner mit seiner Familie selbst genießen.
Wenn Sie ein guter Biogärtner werden, können Sie dieses Ziel aber mit friedlichen Mitteln erreichen. Machen Sie die Natur zu Ihrem Bundesgenossen, dann wird sie ihre uralten Tricks und ihre wirkungsvollen Beziehungen auch in Ihrem Garten einsetzen. Zum Nutzen der Kulturpflanzen und zur Erleichterung des Gärtners!

Helfer aus dem Ökosystem

Fressen und Gefressen werden – dieses Wechselspiel gehört seit undenklichen Zeiten zu den Mitteln, mit denen die Natur ein Gleichgewicht zwischen ihren Geschöpfen erhält. Jeder Gärtner kann sich dieses System zunutze machen. Fördern Sie die »Nützlinge« in Ihrem Garten, damit sie Ihnen die »Schädlinge« wegfressen!
Die natürlichen Gegenspieler von Läusen, Schnecken oder Mäusen werden sich aber nur dann in Ihrer Nähe einfinden, wenn Sie ihnen verlockende Lebensmöglichkeiten anbieten. Deshalb ist es so wichtig, daß Sie Wildsträucher pflanzen, Wiesenblumen säen und möglichst einen kleinen Naturteich anlegen. So entstehen Nist- und Futterplätze für zahlreiche Tiere, die Ihnen ganz selbstverständlich helfen, lästige »Mitesser« in Grenzen zu halten.

An durchsichtigen Flügeln erkennen Sie die Florfliegen.

Wenn zum Beispiel Vögel in Ihrem Garten brüten können, dann werden sie auch an Ort und Stelle Futter für ihre Jungen suchen. Von morgens bis abends sammeln die emsigen Vogeleltern dann Raupen, Maden und Läuse ein. Bis die Jungen groß sind, haben sie ein paar Pfund »Schädlinge« verspeist!
Auf Läusejagd gehen außer den Vögeln vor allem Marienkäfer mit ihren Larven, Schwebfliegenlarven, Florfliegenlarven, Schlupfwespen und Spinnen. Diese kleinen Gartenhelfer sollten Sie gut kennenlernen und so oft wie möglich beobachten. So überwinden Sie am besten Ihre Scheu vor »krabbelnden« Insekten.
Schwebfliegen erinnern mit ihrem schwarzgelbgestreiften Leib zwar an Wespen – sie sind aber völlig harmlos und stechen nie! Schauen Sie genau hin: Die meisten Schwebfliegen sind viel kleiner und schlanker als Wespen. Sie erkennen sie an ihrem unglaublich schnellen Flü-

Prägen Sie sich das Aussehen der Marienkäferlarve gut ein!

So sieht die Larve der Florfliege aus.

Eine Schwebfliegenlarve auf Läusejagd.

gelschlag. Diese Insekten können dadurch beinahe in der Luft »stehenbleiben«.
Schwebfliegen locken Sie ganz leicht mit Doldenblütlern in den Garten. Dazu gehören zum Beispiel die Blütenstände der Wilden Möhren und der Gartenmöhren, Herkulesstauden, Wiesenbärenklau, Kümmel und Koriander.
Auch selbstgebaute Insektenwohnungen locken Nützlinge in den Garten. Es genügt schon, wenn Sie in einige dicke Holzscheiben Löcher bohren und diese Brutröhren an sonnigen, geschützten Stellen aufhängen. Auch kleine Bündel aus Stroh oder Schilf werden als Nisthilfen von Insekten angenommen.
Auf die Marienkäfer und ihre Larven müssen Sie vor allem in den Frühlingswochen achtgeben. Wenn die ersten Blattläuse auftauchen, ist die Vermehrung der nützlichen Glückskäfer meist noch nicht weit genug fortgeschritten. Dann müssen Sie sich noch ein wenig in Geduld üben. Wenn Sie zu diesem Zeitpunkt mit Gift spritzen (dazu gehören auch die natürlichen Pyrethrum-Gifte!), treffen Sie damit neben den Läusen auch die Marienkäfer mit ihrem Nachwuchs. Dann haben Sie Ihre kleinen Helfer selbst umgebracht. Das Wechselspiel von Fressen und Gefressenwerden kann nicht mehr funktionieren.
Wenn Sie dagegen – im Vertrauen auf die Natur – ein bis zwei Wochen warten, dann werden Sie mit Freude und Erleichterung beobachten können, wie plötzlich Marienkäfer und ihre grauen, gelbgepunkteten Larven von allen Seiten auftauchen. Sie fressen sich beharrlich durch die inzwischen angesammelten »Läusevorräte«. Schon nach kurzer Zeit sind die Triebe der Rosen wieder »blank geputzt«!
Wenn Sie unter einer Wildsträucherhecke oder in einem stillen Gartenwinkel einen Haufen aus Laub und Reisig liegen lassen, bieten Sie dem Igel ein Zuhause an. In einer feuchten Ecke am Kompost nisten sich Blindschleichen gern ein. Wo ein Teich mit sumpfigen Ufern wartet, da wandern Frösche und Kröten von selber zu. Unter lockeren Steinen im Gebüsch findet die Spitzmaus einen Schlupfwinkel.
Alle diese Tiere sind natürliche Bundesgenossen des Gärtners. Fürchten Sie sich nicht vor der kupferfarbigen Blindschleiche – sie gehört nicht zu den Schlangen und ist so harmlos, daß Sie sie ohne Bedenken in die Hand nehmen können!
Auch durch die auf den ersten Blick wenig ansehnliche Spitzmaus mit ihrem langgezoge-

Mit solchen Nisthilfen locken Sie Insekten in den Garten.

Spitzmäuse sind Bundesgenossen des Bio-Gärtners!

nen Rüsselschnäuzchen sollten Sie sich nicht aus der Ruhe bringen lassen. Spitzmäuse nagen keine Pflanzen an. Sie tun auch dem Gärtner nichts zuleide – im Gegenteil! Wenn Sie die kleinen Mäuse im Schutz der Dunkelheit beobachten könnten, würden Sie sehen, daß sie jede Nacht große Mengen Schnecken, Insekten und sogar Maulwurfsgrillen fressen.
Auch Erdkröten, Grasfrösche, Blindschleichen und Igel gehen auf Schneckenjagd! Wenn Sie diesen Tieren im Garten Lebensräume anbieten, dann wird sich mit der Zeit wieder ein natürliches Gleichgewicht zwischen den gefräßigen Kriechtieren und ihren hungrigen Gegenspielern einpendeln!
Es gibt noch viele andere Beispiele für ein ebenso sinnvolles wie nützliches Zusammenwirken von Pflanzen, Tieren und Gärtnern bei der naturgemäßen Schädlingsabwehr. Für einen Biogarten-Anfänger ist es aber zunächst wichtig, diese Zusammenhänge kennenzulernen und soviel wie möglich durch eigene Beobachtungen zu lernen. Später können Sie sich dann in weiterführende Einzelheiten vertiefen.

Eine Blindschleiche können Sie unbesorgt in die Hand nehmen.

Eigenhändige Schädlingsabwehr

Vor allem in den ersten Jahren, wenn ein natürliches biologisches Gleichgewicht noch aufgebaut werden muß, benötigt die Natur auch die behutsame Mithilfe des Gärtners. In kleinen Gärten können größere Schäden oft schon durch einfache »Handarbeit« verhütet werden.

Aus kleinen Igeln werden große Schädlingsjäger.

Sammeln – Fallen stellen – Netze auslegen

Eier und Raupen der Kohlweißlinge finden Sie ohne große Mühe auf der Unterseite der Kohlblätter. Wenn Sie regelmäßig kontrollieren und absammeln, benötigen Sie keine Spritzmittel.
Kleinere Läuseansammlungen an Rosen, Margeritenstengeln oder Bohnen streifen Sie einfach mit den Fingern ab.
Wenn Sie halbierte Kartoffeln als Fallen auf den Gemüsebeeten auslegen, können Sie darin Drahtwürmer fangen.

Unter feuchten Blättern oder großen Rhabarberblättern suchen die Schnecken gerne tagsüber Schutz. In solchen Versteck-Fallen können Sie viele Tiere finden und einsammeln.
Unter speziellen Gemüsefliegennetzen sind Ihre Möhren und Zwiebeln vor der Eiablage schädlicher Fliegen geschützt.

Insekten machen sich aus dem Staub

Diese Aufforderung ist wörtlich gemeint: Wo Sie Gesteinsmehl oder Algenkalk über Ihre Pflanzen stäuben, da verlassen Läuse, Erdflöhe und andere kleine Insekten fluchtartig den äußerst unangenehm gewordenen Aufenthaltsort. Der feine Staub verklebt ihnen alle Poren. Diese Wirkung tritt allerdings nur bei trockenem Wetter ein. Wenn es regnet, wird die Staubschicht rasch von den Blättern abgewaschen.
Zum Verteilen und Stäuben des Steinmehls gibt es im Handel eine Spezialspritze.

Kräuterbrühen für den Pflanzenschutz

Neben den natürlichen Bundesgenossen aus dem Tierreich und der eigenhändigen Schädlingsabwehr spielen vor allem Kräuter und Kräuter-Brühen eine wichtige Rolle im biologischen Pflanzenschutz. Sie sollten sobald wie möglich eigene Erfahrungen auf diesem interessanten Gebiet sammeln.

Vertrauen in die sanften Kräfte

Kräuter heilen nicht nur die Leiden der Menschen; die Pflanzen aus der grünen Apotheke der Natur verhelfen auch dem Garten und seinen Gewächsen zu Gesundheit und Wohlergehen. Manche Gewürzpflanzen vertreiben allein durch ihre schlichte Anwesenheit und durch die starken Düfte, die sie verströmen, schädliche Insekten von ihren Nachbarn. Noch vielseitiger können die Wirkstoffe bestimmter Heilpflanzen für den ganzen Garten genützt werden, wenn Auszüge für die Schädlingsabwehr daraus hergestellt werden. Was der Hustentee für die Menschen, das ist die Kräuterbrühe für die Pflanzen!
Diese wirkungsvollen und doch umweltschonenden Spritzmittel kann jeder Gärtner preiswert und ohne großen Aufwand selber herstellen. Die Kräuterbrühen wirken in den meisten Fällen vorbeugend gegen Krankheits- und Schädlingsbefall; das heißt, sie kräftigen die Pflanzen und stärken ihre Widerstandskräfte, oder sie wirken durch Düfte, bittere Substanzen und andere Inhaltsstoffe abschreckend auf bestimmte Schädlinge.
Wenn Sie die natürlichen Spritzbrühen erfolgreich einsetzen möchten, müssen Sie die Pflanzen, mit denen sie zubereitet werden, ebenso genau kennen, wie die Methoden der Herstellung und die gezielte Anwendung.

Mit dieser Spezialspritze stäubt man Steinmehl über Läuse.

Brennesselernte für den naturgemäßen Pflanzenschutz.

Wenn Sie aufmerksam – nicht nur mechanisch – mit diesen Mitteln arbeiten, dann werden Sie den feinen Zusammenhängen in der Natur auf die Spur kommen. Eine regulierende Abwehr mit sanften Kräften der Kräuter ist sinnvoller als ein harter Schlag mit tödlichen Mitteln, die das ökologische Netz zerreißen.

Pflanzen für den Pflanzenschutz

Die Brennessel

Die Große und die Kleine Brennessel *(Urtica dioica* und *U. urens)* können gleichermaßen verwendet werden. Dieses ausdauernde Wildkraut gedeiht überall an Wegrändern, Böschungen und auch als »Unkraut« im Garten. Die Pflanzen bevorzugen humusreichen, stickstoffhaltigen Boden. Sie können die Stengel mit den »brennenden« Blättern vom Frühling bis zum Sommer schneiden, solange sie noch keine Samen angesetzt haben. Auch getrocknetes Brennesselkraut ist zum Ansetzen von Jauche verwendbar. Für den Kaltwasser-Auszug eignen sich aber nur ganz frische Blätter.

Verdünnte Brennesseljauche dient vor allem der Stärkung der Pflanzen. Sie wird entweder als raschwirkende Flüssignahrung in den Wurzelbereich gegossen oder über die Blätter versprüht. Der Kaltwasser-Auszug aus frischen Brennesseln wird als direktwirkende Spritzung gegen Blattläuse eingesetzt; empfehlenswert ist ein Versuch allerdings nur bei einem geringem Befall.
Die Wirkung ist umstritten; nicht nur von offiziellen Testversuchen, sondern auch aus privaten Biogärten wird öfter berichtet, daß Läuse von der »beißenden Brühe« ziemlich unbeeindruckt blieben.

Farnkraut

Wurmfarn *(Dryopteris filix-mas)* und der Adlerfarn *(Pteridium aquilinum)* wachsen vor allem in Mischwäldern. Die kalireichen Blattwedel werden von Juni bis September gesammelt. Sie sind frisch oder getrocknet brauchbar. Jauche oder Brühe aus Farnkraut wirkt gegen verschiedene Läusearten; die verdünnte Flüssigkeit wird vor allem im Vorfrühling als vorbeugende Obstbaumspritzung eingesetzt.

Rainfarn

Das weitverbreitete Wildkraut *(Tanacetum vulgare)* gehört nicht zu den Farnen, sondern zu den Korbblütlern. Die 50–150 cm hohen Stauden mit den knopfartigen gelben Blüten wachsen an Böschungen, Wegrändern und auf sonnigem Ödland. Von Juli bis August können Sie das blühende Kraut sammeln. Es wird frisch oder getrocknet verwendet.
Rainfarn ist seit alten Zeiten als Ungeziefer-Kraut bekannt. Die Wirkung beruht auf giftigen Inhaltsstoffen und auf dem eigenartigen Geruch. Das ganze Kraut mit Blättern und Blüten wird als Tee aufgebrüht. Es ist aber auch möglich, Brühe daraus herzustellen.
Rainfarn wirkt vor allem gegen Milben. Gemischt mit Schachtelhalm-Brühe bewährt sich das Kraut als vorbeugende Spritzung gegen Pilzerkrankungen wie zum Beispiel Mehltau und Rost.

Wermut

Das bittere Kraut *(Artemisia absinthium)* mit dem strengen Geruch wächst an warmen, trokkenen Plätzen. Es wird auch oft im Garten als Heilkraut angepflanzt. Schon in den mittelalterlichen Kräuterbüchern wird Wermut als abschreckendes Mittel gegen mancherlei Ungeziefer beschrieben. Wermut-Jauche und Wermut-Tee werden im Garten zur Abwehr von Läusen, Ameisen und Raupen eingesetzt. Eine spezielle Wirkung hat Wermut als Vorbeugung gegen den Johannisbeerrost. Das Kraut wird im Sommer, vor der Blüte, gesammelt. Es kann frisch oder getrocknet verwendet werden.

Schachtelhalm

Diese Pflanze, die auch Zinnkraut *(Equisetum arvense)* genannt wird, stammt aus den Urzeiten der Erde; das Kraut ist außerordentlich reich an Kieselsäure. Diese Substanz stärkt, wenn sie regelmäßig über die Blätter gesprüht wird, die Zellen an der Oberfläche. Das Gewebe wird fest und widerstandsfähig. Dadurch können Pilzsporen sich nicht mehr so leicht ansiedeln und ausbreiten.

Die festigenden Eigenschaften der Kieselsäure erklären sehr einleuchtend die erfolgreiche, vorbeugende Wirkung der Schachtelhalm-Brühe gegenüber Pilzerkrankungen. Wichtig ist, daß solche Spritzungen regelmäßig – möglichst bei sonnigem Wetter – vom Frühling bis zum Sommer durchgeführt werden. Der Abstand sollte zwei bis drei Wochen betragen; behandelt werden die Blätter gefährdeter Pflanzen.

Aus Schachtelhalm – getrocknet oder frisch – wird eine Brühe aufgekocht, die verdünnt im Verhältnis 1:5 ausgespritzt wird.

Zwiebeln und Knoblauch

Die uralten Heilpflanzen Zwiebel *(Allium cepa)* und Knoblauch *(Allium sativum)* enthalten schweflige ätherische Öle und antibiotische Substanzen. Diese wertvollen Inhaltsstoffe, die auch in der Medizin genutzt werden, helfen im Garten bei der vorbeugenden Abwehr von Pilz-

Kräuter, die sich für schädlingsabwehrende Brühen bewährt haben: Rainfarn, Wermut, Schachtelhalm (von links nach rechts).

Gesammelt am Wegrand und im Kräutergarten: Brennesseln, Wurmfarn, Rainfarn, Schachtelhalm und Wermut.

erkrankungen. Aus beiden Zwiebeln können Sie eine pflanzenkräftigende Jauche herstellen.

Gemüse
Aus den Blättern einiger Gemüsearten können Sie ebenfalls wirksame Brühen für die Schädlingsabwehr herstellen.

Tomatenblätter werden etwa drei Stunden in kaltem Wasser angesetzt. Diesen Auszug verspritzt man verdünnt über die Kohlpflanzen, um die Kohlweißlinge abzulenken. Wirksam ist in diesem Fall der strenge Tomatengeruch, der die Schmetterlinge irritiert.

Rhabarberblätter können Sie als Grundlage für einen konzentrierten Tee benutzen, der sich vor allem als Mittel gegen Läuse bewährt hat. Möglicherweise spielt dabei der hohe Oxalsäuregehalt der Pflanzen eine Rolle.

Kohl liefert mit seinen Außenblättern die Grundlage für eine Jauche, die Gemüsepflanzen, vor allem Jungpflanzen, kräftigt und widerstandsfähig gegenüber Schädlingen und Krankheiten macht.

Die Grundrezepte

Nach den folgenden Grundrezepten können Sie aus allen beschriebenen Pflanzen Ansätze für die Schädlingsabwehr herstellen. Im Durchschnitt brauchen Sie für 10 Liter Wasser 1 kg frisches Kraut oder 150 g getrocknete Droge. Diese Mengen gelten für Brennesseln, Schachtelhalm, Beinwell und Farnkraut. Von Rainfarn oder Wermut nehmen Sie 300 g frisches Kraut oder 30 g getrocknete Droge für 10 Liter Wasser.
Für eine intensive Knoblauch-Zwiebel-Jauche brauchen Sie 500 g von beiden gemischt auf 10 Liter Wasser. Zwei Handvoll Tomatenblätter reichen für 2–3 Liter Wasser. Ein Pfund Rhabarberblätter wird mit 3 Liter Wasser überbrüht.

Jauche
Alle Kräuterjauchen werden nach dem gleichen Rezept hergestellt wie die Brennesseljauche auf Seite 105.
Wenn Sie die Jauche an die Wurzeln gießen, brauchen Sie eine Kanne ohne Brause. Pflanzenreste stören dann nicht. Wird die Flüssig-

keit dagegen mit einer Druckspritze über die Blätter verteilt, dann muß sie sorgfältig durch ein Tuch gefiltert werden, damit die Düse nicht verstopft.
Für allgemein stärkende Jauchen, die die Abwehrkräfte der Pflanzen mobilisieren, eignen sich außer Brennesseln auch Mischungen mit Schachtelhalm, Beinwell, Zwiebeln, Schnittlauch, Kamille, Löwenzahn, Hirtentäschel und ein paar Zweige verschiedener Gartenkräuter, wie zum Beispiel Majoran, Ysop und Pfefferminze.

Brühe
Die frischen oder getrockneten Pflanzen werden zunächst in Wasser eingeweicht. Nach 24 Stunden kochen Sie diesen Ansatz auf und lassen die Brühe anschließend noch etwa eine halbe Stunde bei geringer Hitze sieden. Für größere Mengen sind alte emaillierte Einkochtöpfe sehr praktisch.
Nach dem Abkühlen gießen Sie die konzentrierte Flüssigkeit durch ein Haarsieb. Wenn Sie sichergehen wollen, daß keine Pflanzenteile in die Spritzbrühe gelangen, die die Düsen verstopfen können, dann legen Sie zusätzlich ein Tuch in das Sieb. Ein schon etwas fadenscheiniges, oft gewaschenes Taschentuch oder eine Windel eignen sich dafür gut.
Als Brühe wird vor allem Schachtelhalm angesetzt. Aber auch Rainfarn, Wermut und Farnkraut können Sie nach diesem Rezept verarbeiten.

Tee
Dieses Rezept ist besonders unkompliziert. Der Tee für die Pflanzenspritzungen wird genauso hergestellt wie Kräutertee für den Hausgebrauch. Übergießen Sie die frischen oder getrockneten Pflanzen mit kochendem Wasser, und lassen Sie den Ansatz 10–15 Minuten zugedeckt ziehen. Dann wird der Tee abgesiebt und nach dem Abkühlen nach Vorschrift verwendet.
Geeignete Pflanzen für diese Zubereitung sind Schachtelhalm, Rainfarn und Wermut.

Kaltwasser-Auszug
Die frischen Blätter verschiedener Pflanzen werden 3 bis höchstens 24 Stunden in kaltem Wasser eingeweicht. Die Flüssigkeit darf niemals gären!
Dieser Ansatz wird dann abgesiebt und unverdünnt sofort verwendet. Geeignet sind vor allem Brennesseln und Tomatenblätter.

Was hilft gegen . . .

Läuse, Milben und andere Insekten
Stärken Sie die Pflanzen im Gemüse-, Obst- und Blumengarten mit Brennessel- oder gemischter Kräuterjauche. Spritzbrühen aus Farnkraut, Rainfarn, Wermut oder Rhabarberblättern helfen gegen die weichhäutigen, saugenden Insekten. Der bittere Wermuttee wird auch gegen Raupen (Kohlweißlinge) und Obstmaden (Apfelwickler) eingesetzt.

Pilzerkrankungen
Vorbeugend gegen Mehltau, Rost, Krautfäule und andere Pilzinfektionen bewährt sich vor allem die regelmäßige Spritzung mit Schachtel-

Der Rost an Johannisbeerblättern ist eine Pilzerkrankung.

Gefürchtet bei naß-kaltem Wetter: die Braunfäule der Tomaten.

halm-Brühe. Rainfarn-Tee können Sie als zusätzliche Verstärkung unter die Schachtelhalmbrühe mischen. Mit Wermut-Tee werden vor allem die Johannisbeersträucher vorbeugend gespritzt. Knoblauch- und Zwiebel-Jauche beugen ebenfalls Pilzbefall vor. Bewährt haben sie sich vor allem bei Erdbeeren.

Alle Spritzbrühen, die gegen Pilzbefall eingesetzt werden, sollten nicht nur über die Blätter, sondern auch über den Boden unter den Pflanzen gesprüht werden. Voraussetzung für eine zufriedenstellende Wirkung der natürlichen Spritzmittel sind gesunde Wachstumsbedingungen und eine konsequente Anwendung der wichtigsten Grundregeln des biologischen Gartenbaus. Erst im naturgemäßen Zusammenhang können diese Mittel ihre helfende Rolle voll entfalten.

Die nützliche Rolle der Schnecken: Abfallbeseitigung!

Daran führt kein Weg vorbei: die Schnecken

Viele Plagen kann ein Gärtner überstehen, ohne daß seine naturfreundliche Weltanschauung ins Wanken gerät. Er weiß, daß die Läuse seinen Garten niemals ganz kahl fressen werden. Der Grauschimmel an den Erdbeeren verursacht ihm keine Depressionen. Selbst Madengänge in den Möhren kann er einigermaßen gelassen hinnehmen. Aber eine Heimsuchung ist fast so schlimm wie die Heuschreckenschwärme im Alten Testament: die Schnecken. An diesem Problem führt kein Weg vorbei. Die massenhafte Vermehrung der unersättlichen Kriechtiere bringt junge Gärtner und alte Hasen gleichermaßen zur Verzweiflung! Es gibt Gärten, in denen keine junge Aussaat, keine Dahlientriebe, keine Salatpflanzen und keine Tagetessämlinge überleben. In solchen Situationen fällt es schwer, sich mit klugen Gedanken an das ökologische System zu trösten. Die Enttäuschung ist einfach zu groß.

Damit Sie nicht gleich am Anfang Ihrer Biogärtner-Laufbahn resignieren, finden Sie in diesem Sonderkapitel eine ganze Sammlung hilfreicher Mittel und Tricks. Wunder sind nicht dabei, aber zahlreiche praktische Ratschläge, mit deren Hilfe Sie Schäden und Schädlinge in erträglichen Grenzen halten können.

<u>Allgemeine Maßnahmen</u>

Verlieren Sie vor allem das wichtigste nie aus den Augen: Versuchen Sie im Rahmen des ökologischen Gleichgewichtes so viele Schneckenvertilger wie möglich in Ihrem Garten heimisch zu machen: vor allem Igel, Kröten, Blindschleichen und Spitzmäuse.

Vermeiden Sie außerdem alles, was den Schnecken zu einem angenehmen Leben mitten zwischen den Nutz- und Zierpflanzen verhelfen kann. Legen Sie nie dicke, nasse Mulchdecken aus. Nehmen Sie statt dessen dünnen, angetrockneten Grasschnitt, der öfter erneuert wird. Unter diesem Material können sich die Tiere nicht verkriechen.

Eine rote Wegschnecke bei der Eiablage.

In nassen Sommerwochen verzichten Sie auf schweren Böden besser eine Zeitlang ganz auf das Mulchen. Hacken Sie die Erdoberfläche öfter leicht durch. Dadurch werden die kleinen grauen Nacktschnecken in ihren Verstecken aufgestört.
Bringen Sie niemals aufgesammelte Schnecken zum Kompost. Die Tiere finden dort ideale Vermehrungsmöglichkeiten. Sie verteilen den Schneckennachwuchs dann mit dem Humus auf allen Gartenbeeten!
Achten Sie vor allem im Herbst auf Schneckeneier. Bei der Bodenlockerung können Sie auf »Nester« in der Erde stoßen, in denen perlweiße Kugeln liegen. Sammeln Sie diese Eier sorgfältig ein; dadurch können Sie die Schnekkenmengen des nächsten Jahres reduzieren.

Sammeln und Fallen stellen

Scheuen Sie keine Mühe, im Frühling und Sommer so viele Schnecken wie möglich einzusammeln. Die Tiere kommen normalerweise erst in der Dämmerung aus ihren Verstecken und gehen während der Nacht auf Nahrungssuche. Im Licht einer Taschenlampe können Sie sie gut im Dunkeln entdecken. Bei regnerischem Wetter kriechen die Schnecken auch am Tag über nasse Wege und Pflanzen.

Durch intensives, konsequentes Sammeln reduzieren Sie die Schneckenmengen beträchtlich; auch die Vermehrungsrate wird geringer. Bleibt die Frage: Wohin mit den eingefangenen Tieren? Die beste und friedfertigste Lösung haben Sie sicher dann gefunden, wenn Sie die Tiere – weit entfernt von Gärten – an einem Wiesenrand wieder aussetzen. Wo dies nicht möglich ist, da bringt das Übergießen mit kochendem Wasser einen raschen Tod. Alles andere bedeutet unnötige Qualen, die kein naturliebender Gärtner verantworten kann.
Sie können sich das Auffinden der Schnecken sehr erleichtern, wenn Sie in der Nähe gefährdeter Beete alte modrig-feuchte Bretter, nasse Säcke oder große Blätter auslegen. Gegen Morgen ziehen sich die Kriechtiere in feuchtdunkle Verstecke zurück, wo sie vor der Sonne geschützt sind. Dort können Sie sie dann leicht auffinden.
Eine tödliche Falle sind dagegen Gefäße, die mit einer Bierfüllung die Schnecken anlocken. Graben Sie zwischen Salatpflanzen Joghurtbecher oder Quarkbecher in den Boden ein. Gießen Sie Bier hinein, so daß die Fallen zu zwei Dritteln mit dem Getränk gefüllt sind. Ein breiter Rand muß unbedingt freibleiben, damit die Schnecken sich tief zum Bier hinunterbeugen müssen. Sie fallen dann in den Becher und ertrinken. Bei Regenwetter stülpen Sie ein

Unter modrigen Brettern verstecken sich die Schnecken gern.

Frisches Bier lockt Schnecken in die Falle.

zweites größeres Plastikgefäß über die Bierfalle, damit das verlockende Gebräu nicht verwässert wird. Seitlich müssen Sie natürlich Eingänge freischneiden. Mit einem Drahtbügel wird das regenfeste Dach im Boden verankert. Falls Sie nicht zu den geschickten Bastlern gehören, können Sie serienmäßig hergestellte Schneckenfallen im Handel kaufen.

Hindernisse errichten

Schon unsere Großmütter streuten dicke Schutzringe aus Sägemehl rund um die keimenden Stangenbohnen. Die Schnecken scheuen das trockene Material, das an ihrer schleimigen Bauchseite kleben bleibt. Abwehrstreifen aus scharfkörnigem Sand oder aus Kalk üben ebenfalls einen gewissen Schutz für die umgrenzten Pflanzen aus. Wenn es regnet, läßt die Wirkung solcher Hindernisse aber rasch nach. Gerade dann, wenn die meisten Schnekken unterwegs sind!

Manche Biogärtner haben gute Erfolge mit besonderen Mulchdecken erzielt. Sie verwenden zum Beispiel Stroh, Gerstenspreu, Farnblätter oder scharfkantigen Schilfschnitt, um die Schnecken von ihren Beeten fernzuhalten.

Die sicherste Schneckenabwehr bieten aber die sogenannten Schneckenzäune. Diese bestehen aus einer Einfassung, deren oberste Kante in spitzem Winkel nach außen gebogen ist. Dieses Profil können die Schnecken nicht übersteigen. Schneckenzäune können aus Einzelelementen beliebig zusammengebaut werden. Sinnvoll ist es zum Beispiel, wenn Sie im Frühling ein Beet mit zarten Salat- und Kohlrabipflanzen damit eingrenzen. Die Systeme können auch zu Frühbeeten mit einer passenden Abdeckung ausgebaut werden. Dann sind alle Aussaaten vor Schnecken geschützt! Tiere, die sich beim Aufbau noch in der Erde befinden, können leicht abgesammelt werden.

Im Handel sind zwei erprobte Systeme: der Schweizer Schneckenzaun besteht aus sehr stabilen verzinkten Blechen. Ein deutsches Modell wird aus braunem Kunststoff hergestellt (Bezugsquellen finden Sie im Anhang).

Wenn es Ihnen gelingt, die empfindlichen Jungpflanzen vor den Schnecken zu schützen, dann haben Sie den schwierigsten Teil des Problems gelöst. Größere Gewächse mit festen Blättern sind bei den Tieren nicht mehr besonders begehrt.

Vergessen Sie trotz aller kummervollen Enttäuschungen, die Ihnen die Schnecken bereiten, nie, daß auch diese Tiere ein Teil der Schöpfung sind. Verfallen Sie nicht in haßerfülltes Morden. Nutzen Sie nur alle Möglichkeiten, um die Plage auf ein erträgliches Maß zu reduzieren.

Trockene Sägespäne sind den feuchten Kriechtieren unangenehm.

Es gibt noch eine Fülle von Tricks und Hausmitteln, die bei der naturgemäßen Schädlingsabwehr angewendet werden. Darüber können Sie sich in ausführlicher Spezialliteratur informieren. Einige wichtige Titel für weiterführende Lektüre finden Sie im Anhang auf Seite 153.
In diesem Kapitel geht es vor allem darum, Ihnen Mut für den Anfang zu machen und Sie mit den ersten wichtigen Hilfsmitteln vertraut zu machen.

Bio-Pflanzenschutz im Handel

In diesem Zusammenhang ist es auch wichtig, daß Sie inzwischen gute Pflanzenschutz-Präparate auf natürlicher Basis kaufen können. Denn nicht jeder Gärtner hat die Zeit, alle Spritzbrühen selber herzustellen.
Im Handel werden vor allem Produkte angeboten, die vorbeugend gegen Krankheiten und Schädlinge wirken. Sie stärken die Widerstandskräfte der Pflanzen. Dazu gehören zum Beispiel Algen- und Wildkräuter-Präparate, Schachtelhalm-Präparate und Produkte auf der Basis von Steinmehl.
Für den direkten »Feuerwehreinsatz« werden meist Pyrethrum-Präparate angeboten, die Läuse, Milben und andere kleine Insekten durch natürliche Giftstoffe aus afrikanischen Margeritenblüten abtöten. Bakterienmittel (aus *Bacillus thuringiensis*) sind sehr wirkungsvoll gegen Kohlweißlingsraupen und Erdraupen.
Für Anfänger ist es wichtig zu wissen, daß auch natürliche Giftstoffe, wie zum Beispiel das Py-

Ein unüberwindliches Hindernis: die Kante des Schneckenzaunes.

rethrum, Schäden im Ökonetz anrichten können. Diese Mittel sind zwar ungefährlich für Kinder, Haustiere und Bienen, sie treffen aber Nutzinsekten genauso tödlich wie die Läuse.
Deshalb ist die Entwicklung selektiv wirkender Präparate, die gezielt nur bestimmte Lebewesen treffen, alle anderen aber unversehrt lassen, besonders begrüßenswert. Hier steht die Forschung noch am Anfang. Im Handel sind erst wenige Bio-Präparate dieser Art zu finden. Sie sollten ihnen aber, wo immer dies möglich ist, den Vorzug geben.
Sehr wichtig ist es auch, daß Sie beim Kauf auf seriöse Produkte achten. Die folgende Tabelle zeigt Ihnen einige empfehlenswerte Präparate; die Auswahl erhebt keinen Anspruch auf Vollständigkeit. Sie ist auf die Bedürfnisse des Gartenanfängers abgestimmt, der im Notfall rasche Hilfe finden soll.

Pflanzenschutzmittel, die Sie kaufen können

Pflege- und Stärkungsmittel

Mittel	Inhaltsstoffe	Anwendung	Wirkung
Neudorffs Algan	Braunalgen-Extrakt, enthält u. a. 70 Spurenelemente	in Wasser verdünnen, als Blattdüngung ausspritzen, vorbeugend mehrmals während der Hauptwachstumszeit	fördert gesundes Wachstum, stärkt die Widerstandskraft gegen Schadinsekten und Pilzinfektionen
Algifert-Plus-Flüssigextrakt	konzentrierte Mischung aus Nordmeeralgen, Wildkräutern und organischen Düngemitteln	spritzen oder gießen, vorbeugend von Mai bis Herbst, im Abstand von 3–4 Wochen	wirkt zellstärkend und gesundend, beugt Pilzerkrankungen und Schädlingsbefall vor
Dr. Schaette Polymaris-Pflanzenkräftiger	Meeresalgen, Auszüge aus Wildkräutern, Knoblauch und Zwiebeln, Reifekompost	während der Vegetationszeit alle 14 Tage über die Pflanzen spritzen oder gießen	fördert die Wurzelbildung und das Wachstum, erhöht die Widerstandskraft gegen Pilzinfektionen
Preicobakt Bio-Baumanstrich	Pflanzendrogen, pflanzlich-mineralische Natursubstanzen (z. B. natürliche kieselsaure Salze, Tonerden)	breiartiges Mittel, das im Spätherbst oder im Februar auf Baumstämme und Äste gestrichen wird; kann in stärkerer Verdünnung auch ausgespritzt werden.	Pflege von Obstbäumen und Beerensträuchern; vorbeugender Schutz gegen Schädlinge, Frostrisse und Knospenfraß

Mittel gegen Pilzerkrankungen

Mittel	Inhaltsstoffe	Anwendung	Wirkung
Bio-Blatt Mehltaumittel	Lecithin aus der Sojapflanze	vorbeugend jede Woche von Mai bis August auf Blätter und Früchte spritzen	stärkt die Widerstandskraft gegen Pilzerkrankungen; wirkt auch direkt, wenn Pflanzen von Echtem Mehltau befallen sind
Neudo-Vital	natürliche Fettsäuren und Pflanzen-Extrakte	gefährdete Pflanzen ein- bis zweimal im Monat vorbeugend besprühen	stärkt die Widerstandskraft gegen Grauschimmel an Erdbeeren, sowie Schorf an Äpfeln und Birnen; auch gegen Kraut- und Braunfäule an Tomaten sowie Kraut- und Knollenfäule an Kartoffeln; stärkt Rosen gegen Mehltau, Rost und Sternrußtau

Mittel gegen Pilzerkrankungen (Fortsetzung)

Mittel	Inhaltsstoffe	Anwendung	Wirkung
Bio-S Ledax-san	Kräuterpräparate u. a. aus Brennesseln, Schachtelhalm und Zwiebelgewächsen; Zusatz von Netzschwefel	vorbeugend von Mai bis Herbst alle 14 Tage spritzen; bei starkem Pilzbefall öfter	Stärkung der Widerstandskraft gegen Pilzinfektionen; besonders wirksam im Obstbau gegen Schorf
Equisan	Wildkräuter-Konzentrat, vor allem Schachtelhalm	vorbeugend vom Blattaustrieb an spritzen; auch den Boden unter den Pflanzen; bei starkem Ausbruch von Pilzerkrankungen in kurzen Abständen öfter spritzen	stärkt die Widerstandskraft gegen Pilzerkrankungen bei Obst, Gemüse und Blumen
Neudorffs Schachtelhalm-Extrakt	Schachtelhalm		

Mittel gegen Insekten und kleine Tiere

Mittel	Inhaltsstoffe	Anwendung	Wirkung
Neudosan	Kaliumsalze, natürliche Fettsäuren	gezielt ausspritzen bei akutem Schädlingsbefall	selektiv wirkendes Mittel, das Nützlinge schont! Wirksam gegen saugende Insekten und Spinnmilben, vor allem Blattläuse, Weiße Fliege und Rote Spinne
Spruzit flüssig Spruzit-Staub Ledax-wg Oscorna Insektenschutz	Pyrethrum-Blütenextrakt	nur im Notfall bei großer Schädlingsgefahr anwenden; gezielt und möglichst begrenzt einsetzen	tötet Läuse, Weiße Fliege, Spinnmilben, Fraßkäfer, Larven, Raupen, Erdflöhe Achtung: trifft auch Nützlinge!
Dipel Neudorffs Raupenspritzmittel	Bakterien *(Bacillus thuringiensis)* in Pulverform	Pulver in Wasser auflösen und ausspritzen, wenn Raupen verstärkt auftauchen	hilft gegen Raupen von Kohlweißlingen, Kohleulen und Kohlmotten, außerdem gegen Frostspanner und Gespinstmotten. Gezielte Wirkung, andere Schmetterlingsarten sind nicht gefährdet!
Kirschfliegenfalle Neudorffs Gelbtafeln	mit Leim präparierte Tafeln, die durch ihre gelbe Farbe bestimmte Insekten anlocken	die Kirschfliegenfalle muß in die Bäume gehängt werden, wenn die Kirschen sich gelb färben (Flugzeit der Fliegen) Die Gelbtafeln werden im Gewächshaus aufgehängt.	gegen Kirschfruchtfliegen im Garten; Gelbtafeln gegen Weiße Fliegen, Minierfliegen und Trauermücken im Gewächshaus

Bio-Garten-Variationen

Wenn Sie bis zu diesem Kapitel vorgedrungen sind, haben Sie fürs erste genug »geackert«. Mit grüner Philosophie und praktischen Tips sind Sie reichlich versorgt. Nun dürfen Sie zur Erholung ein wenig »spielen« – mit verlockenden Gartenbildern.

Jeder Gärtner hegt seine geheimen Paradiesträume. Frei von allen Plagen entwirft er im Geist die herrlichsten Anlagen. Die Phantasie feiert rauschende Feste: Sie schwelgt im Duft alter Rosen und würziger Kräuter; sie wandelt durch wogende Wiesen voller Blumen und Schmetterlinge; sie labt sich am Anblick süßer Früchte und makelloser Salatköpfe.

Träume sind Balsam für die Schrammen, die sich der Gärtner im dornigen Alltag holt. Noch wohltuender aber sind Träume, die sich in blühende Wirklichkeit umwandeln. Eine Fülle von Anregungen zur Gestaltung eines traumhaften Biogartens finden Sie in den folgenden Kapiteln. Praktische Vorschläge für die unterschiedlichsten Gartensituationen sollen Ihnen dabei behilflich sein, Lösungen zu finden, die auch in der oft rauhen Wirklichkeit Bestand haben.
Suchen Sie sich unter den folgenden Variationen zum Thema Biogarten Ihren Traum aus. Aber geben Sie acht, daß er auf Ihrem Grundstück, in Ihrer Erde und in Ihrem Klima auch gedeihen kann.

Ein bunter Bio-Bauerngarten

Der bäuerliche Hausgarten wurzelt in einer Jahrhunderte alten Tradition. Er hatte immer die Aufgabe, frisches Gemüse, Salat und Gewürze für die Küche zu liefern. Gleichzeitig versorgte er die Hausapotheke mit Teekräutern, Ringelblumensalbe und allerlei bewährter Naturarznei. Zwischen der Fülle nützlicher Gewächse leuchteten aber auch überall bunte Blumen, die die Bäuerin mit besonderer Liebe pflanzte, pflegte und vermehrte. Neben duftenden Fliederbüschen und prächtigen alten Pfingstrosen wuchsen Goldlack, Vergißmeinnicht, Nelken, Astern, Sonnenblumen und farbenfrohe Dahlien. Sie schmückten den harten ländlichen Alltag mit fröhlicher Verschwendung. Diese Mischung aus Nützlichem, Heilsamem und Schönem gedieh hervorragend miteinander. Die grün-bunten Nachbarschaftsverhältnisse bewährten sich auch in der Praxis. Sie förderten das Wachstum und reiche Ernten. Die üppige und doch wohlgeordnete Vielfalt des Bauerngartens gehört zu den lebendigen Vorbildern des Biogartens. Die Praxis der Mischkulturen greift die bäuerliche Tradition mit veränderten Vorzeichen wieder auf. So finden zahlreiche Gärtner durch die naturgemäße Methode den Weg zurück zu Großmutters buntgeblümten Gartenfreuden.
Wenn Sie auch zu denjenigen gehören, die vom malerischen Bauerngarten träumen, dann brauchen Sie, um dieses Wunschbild zu verwirklichen, nicht die vorhandene Anlage umzupflügen. Es genügt schon, wenn Sie einige typische Elemente des Bauerngartens in Ihren Garten einfügen. Dann können Sie sich schon bald an harmonischen Pflanzengemeinschaften, wohlschmeckenden Ernten und zauberhaften Sommerbildern erfreuen.

Buchsbaum und kleine Beete

Im klassischen Bauerngarten, der nach dem Vorbild alter Klostergärten angelegt wurde, spielten Buchsbaum und symmetrische Beeteinteilungen eine wichtige Rolle. Planen Sie in dieser Tradition einen kleinen Garten im Garten. Ein Viereck oder ein Rechteck wird durch zwei Hauptwege unterteilt. In der Mitte, wo sie sich kreuzen, legen Sie ein Rondell an. Die vier

Typischer Bauerngarten-Ausschnitt – zum Nachahmen geeignet.

Flächen, die so entstehen, können, wenn sie groß genug sind, noch einmal durch schmalere Wege in kleine Beete gegliedert werden. Mit Ziegelsteinen, Rindenmulch oder Kieselsteinen werden diese Gartenpfade befestigt.
Sehr dekorativ und stilecht wirkt eine Buchsbaumeinfassung. Es genügt aber, wenn Sie die beiden Hauptwege und das Rondell in der Mitte mit dieser immergrünen, niedrigen Hecke markieren. Verwenden Sie dafür *Buxus sempervirens* 'Suffruticosa', der langsam wächst und gut in Form geschnitten werden kann. Pflanzen bekommen Sie in guten Baumschulen, manchmal auch im Gartencenter.
Als Schmuckstück und Blickfang im Rondell können Sie eine Hochstammrose pflanzen. Unempfindlicher sind Hortensien, Pfingstrosen oder Dahlien. Sehr reizvoll wirken auch ein- oder zweijährige Sommerblumen. Mit Fuchsschwanz, Schmuckkörbchen, Sonnenblumen, Trichtermalven, Königskerzen oder Fingerhut können Sie Sommer für Sommer ein neues Bild erblühen lassen.
Auf den kleinen Gartenbeeten, die leicht zu pflegen sind, finden Kräuter, Salat, ein wenig Gemüse und Blumen Platz. Säen Sie zum Beispiel eine Reihe Buschbohnen aus, die an den Rändern von Bohnenkraut und Ringelblumen begleitet wird. Zwischen den Salatköpfen streuen Sie ein paar Körner Dill und Kerbel aus. Kohlrabi, Radieschen und Kresse gedeihen gut zusammen. Knackig junge Möhrchen und würzige Schalotten halten ebenfalls harmonische Nachbarschaft. Schnittsalat, Schnittlauch und Monatserdbeeren können als platzsparende Randpflanzung eingegliedert werden. Vergißmeinnicht und Maßliebchen bilden eine Beetbegrenzung, die farbenfroh und lieblich anzuschauen ist.

Vorgarten mit Rosen, Stockrosen und hohen Königskerzen.

Kräuterbeet mit Blumenschmuck

Wenn Sie nur wenig Platz übrighaben, können Sie schon mit einem einzigen Beet den Charme und den Duft des Bauerngartens einfangen. Wählen Sie dafür einen sonnigen Platz. Nachdem der Boden sorgfältig gelockert und vorbereitet ist, pflanzen Sie einige ausdauernde Staudenkräuter, wie zum Beispiel Melisse, Estragon, Salbei, Lavendel, Origano und Ysop. Eine alte Duftrosensorte, ein paar Madonnenlilien, Akeleien, Tränendes Herz, Goldlack, Königskerzen und eine Einfassung aus duftenden Federnelken lassen sich gut mit den würzigen Kräutern kombinieren. Zusammen ergeben sie ein anmutig-altmodisches Gartenbild.

Bauernblumen zum Empfang

Wenn in Ihrem Vorgarten genügend Platz und Sonne vorhanden ist, können Sie dort ein üppiges Beet mit typischen Bauerngartenblumen anlegen. Für Ihre Familie, für Besucher und für Vorübergehende ist das ein heiterer Willkommensgruß. Wählen Sie hier ein- und zweijährige Blumen, die Sie preiswert selber aussäen und jedes Jahr neu zusammenstellen können. Geeignet sind zum Beispiel Stockrosen, Marienglockenblumen, Kartäusernelken, Gold-

lack, Fingerhut, Bechermalven, Reseda, Fuchsschwanz, Schleierkraut, Rosenbalsaminen, Jungfer im Grünen, Klarkien, Schmuckkörbchen, Astern und Ringelblumen.
Achten Sie bei der Auswahl und Pflanzung darauf, daß die Farben harmonisch zueinander passen, daß die Blütezeiten sich abwechseln und daß die Blumen genügend Platz zur Entfaltung haben. Hohe Gewächse, wie zum Beispiel die Stockrosen, müssen im Hintergrund stehen, am besten vor der Hauswand. Auch Fingerhüte und Schmuckkörbchen erreichen leicht 1,50 m Höhe. Reseda, Goldlack und Kartäusernelken können dagegen am vorderen Rand des Beetes stehen.
Ein Stückchen Bauerngarten läßt sich fast überall hervorzaubern, wenn Sie die richtigen Pflanzen auswählen und für eine bunte, aber wohldurchdachte Mischung von Nützlichem und Schönem, von Würzigem und Heilkräftigem sorgen.

Blumengarten mit Naschecken

Ein gutgewachsener Salatkopf hat die Form einer üppigen Rose. Ganz unvoreingenommen betrachtet, kann sich dieses »Nutzgewächs« durchaus neben der »Königin der Blumen« sehen lassen. Wenn Sie zu den zahlreichen Gartenbesitzern gehören, die sich mit 100–300 m² zufriedengeben müssen, dann ist eine Aufteilung des Grundstücks in Zier- und Gemüsegarten kaum möglich. Noch schwieriger wird es, wenn ein kleiner Garten bereits dicht eingewachsen ist mit Gehölzen, Stauden, Rosen und Rasen. Für die Anlage von Gemüsebeeten ist nirgends Platz vorhanden – es sei denn, sie schaffen ihn mit der Axt.
Erfüllen Sie sich den Wunsch nach frischgeerntetem Salat und sonnenwarmen Tomaten lieber durch eine phantasievolle, lockere Mischung. Legen Sie einen Blumengarten mit Naschecken an! Darin können Sie Ihre Rosen mit Kräutern würzen und Erdbeeren am Wegrand pflücken. Wenn Sie sich einmal vom üblichen Grundschema loslösen, fällt eine vielseitige Gartennutzung gar nicht so schwer. Viele Grundstücke sind von einer Rasenfläche in der Mitte beherrscht; an den Rändern grenzen meist Gehölze den Garten ab; irgendwo seitlich gibt es noch ein Rosenbeet oder eine Staudenrabatte. Die folgenden Vorschläge sollen als Anregung dienen, wie man in einer solchen Situation ein wenig Gemüse, Naschobst und Kräuterwürze einordnen und dennoch einen hübschen Garten behalten kann.

Heiter und locker kombiniert: Salat und Erbsen zwischen Blumen.

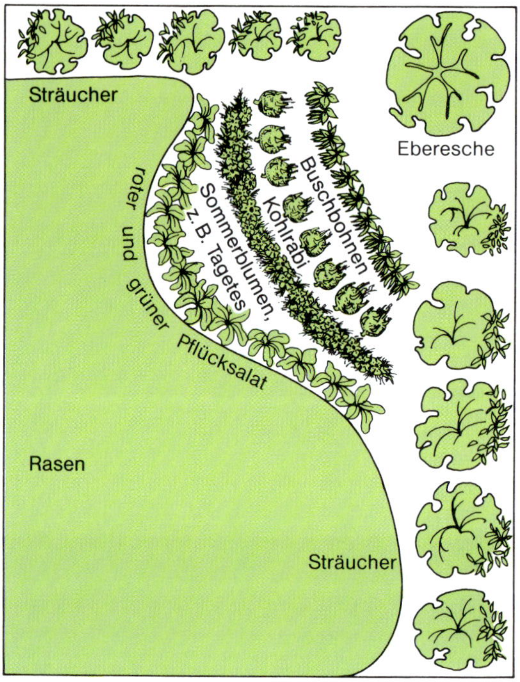

Ein kleines »Rasenopfer« schafft Raum für gesundes Gemüse.

Schwungvolle Gemüsereihen

Erweitern Sie zum Beispiel am Rand der Gehölze eine vorhandene Ausbuchtung, indem Sie ein Stückchen Rasen umgraben. So entsteht ein geschwungenes Beet, auf das Sie im Frühling Kohlrabi, Radieschen, Kresse und Spinat säen. Die Reihen dürfen ruhig halbrund gebogen sein; das wirkt heiter und ungezwungen. Gegen Ende Mai, nach der ersten Ernte, füllen Sie die Lücken mit Buschbohnen, Bohnenkraut und ein paar Sommerblumen.
Am äußeren Rand des Beetes säen Sie im April verschiedene Sorten Pflücksalat mit grünen, bräunlichen und dunkelroten Blättern. So entsteht eine sehr hübsche Einfassung, von der Sie lange Zeit frischen Salat ernten können. Ein solches Beet bietet monatelang einen erfreulichen Anblick und versorgt Sie gleichzeitig mit gesunden Delikatessen.

Ernten im Vorübergehen

Für vorsichtige Umgestalter bietet sich das »Wegbegleiter-Beet« an. Dafür brauchen Sie zunächst nur einen schmalen Streifen Erde am Rand eines vorhandenen Gartenweges urbar zu machen. Pflanzen Sie dort in weiten Abständen einige Tomatenstöcke. Dazwischen bleibt noch Raum für niedrige Gewächse, zum Beispiel Petersilie, Spinat, Salat und nichtrankende Kapuzinerkresse, aus der Sie ebenfalls Salat zubereiten können.
Eine andere Möglichkeit besteht darin, die Wegrandbepflanzung als niedrige Einfassung zu gestalten, die von farbigen Überraschungen lebt. Säen Sie zum Beispiel in kleinen Gruppen abwechselnd Buschbohnen mit violettblauen Hülsen ('Purple Teepee'), den krausen dunkelroten Salat 'Lollo rossa', weiße Kohlrabi und Mangold mit feuerroten Stielen ('Vulkan' oder 'Feurio').
Eine zauberhafte kleine Allee entsteht, wenn Sie am Weg entlang Johannisbeer- oder Stachelbeer-Hochstämmchen pflanzen. In den Zwischenräumen bleibt dann noch Platz für Ihre Erdbeeren, die mit ihren Ranken den Boden zudecken. Wählen Sie eine öftertragende Sorte, dann können Sie vom Frühsommer bis zum Herbst süße Früchte ernten. Wenn Sie statt dessen unter den Beerenstämmchen leuchtende Tagetes in Gold-, Orange- und Rosttönen pflanzen, entsteht ein attraktiver, blühender Wegsaum. Darüber reifen die Trauben roter, schwarzer oder weißer Johannisbeeren. Die Kronen der Stachelbeerbäumchen biegen sich unter gelben, dunkelroten oder grünen Früchten – je nachdem, welche Sorte Sie wählen. Ein Genuß für das Auge und für den Gaumen!

Verwandlung eines Rosenbeetes

Ein Rosenbeet läßt sich sehr reizvoll in eine bunte Garteninsel mit ländlichem Charakter umwandeln. Nehmen Sie aus einer vorhande-

nen Pflanzung einige Rosenstöcke heraus, die Sie an anderen Stellen, zum Beispiel im Vorgarten, wieder einpflanzen. Außerdem erweitern Sie das Beet außen um 20–30 cm, so daß Sie Platz für eine niedrige Randpflanzung gewinnen. Nun haben Sie die Möglichkeit, ein Rosen-Kräuter-Gärtchen anzulegen oder mit einer heiteren Mischung aus Kräutern und Sommerblumen die Lücken zu füllen. Halbhohe, ausdauernde Gewürzstauden eignen sich ausgezeichnet als Zwischenpflanzung: Salbei, Origano, Lavendel, Weinraute, Eberraute, Bohnenkraut, Zitronenmelisse und Ysop passen gut zu buschigen Polyantharosen.
Für eine Randpflanzung eignen sich zum Beispiel Schnittlauch, Petersilie, einjähriger Majoran, niedrige Thymianpolster und Winterportulak. Wenn Sie nur einige wenige Kräuter säen oder pflanzen, können Sie die restlichen Zwischenräume mit heiteren Sommerblumen füllen. In diese bunte Gemeinschaft passen zum Beispiel Jungfer im Grünen, Schleierkraut, duftendes Steinkraut, Schleifenblumen, Nelken und Klarkien.

Rosen im Kräutergarten zwischen Lavendel, Salbei und Wermut.

Erdbeeren als Bodendecker

Schließlich können Sie unter Ihren Ziersträuchern, dort, wo noch genügend Sonne durchscheint, Walderdbeeren oder Monatserdbeeren pflanzen. Zwischen Farnen, Waldgeißbart und Waldglockenblumen dürfen sich die wilden Beeren als natürliche Bodendecke ausbreiten. Ihre hübschgeformten Blätter, die weißen Blüten und die leuchtend roten Früchte gereichen jedem Garten zur Zierde.
Wenn Sie einen Sommer lang duftende Kräuter, frische knusprige Salatblätter und süße Beeren gepflückt und genossen haben, wird es Ihnen sicher nicht leid tun, daß Sie ein paar Meter Gras für die gesunde Vielfalt geopfert haben. Vor allem für Kinder wird der bunte Garten wieder zum Paradies, in dem sie sonnenwarme Früchte naschen und manches kleine Abenteuer erleben dürfen.

Walderdbeeren eignen sich als Wegeinfassung oder als Bodendecker.

Kleiner Hausgarten mit Obst und Gemüse

Wenn Sie ein kleines Grundstück möglichst praktisch und vielseitig nutzen möchten, ist es vor allem wichtig, das richtige Maß zu finden. Der Wunsch nach selbstgezogenem, gesundem Gemüse und Obst steht oft im Vordergrund. Ein Biogarten, in dem das ökologische Gleichgewicht wieder funktionieren soll, darf aber nicht nur aus Beeten mit Nutzpflanzen bestehen. Sträucher, Wildblumen und wenn möglich ein kleines Feuchtbiotop schaffen erst die Lebensvoraussetzungen für zahlreiche Nützlinge, die der Gärtner sehnlichst herbeiwünscht.

Vergessen Sie nicht, daß auch die Kinder Platz zum Spielen brauchen. Schließlich sollte auch die Freude am Schönen nicht zu kurz kommen. Was wäre ein Garten ohne die farbenfrohe Heiterkeit der Sommerblumen!

Auf kleinstem Raum entstand ein gut genütztes Gärtchen.

Je kleiner ein Grundstück ist, desto schwieriger wird es, alle Wünsche zu erfüllen. Schaffen Sie zuerst die ökologischen Rahmenbedingungen, und teilen Sie den verbleibenden Platz in einen Freizeitraum für die Menschen und in einen Nutzgartenbereich ein. Blumen können sowohl in eine Gehölzpflanzung, die das Grundstück nach außen abschirmt, als auch rund um den Sitzplatz und in den Gemüsegarten integriert werden. Stimmen Sie die Auswahl von Salaten, Gemüse und Kräutern so ab, daß sich die Pflanzen auf kleinen Flächen gut entwikkeln können. Es wäre zum Beispiel Platzverschwendung, wenn Sie auf den wenigen kostbaren Beeten unbedingt Weißkohl oder Rotkohl selber anbauen wollten. Pflanzen Sie dort lieber Salate, Spinat, Kohlrabi, Bohnen, Erbsen, Möhren und Zwiebeln für den frischen Verbrauch. Schwere Kohlköpfe und Kartoffeln für den Wintervorrat können Sie auch bei einem Bio-Bauern kaufen. In einem kleinen Garten wird man nicht zum Selbstversorger! Hier ist die Auffrischung des Speiseplans mit ausgewählten, gesunden Delikatessen wichtiger als der Ehrgeiz, alles selber zu machen.

Platz ist auch im kleinsten Garten

Einige praktische Vorschläge sollen Ihnen helfen, den besten Platz für Nutzpflanzenbeete in Ihrem Garten zu finden. Wenn Sie noch in der glücklichen Lage sind, eine Anlage ganz neu gestalten zu können, dann haben Sie die freie Wahl. Sie können zum Beispiel für den Gemüsegarten die hintere Hälfte des Grundstücks abtrennen. Vielleicht ist es aber auch günstiger und optisch reizvoller, wenn Sie ihn seitlich eingliedern.

In einem eingewachsenen Garten ist es nicht ganz so einfach, nachträglich eine freie Fläche für einen kleinen Nutzgartenbereich zu finden. Aber mit Phantasie und gutem Willen lassen sich immer Möglichkeiten entdecken. Am einfachsten ist es, wenn Sie an einer günstigen Stelle ein Stück Rasen umgraben und diese Fläche kultivieren. Dort können Sie ein großes oder mehrere kleine Beete anlegen, die durch kleine Pfade abgegrenzt werden. Achten Sie darauf, daß Gemüse und Obst genügend Licht und Sonne für eine gesunde Entwicklung brauchen. Es hat wenig Sinn, wenn Sie die hinterste und schattigste Ecke Ihres Grundstücks zum Nutzgarten befördern. Dort werden Sie nur Enttäuschungen erleben. Legen Sie neben der Hecke oder unter einem Baum lieber einen kleinen Kompost an. Dann können Sie organische Abfälle säuberlich aufschichten und wieder in fruchtbare Erde verwandeln, die allen Pflanzen im Garten nutzt.

Bewährte Mischungen – heitere Nachbarn

Sie werden sich wundern, wieviel Sie bei geschickter Planung auf kleinen Beeten ernten können. Für begrenzte Flächen eignen sich zum Beispiel alle Salatarten, Radieschen, Rettiche, Mangold, Spinat, Fenchel, Buschbohnen, Kohlrabi, Zwiebeln, Möhren und Tomaten. Pflücksalat ist besonders empfehlenswert, weil Sie öfter und über lange Zeit davon ernten können. Auch Mangold wird mehrmals geschnitten.

Einjährige Kräuter können Sie, um Platz zu sparen, an den Rand der Beete säen. Ganz besonders gut gedeiht Petersilie neben Tomaten, Bohnenkraut bei den Buschbohnen, Dill zwischen den Möhren und Schnittlauch in der Nähe von Salat.

Bunte Sommerblumen, die dem kleinen Gemüsegarten eine fröhlich-ländliche Note verleihen, säen Sie am besten auf schmalen Randbeeten aus, die den Nutzgarten einrahmen. Besonders hübsch wirken hier Ringelblumen, Malven, Margeriten, Löwenmäulchen, Kornblumen, Strohblumen, Jungfer im Grünen und Schleierkraut. Auf diesen bunten Randbeeten können Sie auch einige ausdauernde Staudenkräuter zwischen den Blumen pflanzen. Mit hübschen Blüten und aromatischer Würze erfreuen zum Beispiel Salbei, Origano, Ysop, Lavendel, Thymian und Pimpinelle. Auch Zitronenmelisse und Estragon können sich in der Rabatte sehen lassen.

Natürlich dürfen Sie ein paar Tagetes und Rin-

Auch auf wenigen Beeten kann eine abwechslungsreiche Pflanzenvielfalt gedeihen.

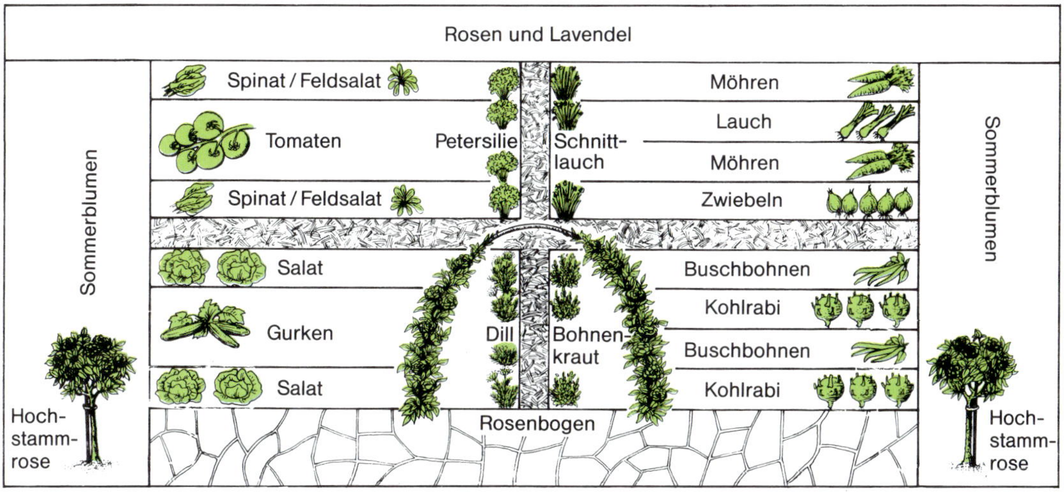

Der zierliche Spindelbusch paßt gut in kleine Gärten.

gelblumen auch als Farbtupfer direkt zu den Nutzpflanzen setzen. Achten Sie aber immer darauf, daß alle Gewächse genügend Raum für ihre Entfaltung behalten.

Obst für kleine Gärten

Ein wenig Obst zum Naschen und Genießen ist vor allem für die Kinder wichtig. Die großen Gärtner wissen es besonders zu schätzen, daß Erdbeeren oder Äpfel aus dem eigenen Garten viel würziger und aromatischer schmecken als gekaufte Ware. Damit die Früchte sich gesund entwickeln und gut ausreifen, müssen Sie passende Sorten auswählen, die nur wenig Raum beanspruchen. Pflanzen Sie keine großen, hochstämmigen Bäume, die mit den Jahren alle Nachbarpflanzen verdrängen und das Grundstück in ihren Schatten tauchen!

Ein Erdbeerbeet und ein paar Beerensträucher eignen sich am besten, wenn der Platz sehr begrenzt ist. Pflanzen Sie eine öftertragende Erdbeersorte, von der Sie bis zum Herbst immer wieder süße Früchte ernten können. Johannisbeer- und Stachelbeersträucher gedeihen auch noch im lichten Schatten. Sie können viele Jahre alt werden und tragen bald reichen Fruchtbehang.
Eine Himbeer- oder Brombeerhecke können Sie sogar als Grenzbepflanzung einplanen. Auch diese Sträucher sind nicht besonders anspruchsvoll. Die Beeren schmecken wunderbar süß und würzig, wenn sie ganz frisch gepflückt werden.
Wenn Sie gerne Äpfel oder Birnen essen möchten, sollten Sie in kleinen Gärten nur Spindelbüsche pflanzen. Diese Bäume sind auf schwachwachsenden Unterlagen veredelt. Sie werden nur 2–3 m hoch und tragen bereits nach kurzer Zeit Früchte. Sehr empfehlenswert ist auch eine Quitte. Dieses strauchig wachsende Obstgehölz schmückt den Garten mit rosa-weißen Blüten im Frühling und schenkt Ihnen im Herbst duftende, goldgelbe Früchte.
Halten Sie sich bei der Planung und Bepflanzung eines kleinen Nutzgartens immer an den Grundsatz: Weniger ist mehr! Man kann nie alles auf einmal haben. Es ist besser, wenn eine kleine wohlüberlegte Auswahl von Gemüse und Obst sich gesund und kräftig entfalten kann, als wenn eine übergroße Fülle im Gedränge untergeht.

Die Würze des Gartens

Aromatische Kräuter spielen eine wichtige Rolle im naturgemäßen Garten. Sie dienen nicht nur der Gesundheit des Gärtners und seiner Familie, sondern auch dem Wohl der Pflanzen. So verbessert eine Handvoll Schnittlauch selbstangesetzte Brennesseljauche. Kresse verfeinert das Aroma der Radieschen, wenn beide nebeneinander gedeihen. Und Kümmel, am Rand des Kartoffelbeetes gesät, wirkt sich positiv auf den Wohlgeschmack der »Erdäpfel« aus.

Vor allem aber bereichern würzige Kräuter die Küche. Frischgepflückt und gleich verwertet schmecken sie unvergleichlich aromatisch. Selbst einfache Speisen verwandeln sich durch ein paar duftende Blätter in Feinschmecker-Köstlichkeiten. Wer ständig kleine Mengen frischer Kräuter in den Mahlzeiten zu sich nimmt, der lebt gesund und beugt mancher Krankheit vor. Denn alle Würz- und Küchenkräuter sind gleichzeitig auch Heilpflanzen!

So entsteht ein Kräuter-Gärtchen

Es ist gar nicht so schwierig, ein kleines Gewürzgärtchen anzulegen, in dem nicht nur Schnittlauch und Petersilie, sondern auch Zitronenmelisse, Estragon, Dill und noch viele andere gesunde Delikatessen immer vorrätig sind.

In einem kleinen Garten genügt es, wenn Sie ein Beet nur für Kräuter reservieren. Diese »Gewürz-Oase« kann langgestreckt wie ein normales Gemüsebeet angelegt sein. Reizvoll wirkt aber auch eine quadratische oder runde Anlage, deren Zentrum durch ein Lorbeerbäumchen oder durch eine blühende Hochstammrose betont wird.

Auf einem größeren Grundstück können Sie ein richtiges Kräutergärtchen anlegen, das aus mehreren Beeten besteht, die durch schmale Wege unterteilt werden. Hier wachsen Gewürz- und Teepflanzen übersichtlich in wohlgeordneten Gruppen.

Einige ausdauernde Kräuter sind so hübsch, daß Sie sie auch in die Blumenrabatte einordnen können. Lavendel, Salbei, Origano, Ysop, Weinraute und Thymian können sich zwischen Sommerblumen und Stauden durchaus sehen lassen. Sie gedeihen auch gut im Steingarten. Dort finden sie fast heimatliche Verhältnisse vor. Denn viele Staudenkräuter waren ursprünglich an den heißen, trockenen Felsenhängen des Mittelmeeres zu Hause. Sie lieben sonnige Standorte und guten Wasserabfluß.

Dauerhafte und kurzlebige Kräuter

Suchen Sie sich – ganz nach Ihrem Geschmack – einige ausdauernde Staudenkräuter aus, die viele Jahre am gleichen Platz stehenbleiben und immer wieder austreiben. Dazu gehören zum Beispiel: Schnittlauch, Sauerampfer, Pimpinelle, Zitronenmelisse, Estragon, Salbei, Thymian, Origano, Bergbohnenkraut und Ysop. Alle mehrjährigen Kräuter sollen sich mit der Zeit ungestört entwickeln und ausbreiten können. Eine kleine Auswahl, die genügend Platz hat, ist deshalb besser als eine übergroße Fülle, in der sich die Pflanzen gegenseitig bedrängen. Als Ergänzung zu diesem dauerhaften »Gerüst« eines Kräutergartens säen Sie von Ende April bis Ende Mai noch einige einjährige Gewürze aus, zum Beispiel Dill, Bohnenkraut, Majoran, Boretsch, Kerbel und Portulak. Das kälteempfindliche Basilikum ziehen Sie besser auf der Fensterbank vor.

Vorgezogene Staudenkräuter werden in lockere Erde gepflanzt.

Duftende Kräutervielfalt auf einem kleinen Beet (oben). Auf einem Trockenmäuerchen gedeihen Salbei und Thymian gut.

Viel Sonne – wenig Dünger

Die meisten Kräuter brauchen viel Licht und Wärme; nur unter solchen Bedingungen entwickeln sie ihr intensives Aroma und ihre heilkräftigen Wirkstoffe. Suchen Sie deshalb einen sonnigen, geschützten Platz im Garten aus. Die Erde sollte eher mager sein. Vor allem muß das Wasser gut in den Untergrund abfließen können. Schwerer, lehmiger Boden ist für Kräuter nicht gut geeignet. Er muß mit viel Sand vermischt werden.

Lockern Sie die Erde in Ihrem zukünftigen Gewürzgärtchen gründlich auf. Das Unkraut muß sorgfältig entfernt werden. Reifer Kompost ist das beste Mittel zur Bodenverbesserung. Seine milde Düngung reicht für die meisten Kräuter als gesunde Lebensgrundlage aus. Diese aromatischen Gewächse vertragen keine üppige Ernährung. Eine kleine Portion Hornspäne oder einen Guß verdünnte Brennesseljauche können Sie als Zusatznahrung einmal im Jahr an Schnittlauch, Petersilie oder Liebstöckel geben. Die südländischen Sonnenkinder wie Salbei, Thymian, Lavendel und Origano bekommen keinen Dünger. Ihre Qualität leidet, wenn sie zu gut ernährt werden.

Duftende Blätter – bunte Blüten

Ein Kräutergärtchen muß nicht langweilig aussehen, weil es dort mehr duftende Blätter als leuchtende Blüten gibt. Setzen Sie ein paar goldene Ringelblumen, rotblühende Indianernessel *(Monarda didyma)*, gelbe Königskerzen, rosa Eibisch und weißes Mutterkraut *(Chrysanthemum parthenium)* dazu. Auch diese schönen Blumen gehören zu den alten Heilpflanzen; sie verleihen dem Beet der aromatischen Gewürze Farbe und sommerliche Anmut.

Falls Sie genügend Platz haben, pflanzen Sie auch einen altmodischen Duftrosenstrauch in Ihr Kräutergärtchen. Dann können Sie im Sommer eine Rosenbowle servieren oder heilkräftige Rosenblätter ins Badewasser streuen.

Duftpflanzen für Garten und Terrasse

Angenehme Düfte bezaubern die Sinne, entspannen die Nerven und stimmen das Gemüt heiter. In den Genuß dieser guten Eigenschaften können Sie leicht kommen, wenn Sie wohlriechende Blumen und Kräuter rund um Ihre Terrasse oder den Sitzplatz im Garten pflanzen. Dann wehen Ihnen beim Frühstück oder beim Sonnenbaden verlockende Duftwolken um die Nase. Einige Pflanzen verströmen ihre Wohlgerüche erst, wenn es dunkel wird. Sie können dieses »Parfüm der Natur« genießen, wenn Sie an warmen Sommerabenden im Freien sitzen und sich von einem arbeitsreichen Tag erholen.

Blüten, die am Tage duften

Würzig-süße Wohlgerüche verströmen die meisten Nelkenarten. Als Einfassungspflanze am Rande der Terrasse eignen sich die graugrünen Polster der Federnelken, die sich von Jahr zu Jahr üppiger ausbreiten. Im Frühsommer sind sie wochenlang mit weißen oder rosa Blüten geschmückt, die sehr stark duften. Federnelken können Sie auch in kleine Aussparungen zwischen den Platten des Sitzplatzes pflanzen. Kartäusernelken und bunte Sommernelken verströmen ebenfalls kräftige Wohlgerüche.

Einen feinen, altmodischen Duft verbreitet die Reseda. Ihre Blüten sind klein und eher unscheinbar. Säen Sie diese einjährige Blume, die sehr leicht gedeiht, deshalb zwischen üppigeren Gewächsen als »Füller« aus. Zu den Duftblumen aus der guten alten Zeit gehören auch Goldlack und Levkojen.

Schnelle Duftfreuden schenkt Ihnen das kleine Steinkraut. Sie können diese einjährige Pflanze, die niedrige Blütenteppiche in Weiß, Lila und Rosa knüpft, selber aussäen. Das Steinkraut wächst rasch und problemlos. Seine kleinen Blüten duften nach Honig.

Zu den langlebigen Pflanzen gehören Katzenminze *(Nepeta)*, Heiligenkraut *(Santolina)* und Bartblume *(Caryopteris)*. Die Katzenminze ist eine niedrige Staude mit graugrünen Blättern und lilablauen Blüten. Das Laub verbreitet einen aparten würzigen Geruch, der auch bei Katzen sehr beliebt ist. Das Heiligenkraut bildet niedrige, verholzende Sträucher, die über silbergrauem, duftendem Laub gelbe Blüten treiben. Beide Pflanzen gedeihen im Freiland oder auch in geräumigen Kästen. Sie brauchen viel Sonne, um ihr volles Aroma zu entwickeln.

Die Bartblume ist ein zierlicher, etwas frostempfindlicher Halbstrauch mit graugrünen Blättern und wunderschönen, blauen Blütenrispen, die im Spätsommer erscheinen. Der ganze Strauch duftet fein-würzig. Wenn Sie ihn an einen geschützten Platz am Haus pflanzen, werden Sie jahrelang Freude an diesem aparten, leider noch wenig bekannten Gehölz haben.

Falls Sie reichlich Platz neben Ihrer Terrasse oder einer Sitzecke im Garten zur Verfügung

Hier kann man die Düfte von Rosen und Lavendel genießen.

haben, dann können Sie auch intensiv duftende Rosensträucher, zum Beispiel die alten Zentifolienarten, pflanzen. Weiße Madonnenlilien verströmen dort ebenfalls Wolken von Wohlgerüchen.

Düfte im Dunkel

Erst am Abend und in der Nacht verbreiten Petunien und Ziertabak ihre schweren, süßen Wohlgerüche. Diese Sommerblumen gehören zu den Nachtschattengewächsen. Vorgezogene Pflanzen können Sie im Mai überall kaufen. Beide Blumenarten gedeihen in der Sonne und im Halbschatten. Petunien pflanzen Sie an den vorderen Rand von Kästen oder Kübeln, damit die langen Ranken ungehindert wachsen können. Ziertabak entwickelt sich zu kräftigen, hohen Pflanzen. Setzen Sie ihn deshalb in geräumige Gefäße oder direkt auf ein Duftpflanzenbeet.

Betäubend süße Wohlgerüche strömen in der Dämmerung aus den großen Blütenkelchen der Engelstrompeten und des Stechapfels. Diese prächtigen Kübelpflanzen können über Sommer im Freien stehen. Auf sonnigen Terrassen und Balkonen fühlen sie sich als Kinder des Südens wohl. Im Winter brauchen sie einen frostgeschützten, hellen Platz im Haus.

Petunien, Ziertabak, Engelstrompeten und Stechapfel müssen Sie über Sommer reichlich mit Wasser und Dünger versorgen, damit sie ihre üppige Pracht entfalten können.

Wenn Sie Ihren Sitzplatz oder eine Pergola mit Geißblatt oder Glyzinen zuranken lassen, werden Sie ebenfalls im Dunkeln von Wohlgerüchen eingehüllt.

Würzige Kräuterdüfte

Zu den aromatisch duftenden Pflanzen gehören auch zahlreiche Kräuter. In einer Sammlung wohlriechender Blumen können Sie Lavendel, Salbei, Thymian, Zitronenthymian, Rosmarin, Minze, Melisse, Basilikum und Eberraute einfügen. Diese Kräuter gedeihen in Töpfen oder im Freiland. Nur der Rosmarin ist nicht winterhart und muß im Herbst ins Haus geholt werden.

Erst in der Dämmerung beginnen Engelstrompeten (oben) und Geißblatt (unten) ihre süßen Wohlgerüche zu verströmen.

Der Duft, der aus den Blättern kommt

Ganz besondere Wohlgerüche schenken die Duftblattgeranien. Früher sah man sie überall an den Fenstern der Bauernhäuser. Lange Zeit waren sie fast verschollen. Seit einigen Jahren werden sie von Spezialgärtnereien wieder angeboten (Bezugadressen finden Sie im Anhang).
Der Duft dieser Geranienarten verbreitet sich intensiv, wenn man die Blätter mit der Hand bewegt. Die Pflanzen bieten zahlreiche aparte Variationen: zum Beispiel frischen Zitronen- oder würzigen Rosenduft, feinen Apfelgeruch und kräftiges Pfefferminzaroma. Mit ihren schöngeformten Blättern gehören sie zu den Zierpflanzen, die während des ganzen Jahres einen erfreulichen Anblick bieten. Duftblattgeranien gedeihen problemlos, wenn sie in geräumigen Töpfen gehalten werden. Im Sommer brauchen sie reichlich Wasser und Dünger. Sie können diese langlebigen Duftspender auch auf der Fensterbank großziehen. Über Sommer stehen sie gern auf einer sonnigen Terrasse oder im Garten. Im Herbst müssen Sie sie wieder ins Haus holen.
Alle Duftpflanzen bereichern den Sommer um besondere Erlebnisse, die noch lange in Erinnerung bleiben.

Blätter dieser Geranien duften nach Rosen und Pfefferminze.

Feuerwerk der Farben

Ein Gartenfest mit einjährigen Sommerblumen

Sie leuchten und duften nur einen Sommer lang. Aus einem Samenkorn entfalten sie in wenigen Wochen Blätter, Stengel und Blüten in großer Fülle. Bis zur ersten Frostnacht im Herbst tauchen sie den Garten monatelang in ein verschwenderisches Meer von Farben und Formen. Es sind die einjährigen Blumen, des Sommers kurzlebige Kinder, die wie Zauberkünstler wirken. Ihr flüchtiges Leben brennt ab wie ein Feuerwerk: strahlend und voller Wunder.
Die größte Chance, mit den verschiedensten Sommerblumen zu experimentieren, haben diejenigen Gartenbesitzer, die gerade einen

Sommerblumen und Stauden bilden eine farbenfrohe Blütengemeinschaft.

neuen Garten anlegen. Kahle Flächen, auf denen frischgepflanzte Büsche und Bäume noch unscheinbar und klein wirken, können Sie innerhalb weniger Wochen in ein wogendes Blütenmeer verwandeln. Während der ersten zwei bis drei Jahre ist es möglich, in solchen Gärten mit Samentüten zu zaubern und in der Fülle zu schwelgen. Später nehmen Rosen, Stauden, Ziersträucher und Bäume immer mehr Platz weg.

Blüten aus Samentüten

Sie können die ganze bunte Fülle des Sommers in ein paar Samentüten kaufen. Das ist ein sehr preiswertes Vergnügen. Noch weniger kostet der bunte Traum, wenn Sie anfangen, eigens Saatgut im Garten zu sammeln. Einige einjährige Blumen säen sich auch bereitwillig selber aus, wenn sie heimisch geworden sind. Sie vermehren sich dann von Jahr zu Jahr und wandern unternehmungslustig durch Ihre Beete. Dazu gehören zum Beispiel Ringelblumen, Jungfer im Grünen, Kapuzinerkresse und Mohn.

Ein Platz an der Sonne für die Schönen des Sommers

Alle einjährigen Sommerblumen lieben sonnige, freie Standorte; dort entwickeln sie sich am besten. Wenn sie zu dunkel und zu dicht stehen, bleiben sie klein und blütenarm. Krankheiten und Schädlinge haben dann oft leichtes Spiel. An günstigen Standorten und bei guter Pflege leiden die kurzlebigen Sommerblumen nur selten unter Pilzen oder Blattläusen. Bei der Auswahl des Saatgutes können Sie schon vorbeugenden Pflanzenschutz betreiben, indem Sie zum Beispiel beim Kauf auf welkeresistente Asternsorten achten.
Sommerblumen sollten nur eine einzige nährstoffreiche Startdüngung bekommen. Wenn Sie öfter düngen, schießen die kurzlebigen Pflanzen nur ins Kraut; sie bilden dann mehr Blätter als Blüten. Längere Blütezeit und reichen Knospenansatz erreichen Sie, wenn Sie verwelkte Blumen stets herausschneiden. Pflücken Sie auch öfter bunte Sommersträuße; damit schaden Sie den Einjährigen nicht – im Gegenteil: Sie lassen um so mehr neue Blüten nachwachsen!

Mit Blumen malen und komponieren

Einige Beispiele sollen Ihnen nun noch zeigen, wie Sie die bunte Fülle der Sommerblumen in Ihrem Garten verteilen und einordnen können. In alteingewachsenen Anlagen bleibt im allgemeinen nur wenig freier Raum übrig. Hier müssen Sie ganz bewußt im Staudenbeet, im Rosenbeet oder am Rand einer Pflanzung Lükken freihalten. Zu Füßen der Rosen gedeiht zum Beispiel gut eine niedrige Teppichpflanzung aus duftendem Steinkraut, Schleifenblumen und Sommerphlox. Diese lebendige Bodendecke hält gleichzeitig die Erde feucht und locker. Auch das duftige Schleierkraut ist ein bezaubernder »Rosenkavalier«.

Mit mehrjährigen Stauden lassen sich die meisten einjährigen Sommerblumen hervorragend kombinieren. Hier müssen Sie besonders darauf achten, daß sowohl die Farben als auch die Höhe der Pflanzen harmonisch aufeinander abgestimmt sind. Levkojen, Bechermalven, Skabiosen, Sonnenhut, Kokardenblumen, Sommernelken und Seidenmohn sind gute Staudenpartner.

Wunderschön wirken einjährige Blumen aber auch, wenn sie unter sich bleiben. Falls Sie Platz genug haben, können Sie ein Extrabeet anlegen, auf dem nur buntgemischte Sommerblumen wachsen. Hier können Sie natürlich auch die schönsten Sträuße schneiden. Einjähriger Rittersporn, rosa Trichtermalven, Sommerfuchsien *(Clarkia)*, seidige Atlasblumen *(Godetia)*, Kornblumen, Schleierkraut, Jungfer im Grünen *(Nigella)*, Astern und Löwenmäulchen können hier eine farbenfrohe Mischung bilden.

Dauerhafte Blumenfreuden schenkt Ihnen ein Beet, auf dem Trockenblumen ausgesät werden. Strohblumen, Staticen und Immortellen können Sie im Sommer zu Sträußen binden, kopfunter aufhängen und trocknen. Eine hübsche Ergänzung zu diesen Blumen sind einjährige Gräser, die Sie meist als Mischung in Samentüten kaufen können. Die unterschiedlichen Rispen lassen sich ebenfalls gut trocknen.

Manche Einjahrsblumen-Gärtner arbeiten fast wie Maler. Sie kombinieren die Schönen des Sommers nach Farben. So entsteht zum Beispiel eine Ecke in Sonnengold und Braun. Studentenblumen *(Tagetes)*, Sonnenhut, Ringelblumen, Kokardenblumen, Kapuzinerkresse und Sonnenblumen sind hier freundliche Nachbarn. Auch eine Rosa-Weiß-Komposition oder eine Symphonie in Lila-Blau kann aus einjährigen Blumen entstehen.

Die Kletterpflanzen unter den Sommerblumen sind in der Lage, innerhalb kurzer Zeit grünbunte Vorhänge zu bilden. Sie decken Zäune zu und geben Sichtschutz vor neugierigen Blikken. Die Auswahl unter diesen Rankgewächsen ist groß: Wicken, Winden, Glockenreben und Kapuzinerkresse sind nur einige Beispiele.

Sommerblumen-Träume sind wie rauschende Feste – bunt und vergänglich. Aber die Fülle der Möglichkeiten ist so groß, daß Sie jahrelang brauchen werden, um diesen unerschöpflichen Reichtum kennenzulernen. Oft wächst aus den ersten Versuchen eine lebenslange Blumenfreundschaft, die nie langweilig wird.

Farbkomposition in Lila-Rosa.

Ein großer Naturgarten

Viel Platz für Wildpflanzen und Wasser

Wenn Ihnen der Schutz gefährdeter Wildpflanzen und Tiere mehr am Herzen liegt als Gemüsebeete und Sommerblumen, dann möchten Sie sicher am liebsten einen Naturgarten anlegen. Dieser Wunsch läßt sich aber nur unter großzügigen, wirklich naturgemäßen Voraussetzungen erfüllen. Denn die Pflanzen und Lebensgemeinschaften der Wildnis brauchen Platz.
Mitten in der Stadt, zum Beispiel in einem schmalen Reihenhausgarten, wirkt ein konsequent angelegter Naturgarten leicht deplaziert. Die überhängenden Zweige freiwachsender Sträucher und die Ausbreitung vieler Wildkräuter führt leicht zu Ärger mit den Nachbarn. In der Enge städtischer Verhältnisse ist es im allgemeinen sinnvoller, nur einige ausgewählte Elemente des Naturgartens in einen Biogarten einzufügen. Das kann zum Beispiel eine kleine Wasserstelle oder eine Hecke aus Wildbeerensträuchern sein.
Ein richtiger, großer Naturgarten entwickelt sich am besten auf einem großen Grundstück im ländlichen Raum. Ideal ist es, wenn die Wildsträucher des Gartens in die freie Landschaft überleiten. So entsteht ein fließender Übergang, der sowohl optisch als auch ökologisch wohltuend wirkt.
In einem solchen Garten sollten Sie möglichst

nur heimische Gehölze pflanzen, die der vorhandenen Tierwelt Nahrung und Lebensraum bieten können. Die Auswahl ist stark abhängig von der Landschaft, in der ein solcher Garten angelegt wird. Die Pflanzengemeinschaften der Lüneburger Heide unterscheiden sich zum Beispiel sehr von denen der Schwäbischen Alb oder des Hochsauerlandes. Machen Sie sich also zuerst mit der Natur Ihrer Umgebung vertraut, ehe Sie Natur hinter Ihrem Haus ansiedeln!

Dauerhafte Lebensgemeinschaften

Vor allem müssen Sie bei einer Naturgartenanlage darauf achten, daß überall lebensfähige Pflanzengemeinschaften entstehen. Die Gehölze werden begleitet von einem sogenannten Krautsaum. Dort wachsen Wildkräuter, Gräser und Zwiebelblumen, die zu den heimischen Sträuchern und Bäumen passen. Im lichten Laubwaldbestand gedeihen in feuchtem Humus zum Beispiel Farne, Veilchen, Leberblümchen, Buschwindröschen, Bärlauch, Maiglöckchen, Hohler Lerchensporn und viele andere.
Auf einem steinigen Standort in voller Sonne wird eine solche Pflanzengemeinschaft ganz anders aussehen. Pioniergewächse, die aufgelassene Kiesgruben, Geröllhalden oder steinige Hänge erobern, sind zum Beispiel Eselsdisteln, Nachtkerzen, Königskerzen, Wilde Resede und Weidenröschen. Auch Birken keimen leicht an solchen Standorten.
In zahlreichen Mittelgebirgslandschaften sind diejenigen Wildsträucher zu Hause, die immer wieder für Naturgärten empfohlen werden. Sie gedeihen an vielen Standorten und bieten zahlreichen Tieren Nahrung und Nistmöglichkeiten. Dazu gehören unter anderen Schwarzer und Roter Holunder, Pfaffenhütchen, Weißdorn, Schlehen, Haselnuß, Heckenrosen und Kätzchenweiden. In diese Gesellschaft passen auch wildwachsende Schlinggewächse wie das Waldgeißblatt und Waldreben (Naturformen der Clematis).

Eine freiwachsende Hecke aus diesen Gehölzen benötigt sehr viel Raum. Die überhängenden, zum Teil dornigen Zweige bilden mit der Zeit ein undurchdringliches Dickicht, in dem Vögel, Insekten und kleine Säugetiere Schutz und Unterschlupf finden.

Wildblumen und Wasser

In einer naturhaften Gartenanlage dürfen auch zahlreiche Wildkräuter und Wiesenblumen wachsen, die in »ordentlichen« Gärten gejätet und vertrieben werden. Solche natürlichen Pflanzengemeinschaften müssen möglichst ungestört bleiben. Ein Naturgarten ist deshalb für spielende Kinder kein idealer Aufenthaltsort. Hochgewachsene Wiesen dürfen nicht zertrampelt werden, und die scheue Tierwelt verträgt keinen Lärm. Ideal ist es deshalb, wenn ein ländliches Grundstück so groß ist, daß es genügend Platz für einen separaten Freizeitbereich bietet, der den Bedürfnissen der Familie gerecht wird.

Naturteich mit dichtbewachsener sumpfiger Uferzone.

Sehr wichtig für das ökologische Gleichgewicht einer solchen Anlage ist das Element Wasser. Ein Naturteich sollte möglichst großräumig angelegt werden. Unterschiedlich tiefe Wasserbereiche und eine ausgedehnte, sumpfige Uferzone bieten einer großen Vielfalt von Pflanzen und Tieren Lebensraum.
Es ist nicht Aufgabe dieses Buches, Ihnen die Anlage eines Biotops und eines Teiches in allen Einzelheiten zu zeigen. Sie fangen ja gerade erst an, sich mit den Grundlagen des naturgemäßen Gärtnerns vertraut zu machen. Bevor Sie sich auf das Abenteuer eines großen Naturgartens einlassen, sollten Sie noch eine Zeitlang Erfahrungen sammeln. Im Anhang finden Sie Hinweise auf Bücher, in denen Sie alles Wissenswerte über Feuchtbiotope, Teiche und Wildpflanzengemeinschaften ausführlich nachlesen können. An dieser Stelle sollten Ihnen einige Fingerzeige und verlockende Bilder deutlich machen, welche reichen Möglichkeiten der Entfaltung noch auf Sie warten.

Schottervegetation mit Nachtkerzen, Rainfarn und Kamille.

Kleiner Naturgarten mit Wildstauden und Gräsern

Ausschnitte aus dem umfangreichen »Naturprogramm« können Sie auch in kleineren Gärten verwirklichen. Mit Wildstauden und Gräsern, Bodendeckern und Gehölzen lassen sich sehr stimmungsvolle, naturgemäße Pflanzungen anlegen. Sie benötigen dafür keine großen Flächen. Es ist sogar möglich, bereits vorhandene Hecken, Sträucher oder Baumgruppen als Ausgangspunkt für eine Wildpflanzengesellschaft zu benutzen. Eine solche naturnahe Standortgemeinschaft muß so zusammengestellt werden, daß sie über viele Jahre bestehen bleiben kann und später kaum noch Pflege benötigt.
Wildstauden werden inzwischen von Spezialgärtnereien in erstaunlicher Vielfalt angeboten. Dabei handelt es sich überwiegend um heimische, botanische Arten. Auch die normalen Staudengärtnereien haben, wenn sie gut sortiert sind, ein umfangreiches Wildstaudenangebot in ihren Katalogen. Darunter finden Sie zahlreiche Gräser und Farne, die züchterisch kaum verändert wurden. Manche »Wilden« sind inzwischen zu »Halbwilden« geworden. Die Gärtner haben sie nicht gekreuzt, sondern ausgelesen; das heißt, sie haben immer wieder besonders schöne Exemplare weitervermehrt. Für naturnahe Gartenecken sind solche Wildstauden aus den Staudengärtnereien ebenfalls gut geeignet (Bezugsquellen finden Sie im Anhang).

Wo die Wilden sich wohlfühlen

Die natürlichste Art, einen kleinen Naturgarten anzulegen, besteht darin, Pflanzen zusammenzustellen, die alle auf die Boden-, Klima- und Lichtverhältnisse Ihres Grundstücks abgestimmt sind. Dann entstehen wirkliche Standortgemeinschaften.

Sie können aber auch an einer bestimmten Stelle Ihres Gartens ein besonderes Biotop »künstlich« schaffen. Wenn Sie zum Beispiel eine Trockenmauer errichten, dann finden dort Pflanzen aus felsenreichen, trockenen Landstrichen eine neue Lebensmöglichkeit.
Falls Sie noch Bauschutt übrighaben, der aus zerbrochenen Ziegelsteinen und ähnlichem Material besteht, dann können Sie daraus einen »Trümmerberg« errichten. Erde, Sand und Kalkreste werden mit den Steinbrocken vermischt. Darauf kann die schönste Geröll- und Schottervegetation gedeihen. Rosa Malven, Goldruten, Natternkopf, Königskerzen, Berufskraut und Huflattich werden Sie an diesem »wüsten« Ort entzücken.
Die folgenden Beispiele sind auf besondere Gartensituationen abgestimmt. Dabei werden Wildstauden und Gräser an einem ausgewählten Platz gepflanzt, der ihrer Natur entspricht.

Heller Schatten – feuchter Boden

Zwischen locker wachsenden Sträuchern oder Baumgruppen, dort, wo noch genügend Sonne und Regen durchdringen, können Sie Wildstauden, Bodendecker und Zwiebelblumen pflanzen. Mischen Sie höhere Blütengewächse mit niedrigen Teppichstauden. Nach zwei bis drei Jahren sollten alle Pflanzen so dicht zusammengewachsen sein, daß ungewollte Un-Kräuter nicht mehr durchdringen können. Bis es soweit ist, müssen Sie allerdings eifrig jäten. Sonst haben Sie bald eine »wilde Gesellschaft«, in der nur das Recht des Stärkeren gilt!
Im lichten Schatten der Gehölze fühlen sich unter anderem diese Blütenstauden wohl: Fingerhut, Waldglockenblumen, die einfache Akelei, Naturformen der Astilben, Waldgeißbart, Beinwell, Salomonssiegel, Lerchensporn und Waldprimeln. Dazu passen verschiedene Waldgräser und Farne.
Zu Füßen dieser halbhohen und hohen Gewächse breiten niedrige Stauden ihre bodendeckenden Teppiche aus. Zu diesem Standort, der dem lichten Laubwald ähnelt, passen zum Beispiel Maiglöckchen, Lungenkraut, Leberblümchen, Buschwindröschen, Veilchen, Haselwurz und Immergrün.

Aus der Schattengesellschaft leuchtet der Glockenblaustern.

Unter dem Schutz der Bodendecke, die durch keine Hacke gestört wird, fühlen sich auch kleine Zwiebelblumen wie Schneeglöckchen, Anemonen und Wildnarzissen wohl. Diese kleinen »Frühaufsteher« vermehren sich von Jahr zu Jahr und bereichern den kleinen Naturstandort als erste Frühlingsboten.

Heiße Sonne – trockene Erde

Ganz entgegengesetzt zum feucht-kühlen Waldklima müssen die Bedingungen für Steppenpflanzen aussehen. Wenn zu Ihrem Grundstück ein steiniger Hang in der vollen Sonne gehört, dann fühlen sich dort nur ganz besondere Pflanzengesellschaften wohl, die an trokkene Lebensbedingungen angepaßt sind. Auch auf Gartenbeeten, deren Erde sehr sandig und mager ist, können Sie diese Gewächse anpflanzen. Sie wollen immer im vollen Licht stehen.
Das hohe Gerüst einer naturhaften Steppengesellschaft bilden Königskerzen, Kardendisteln, Nachtkerzen und Kerzenveronika. An trockenheißen Standorten gedeihen besonders viele niedrige Stauden. Sie können wählen zwischen Thymian, Mauerpfeffer, Silberwurz, Hauswurz, Katzenminze, Sedumarten, Habichtskraut und Sonnenröschen.

Königskerzen und Disteln vertragen Sonne und trockenen Boden.

Hat der Standort mehr sandig-heideartigen Charakter, dann fühlen sich dort natürlich auch Heidekraut und Besenginster wohl. Wenn die Bedingungen nicht zu karg sind, können Sie einige Wildtulpen, Wildkrokusse und Zwergiris dazupflanzen.

Beobachten Sie eine Wildstaudengemeinschaft einige Jahre sehr genau. Sie werden dann am Verhalten der Pflanzen merken, welche Gewächse sich wohlfühlen und welche schwach und »unlustig« wirken. Die einen werden sich ganz selbstverständlich ausbreiten, die anderen werden verdrängt. Diesem natürlichen Prozeß sollten Sie nicht entgegenarbeiten. Fördern Sie diejenigen Pflanzen, die sich gut an den Standort anpassen, dann entsteht wirklich eine naturgemäße Gemeinschaft, die für sich selber sorgen kann und dem Gärtner bald keine Mühe mehr bereitet.

Blumenwiesen für große und kleine Gärten

Der große Wiesentraum

Eine Wiese voller Margeriten und Glockenblumen ist zum Wunschtraum vieler Gärtner und zum Inbegriff einer Naturoase im Garten geworden. Dieses Traumbild läßt sich aber nur auf einer größeren Fläche verwirklichen. Sie müssen den Boden auf diesem Teil Ihres Grundstücks umgraben oder fräsen, bevor Sie säen. Denn die Samen von Wiesengräsern und Wildblumen keimen nur in offener Erde. Die ganze Fläche muß von ausdauernden Wurzelunkräutern sorgfältig befreit werden. Dann glätten Sie die Oberfläche mit dem Rechen und streuen das Saatgut gleichmäßig aus. Mit Trittbrettern, die unter den Gartenstiefeln befestigt werden, oder mit einer Walze drücken Sie die Samen fest in die Erde. Einige Wochen lang, bis die Pflanzen keimen und zu wachsen beginnen, muß die Aussaat gleichmäßig feucht gehalten werden.

Eine wilde Blumenwiese ist immer eine Magerwiese. Der Boden, auf dem sie ausgesät wird, sollte deshalb möglichst nährstoffarm sein. Er muß aber genügend Kalk enthalten. Düngen Sie Ihre Wiese nie! Ein- bis zweimal, im Früh- und im Spätsommer, muß das hohe blumendurchwirkte Gras gemäht werden, am besten mit einer Sense.

Die Wildblumenwiese benötigt mindestens 100–200 m^2 Platz. Sie kann im ruhigen, abgelegenen Teil eines großen Grundstückes oder auch unter Obstbäumen angelegt werden. Die Blumenwiese eignet sich weder für Kinderspiele noch für gemütliche Kaffeestunden, weil die Pflanzen nicht niedergetreten werden dürfen. Nur Insekten, Grillen und Käfer haben Zutritt zu dieser Idylle; naturbewußte Gärtner dürfen Margeriten, Glockenblumen, Skabiosen und Inkarnatklee nur aus respektvoller Entfernung betrachten.

Eine große, blühende Wiese kann nur in wenigen Gärten Wirklichkeit werden.

Schmetterlingsparadiese für kleine Gärten

Auch auf kleinen Grundstücken ist es möglich, eine Auswahl schöner Wildblumen auszusäen, die Insekten und Schmetterlinge anlocken. Im Handel sind jetzt Spezialmischungen erhältlich, die auch auf einem Blumenbeet gedeihen. Wählen Sie eine möglichst sonnig gelegene Fläche aus, und bereiten Sie die Erde sorgfältig vor. Der Boden sollte locker und krümelig sein. Vor allem wuchernde Wurzelunkräuter müssen sorgfältig entfernt werden. Die verschiedenen Wildblumen-Mischungen werden breitwürfig ausgesät, leicht mit Erde bedeckt und bis zur Keimung gleichmäßig feucht gehalten. Später benötigen sie keine besondere Pflege mehr. Die Blumen und Kräuter dürfen sich frei entfalten; sie werden nicht gedüngt!

»Insekten-Nektar« ist zum Beispiel eine Spezialmischung für den Hausgarten. Sie enthält neben vielen anderen Adonisröschen, Kornrade, Fuchsschwanz, Schmuckkörbchen, Feldrittersporn, Wilde Malven, Duftresede, Sommervergißmeinnicht und Studentenblumen.

Mit der Mischung »Feld- und Wildblumen« lernen Sie vor allem solche Pflanzen wieder kennen, denen man früher am Wegrand zwischen den Feldern begegnete. Von einem solchen Beet können Sie auch wunderschöne Sommersträuße pflücken mit Kornblumen, Klatschmohn, Färberkamille, Schafgarbe und Natternkopf.

Besonders romantisch ist: »Das blühende Kornfeld«. Wenn Sie ein solches Samentütchen ausstreuen, werden auf Ihrem Gartenbeet neben bunten Ackerblumen auch verschiedene Getreidearten aufgehen. Die reifen Ähren können Sie dann zu ländlichen Trockensträußen binden. Kinder lernen auf einem solchen Gartenbeet die unterschiedlichen Ährenformen von Roggen, Weizen, Gerste und Hafer kennen.

Ein naturbewußter Gärtner, dem nicht nur die Schönheit der Wildblumen, sondern auch das Wohl der Schmetterlinge am Herzen liegt,

Ein buntes Beet mit Wiesenblumen und Kornblumen.

wählt Spezialmischungen aus, in denen auch wichtige Futterpflanzen für die Raupen verschiedener Falter enthalten sind. Für diese Blumen-, Kräuter- und Gräser-Gemeinschaft sollten Sie allerdings eine etwas größere Fläche reservieren. Sie enthält auch ausdauernde Pflanzen, die mehrere Jahre an der gleichen Stelle weiterwachsen.
Für trockene Standorte eignet sich die Mischung »Bläuling«, die zum Beispiel Margeriten, Flockenblumen, Sonnenröschen, Dost und Thymian enthält.
In feuchter Erde gedeiht die Mischung »Schwalbenschwanz« besser mit Wilden Möhren, Sauerampfer, Kümmel, Veilchen, Hornklee und den wichtigen Brennesseln. Locken Sie Schmetterlinge in Ihren Garten – die Natur wird es Ihnen einen Sommer lang danken mit tausend kleinen Freuden!

Ein Blumenrasen, der nicht verwildert

Eine reizvolle Alternative zur hohen Wiese ist der flache Blumenrasen. Diese Lösung eignet sich besonders für kleine Hausgärten. Es gibt eine ganze Reihe niedriger Blütenstauden, die weder Fußtritte noch Rasenmähen übelnehmen. Dazu gehören zum Beispiel einfache Gänseblümchen *(Bellis perennis)*, Duftveilchen *(Viola odorata)* und Kissenprimeln *(Primula acaulis)*. Samen dieser Blumen bekommen Sie überall im Fachhandel.
Verstreuen Sie die Saat aber nicht einfach über den vorhandenen Rasen. Die kleinen Stauden brauchen anfangs etwas Freiraum, wo sie sich entfalten und Fuß fassen können. Stechen Sie deshalb an mehreren Stellen die Grassoden mit dem Spaten aus, und füllen Sie diese Lücken mit guter Gartenerde oder Kompost auf. An diesen Stellen säen Sie nun Veilchen, Gänseblümchen oder Primeln aus. Decken Sie die Samen dünn mit Erde zu, und halten Sie den Boden gleichmäßig feucht.
Wenn die kleinen Blütenstauden erst einmal eingewachsen sind, breiten sie sich von ihren Ausgangsstandorten von selbst weiter im Rasen aus. Sie können auf den vorbereiteten »Blumeninseln« im Gras auch vorgezogene Pflan-

Gänseblümchen und Ehrenpreis tauchen von selbst auf.

zen aussetzen, die Sie beim Gärtner kaufen oder im Frühbeet aus Samen selber großziehen. Solche jungen Stauden mit kräftigen Wurzeln können sich natürlich noch besser im Rasen behaupten.
Auch der rotblättrige Günsel (*Ajuga reptans* 'Atropurpurea', erhältlich in Staudengärtnereien) läßt sich erfolgreich unter die Gräser mischen. Seine leuchtenden Blätter bilden vom Frühling bis zum Herbst einen hübschen Kontrast zum grünen »Umfeld«.
Die himmelblaue Teppichveronika findet sich oft von selbst zwischen den Gräsern ein. Wenn Sie im Herbst Zwiebeln von Krokussen und Schneeglöckchen im Rasen »vergraben«, wird Ihre Blumenwiese noch abwechslungsreicher. Zur Blütezeit locken Teppichstauden und Zwiebelblumen Bienen, Hummeln, Schmetterlinge und viele andere Insekten in den Garten. Ein steriler grüner Grasteppich wandelt sich so innerhalb kurzer Zeit in einen lebendigen Blumenrasen um.
Der besondere Vorteil dieser bescheidenen Variante der Wildwiese: Sie können den Rasen weiter mähen und die Fläche als Freizeitraum im Grünen benutzen. Im Frühling – zur Hauptblütezeit – sollten Sie aber nur in größeren Abständen mähen, damit Sie das bunte Bild länger genießen können.

Auch Veilchen und Primeln bringen den Rasen zum Blühen.

Hügelbeete sind fruchtbar und vergrößern die Anbaufläche.

Der aufrechte Gärtner

Beete auf Hügeln und Beete im Kasten

Erhöhte Beete bieten dem Gärtner eine Fülle von Vorteilen. Sie sind für besondere Garten- und Lebenssituationen empfehlenswert. Die Einrichtung solcher Anlagen ist mit viel Mühe und Arbeit verbunden. Ist diese Vorleistung aber einmal erbracht, kann der Gärtner jahrelang die Früchte seines Fleißes ernten.

Das Hügelbeet bietet mancherlei Vorteile:

- Schlechte Bodenverhältnisse können »überbrückt« werden.

Der Aufbau eines Hochbeetes sollte »nach Vorschrift« geplant werden.

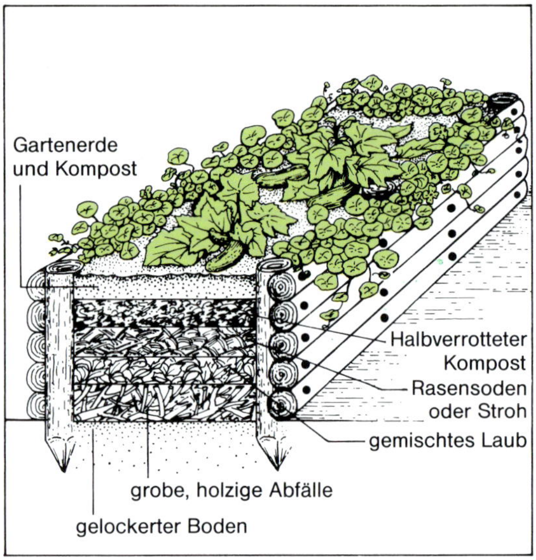

- In sehr kleinen Gärten wird durch die gewölbten Hügel die Anbaufläche vergrößert.
- Die Wärme im Inneren des Hügels und die nährstoffreichen Bodenverhältnisse bieten außergewöhnlich gute Wachstumsbedingungen; die Ernte fällt sehr reich aus.

Wenn Sie ein Hügelbeet anlegen möchten, dann arbeiten Sie am besten nach dem Vorbild des bewährten Schichtenaufbaus:
Die Länge des Beetes ist beliebig. Auf einer 1,80 m breiten Grundfläche wird eine 25 cm tiefe Grube ausgehoben. Die Erde legen Sie beiseite. Als unterste Lage wird ein luftiger Kern aus zerkleinerten, holzigen Abfällen aufgeschichtet. Er darf aber nur einen Teil der Fläche ausfüllen. Erst zum Schluß, wenn alle Schichten aufgebracht sind, erreicht der Hügel seine Gesamtbreite von 1,80 m.
Falls Sie ausgestochene Rasensoden zur Verfügung haben, legen Sie diese als zweite Lage, mit der grünen Seite nach unten, auf den Reisigkern. Statt dessen können Sie auch eine Mischung aus Stroh und Gartenabfällen verwenden. Dann folgen lagenweise gemischtes Laub, Grobkompost und als oberste Abdeckung 15–20 cm reifer Kompost oder gute Gartenerde. Dabei können Sie den beiseite gelegten Humus wieder verwenden. Auf dem Rücken des Hügels formen Sie eine Vertiefung, die als Gießmulde dient.
In den beiden ersten Jahren dürfen Sie nur Starkzehrer wie zum Beispiel Kohl, Gurken oder Tomaten auf dem Hügelbeet anbauen. In dieser Zeit ist der Nährstoffgehalt der Erde sehr groß. Bei Spinat und Salat würden dadurch Überdüngung und überhöhte Nitratwerte hervorgerufen! Vom dritten Jahr an gedeihen alle Gemüse und Salate auf dem Hügel. Pflanzen Sie auch hier nach den Regeln der Mischkultur. Solange die Pflanzen noch klein sind, bedecken Sie die Zwischenräume mit Mulchmaterial. Das ist wegen der »Hanglage« manchmal nicht ganz einfach. Später decken die Blätter der üppigwachsenden Gemüse den Hügel ganz zu.

In trockenen Sommerwochen müssen Sie reichlich und durchdringend gießen, denn der Hügel mit seinem lockeren Dränagekern trocknet verhältnismäßig rasch aus.
Die üppige Ernte und der Anblick der prächtig bewachsenen »Gemüseberge« entschädigen den Gärtner für all seine Mühen.

Das Hochbeet wurde vor allem für solche Gärtner entwickelt, denen das Bücken Schwierigkeiten bereitet. Ältere Menschen und Behinderte können auf einem solchen Beet bequem im Stehen oder Sitzen gärtnern. Mit Hilfe der hochgezogenen Beetränder können Sie auch auf einem stark abfallenden Hanggrundstück leichter arbeiten.
Ein Hochbeet besitzt, im Gegensatz zum Hügelbeet, steile, senkrechte Wände. Ganz einfach ausgedrückt: Es ist ein Gartenbeet in der Holzkiste! Für die Wände benötigen Sie Rundhölzer oder sehr starke Bretter, außerdem Eckpfosten und Pfosten, die zur Verstärkung langer Seitenwände eingesetzt werden. Alle Holzteile müssen mit biologischen Holzschutzmitteln imprägniert werden. Um zu verhindern, daß die Erde zwischen den Brettern herausfällt, können Sie von innen Dachpappe oder starke Folie gegen die Wände nageln.
Der Aufbau der Schichten in einem Hochbeet ähnelt dem des Hügelbeetes; die »Kiste« ist allerdings nur 1,20 m breit. Um das Einwan-

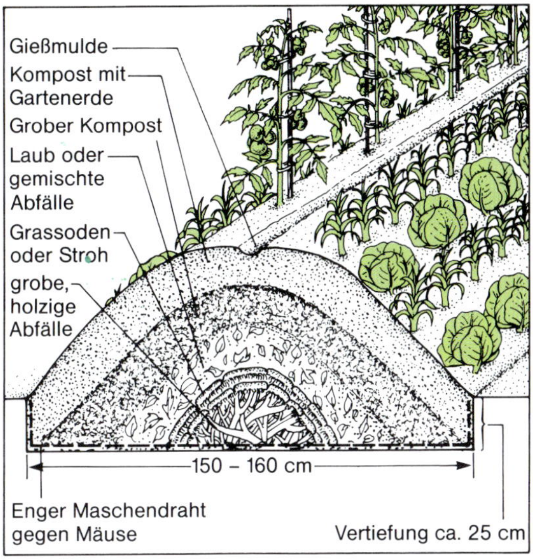

Nach diesem Schema können Sie das Hügelbeet aufschichten.

dern von Wühlmäusen zu verhindern, sollten Sie in gefährdeten Gegenden engmaschigen Draht auf dem Boden ausbreiten und möglichst auch an den Seitenwänden hochziehen.

Vorher lockern Sie die Erde tief und gründlich. Dann füllen Sie lagenweise grobe holzige Abfälle, gemischtes Laub, Stroh, Grobkompost und Reifekompost oder Muttererde auf. Die oberste Lage, in der die Pflanzen wurzeln, darf kein rohes, unverrottetes Material enthalten! Auch im Hochbeet ist die Fruchtbarkeit in den beiden ersten Jahren besonders groß. Pflanzen Sie dann Tomaten, Kohl, Sellerie, Lauch, Gurken und Zucchini an. Beim Hochbeet ist die Gefahr des Austrocknens noch größer als beim Hügelbeet. Die Seitenwände sind ja nicht bewachsen. Einen gewissen Schutz gegen Wind und Sonne bieten lang herunterhängende Pflanzenranken. Säen Sie deshalb Kapuzinerkresse oder lustige Zierkürbisse an den Beeträndern aus!

Der Aufbau der Hochbeete erfordert viel Arbeit; die Kultur der Pflanzen bringt einige Probleme mit sich und verlangt Fingerspitzengefühl und Erfahrung. Dieser Einsatz lohnt sich aber unbedingt, wenn dadurch Menschen die Freude am Gärtnern erhalten bleibt, die sonst aus körperlichen Gründen darauf verzichten müssen. Genießen Sie also das Pflanzen und Ernten hoch über der Erde nach Herzenslust. Die Natur ist über alle Maßen trickreich und erfinderisch – warum sollten es ihre Gärtner nicht auch sein!

Am Hochbeet können behinderte und ältere Menschen ohne Rückenschmerzen gärtnern.

Kletterpflanzen für Hauswände und Sitzplätze

Gärtner, die ihr Haus von Wildem Wein und Efeu einspinnen lassen, leben auch in ihren Wohnräumen noch eng mit der Natur zusammen. Die Grenzen zwischen drinnen und draußen, zwischen festen Mauern und luftigem Freiland, verwischen sich. Wo Kletterpflanzen ihre langen Arme ausstrecken, da hüllen sie Mauern, Gitter und Pfosten liebevoll ein. Sie schaffen mit Blättern und Blüten, mit Düften und Farben eine heiter-behagliche Atmosphäre der Geborgenheit.

Grün-buntes Hauskleid

Ein Haus im Pflanzenpelz bezaubert aber nicht nur durch den romantischen Anblick. Es bietet seinen Bewohnern und der Umwelt auch zahlreiche Vorteile: Die dichten Blättervorhänge produzieren ständig Sauerstoff. Dadurch verbessert sich das Kleinklima. Außerdem binden die Blätter der Pflanzen Kohlendioxyd und Staub. Kletterpflanzen, die eine Fassade einhüllen, schützen das Haus vor Sommerhitze und Winterkälte. Sie regulieren die Luftströmungen und die Feuchtigkeit. Efeu, Wilder Wein, Geißblatt und andere Kletterkünstler tragen also zu einer Harmonisierung der Umwelt und der Wohnverhältnisse bei.

Inzwischen wurden durch eingehende Untersuchungen auch manche Vorurteile gegenüber den grünen Fassaden-Eroberern widerlegt:

- Efeu zerstört nicht den Putz. Die Haftwurzeln der Pflanzen dringen höchstens in bereits vorhandene Risse ein. Deshalb sollten Efeu und Wilder Wein, die direkt auf der Wand wachsen, nur für intakte Fassaden verwendet werden. Poröses Mauerwerk, schadhafter Putz und Holzwände sind für diese Pflanzen nicht geeignet. Neue Untersuchungen haben ergeben, daß auch Kunstharzputz und Dispersionsanstriche gefährdet sind.
- Das dichte Blätterkleid verursacht keine nassen Wände. Das Gegenteil ist der Fall; denn die Wurzeln ziehen Feuchtigkeit aus den Mauern. Die dachziegelartig übereinanderliegenden Blätter von Wildem Wein oder Efeu leiten das Regenwasser auf natürlichem Weg ab.
- Ungeziefer nimmt normalerweise nicht überhand im dichten Fassadengrün, weil dort auch Nistplätze für Vögel entstehen. Diese »Untermieter« ernähren dann ihre Jungen mit den Insekten, die sie in nächster Nähe finden. So pendelt sich ein natürliches Gleichgewicht ein, das auch zur Bereicherung der begrenzten Lebensräume in Stadt- und Vorstadtsiedlungen beiträgt.

Im Herbst beginnt der Wilde Wein sich leuchtend rot zu färben.

Kletterkünstler für Sonne und Schatten

Wichtig für eine erfolgreiche Fassadenbegrünung, die sich jahrzehntelang bewährt, ist aber die richtige Auswahl der Pflanzen. An der Nordseite eines Hauses gedeiht der Efeu gut. Diese Kletterpflanze verträgt Schatten und behält auch im Winter ihre grünen Blätter. Efeu bildet an kalten Wänden einen guten Wärmeschutz.

Wilder Wein fühlt sich dagegen an einer sonnigen Südseite wohl. Im Sommer wirkt das dichte Pflanzenkleid kühlend. Aber wenn im Herbst die Blätter fallen, können die Sonnenstrahlen wieder durchdringen und die Mauer während der kalten Jahreszeit erwärmen.

An den Ost- und Westseiten des Hauses ist es wichtig, Wind und Regen abzuhalten. Deshalb eignen sich für diese Wände Klettergewächse, die an Spalieren ranken. Diese Kletterhilfen können aus Holzlatten oder Drahtgittern bestehen. Sie müssen etwa 10 cm Abstand zur Wand haben. Dadurch entsteht zwischen Haus und Pflanzen ein luftiger Zwischenraum. Hier gedeihen zum Beispiel Clematis, Geißblatt und Knöterich.

Kleine Kletterpflanzen-Auswahl

Efeu ist immergrün, braucht keine Kletterhilfen, haftet mit Saugwurzeln.

Wilder Wein gedeiht in sonnigen und halbschattigen Lagen. Er hält sich mit Haftwurzeln an den Mauern fest und erfreut durch bunte Herbstfärbung, bevor die Blätter fallen.

Knöterich verträgt Sonne und Schatten; er wächst robust und schnell, braucht Kletterhilfen, ist im Winter kahl.

Geißblatt wächst in der Sonne und im Halbschatten. Es besitzt duftende Blüten und braucht ein Rankgerüst. Die meisten Arten verlieren im Herbst die Blätter.

Kletterrosen brauchen Sonne und ein starkes Rankgerüst; im Winter sind sie kahl.

Clematis gibt es als Wildarten und als großblumige Hybriden; sie lieben einen halbschattigen Standort und benötigen Kletterhilfen.

Glyzinen gedeihen an sonnigen Standorten; sie brauchen starke Klettergerüste. Im Frühling treiben sie zauberhafte Blüten, im Winter sind sie kahl.

Die langen Blütentrauben der Glyzinen erscheinen vor den Blättern. Sie duften wunderbar. Diese Kletterpflanze kann sehr alt werden und entwickelt mit der Zeit knorrige Stämme (oben).

Der Knöterich bildet jedes Jahr meterlange Ranken, die in kürzester Zeit Lauben und Klettergerüste einhüllen. Sein Temperament können Sie nur mit der Schere bändigen (Mitte).

In vielen Farben und Formen werden Clematis-Züchtungen angeboten. Sie blühen überreich, wenn sie richtig gepflegt werden (unten).

Umrankte Sitzplätze

Lauben und Pergolen wirken am schönsten, wenn sie von blühenden Kletterpflanzen eingehüllt werden. Vollkommen wird der Genuß eines sommerlichen Sitzplatzes, wenn auch noch süße oder würzige Wohlgerüche den luftigen Raum erfüllen.
Pflanzen Sie duftende Kletterrosen für die Morgen- und Nachmittagsstunden. Vor allem unter den historischen Sorten finden Sie betörende Duftnoten, die Ihnen warme Sommertage verzaubern. Für romantische Abende lassen Sie Ihre Laube von altmodischem Geißblatt umschlingen. Oder Sie erlauben einer Glyzine, um das Holzgerüst der Pergola zu ranken und von oben ihre herrlichen lilablauen Blütentrauben herunterhängen zu lassen. Beide Kletterpflanzen verströmen erst in der Abenddämmerung ihre Wohlgerüche. So bereichern die Pflanzen den Feierabend des Gärtners noch einmal durch besondere Dufterlebnisse.

Zum guten Schluß

Wer mit dem Gärtnern beginnt, der erlebt Freuden und Enttäuschungen ganz besonders intensiv. Es ist ein unvergleichliches Erlebnis, wenn man zum ersten Mal beobachtet, wie aus einem Samenkorn, das man mit eigenen Händen in die Erde legte, ein winziges grünes Pflänzchen keimt. Das Gefühl, ein kleines Wunder mitzuerleben, nimmt noch zu, wenn sich aus diesem unscheinbaren Keimling eine 2 m hohe Sonnenblume oder ein prächtiger, dicker Kohlkopf entwickeln.
Aber auch der Kummer ist am Anfang besonders groß, wenn das Gemüse noch nicht so wachsen und die Blumen noch nicht so blühen wollen, wie der Gärtner es sich erträumt. Nehmen Sie zum guten Schluß noch ein wenig Zuversicht und Gelassenheit mit auf den Weg ins erste Gartenjahr: Genießen Sie alle Freuden doppelt und nehmen Sie alle Enttäuschungen nur halb so schwer.
Schon bald werden Sie zu den Erfahrenen gehören. Dann werden die Wunder alltäglich, und die Mißerfolge sind auch nicht mehr weltbewegend. Vielleicht denken Sie dann noch manchmal wehmütig an die Abenteuer des ersten Gartenjahres zurück – damals, als Sie mutig beschlossen, ein Biogärtner zu werden!
Diesen Mut sollten Sie behalten – von Jahr zu Jahr. Die Natur braucht mehr denn je Partner, die ihr unerschütterlich zur Seite stehen – in guten und in schweren Tagen.

Literaturhinweise

Abtei Fulda: Comfrey, Was ist das?
- Beerenobst im naturgemäßen Anbau
- Gemüsebau auf naturgemäßer Grundlage
- Pflanzensaft gibt Pflanzen Kraft

Beba, Hans / Andrä, Hermann: Hügelkultur, die Gartenbaumethode der Zukunft, Waerland-Verlagsgenossenschaft, 1974

Berling, Rainer: Nützlinge und Schädlinge im Garten, BLV Verlag, 1986

Briemle, Helga: Naturnahe Gärten, BLV Verlag, 1985

Dittrich, Bernd: Duftpflanzen für Garten, Balkon und Terrasse, BLV Verlag, 1988

Graber C. und Suter H.: Schnecken-Regulierung, Forschungsinstitut für biologischen Landbau, Oberwil/Schweiz

Howard, Mario: Mischkulturen für Flach- und Hügelbeete, BLV Verlag, 1985

Kreuter, Marie-Luise:
- Biologischer Pflanzenschutz, BLV Verlag, 1982
- Kräuter und Gewürze aus dem eigenen Garten, BLV Verlag, 1985
- Der Bio-Garten, BLV Verlag, Neuausgabe 1988

Lohmann, Michael: Das Naturgartenbuch, BLV Verlag, 1988

Schmid, Otto / Henggeler, Silvia: Biologischer Pflanzenschutz im Garten, Verlag E. Ulmer, 1984

Seifert, Alwin: Gärtnern, Ackern – ohne Gift, Biederstein Verlag, 1971

Stangl, Martin:
- Stauden im Garten, BLV Verlag, 1984
- Freude und Erfolg im Obstgarten, BLV Verlag, 1987

Stein, Siegfried:
- Pflanzenaussaat mit Erfolg, BLV Verlag, 1987
- Wassergärten, BLV Verlag, 1984
- Pflanzenvermehrung leicht gemacht, BLV Verlag, 1988

Steiner, Hans: Nützlinge im Garten,
Ulmer Verlag, 1985

Widmayr, Christiane: Alte Bauerngärten neu entdeckt, BLV Verlag, 1984

Zeitschrift für Biogärtner:
Kraut & Rüben
BLV Verlag, München

Adressen und Bezugsquellen

Untersuchungsanstalten für Bodenproben

Biologisch orientierte Institute

Dr. Fritz Balzer
Oberer Ellenberg 5
3551 Amönau

Institut für biologisch dynamische Forschung
Brandschneise 5
6100 Darmstadt

Mikrobiologisches und chemisches Labor
Dr. W. Wenzel
Maygasse 8
A-8010 Graz

Eidgenössische Forschungsanstalt Schloß
CH-8820 Wädenswil

Staatliche Institute

Berlin
Pflanzenschutzamt Berlin
Altkircher Str. 1–3
1000 Berlin 33

Hamburg
Institut für angewandte Botanik
Marseiller Str. 7
2000 Hamburg 36

Schleswig-Holstein
Landwirtschaftliche Untersuchungs- und Forschungsanstalt
Gutenbergstr. 75–77
2300 Kiel

Niedersachsen
Landwirtschaftliches Untersuchungsamt und Versuchsanstalt
Mars-la-Tour-Str. 4
2900 Oldenburg

Landwirtschaftliche Untersuchungs- und Forschungsanstalt
Finkenbornerweg 1 A
3250 Hameln

Landwirtschaftliche Untersuchungs- und Forschungsanstalt
Hochstr. 18
3300 Braunschweig

Nordrhein-Westfalen
Landwirtschaftliche Untersuchungs- und Forschungsanstalt
Nevinghoff 40
4400 Münster

Landwirtschaftliche Untersuchungs- und Forschungsanstalt
Weberstr. 59–61
5300 Bonn

Rheinland-Pfalz
Landes-Lehr- und Versuchsanstalt für Weinbau, Gartenbau und Landwirtschaft,
Institut für Bodenkunde
Egbertstr. 18–19
5500 Trier

Landwirtschaftliche Untersuchungs- und Forschungsanstalt
Obere Langgasse 40
6720 Speyer

Hessen
Landwirtschaftliches Untersuchungsamt und Versuchsanstalt
Am Versuchsfeld 11
3500 Kassel-Herleshausen

Landwirtschaftliches Untersuchungsamt und Versuchsanstalt
Rheinstr. 91
6100 Darmstadt

Hessische Lehr- und Forschungsanstalt für Wein-, Obst- und Gartenbau
Beinstr. 15
6222 Geisenheim

Baden-Württemberg
Landesanstalt für landwirtschaftliche Chemie der Universität Hohenheim
Emil-Wolff-Str. 14
7000 Stuttgart 70

Staatliche landwirtschaftliche Untersuchungs- und Forschungsanstalt Augustenberg
Neßlerstr. 23
7500 Karlsruhe 41

Bayern
Bayerische Hauptversuchsanstalt für Landwirtschaft der Technischen Universität München
8050 Freising-Weihenstephan

Bayerische Landesanstalt für Bodenkultur und Pflanzenanbau
Vöttingerstr. 38
8050 Freising

Biologische Dünger und Pflanzenschutzmittel

Versandfirmen

Bio-Spezialfirmen

Bio-Gartenmarkt Keller
Konradstr. 17
7800 Freiburg i. Br.

Stoeckler Bio Agrar AG
Biologisches Pflanzenschutz- und Pflegeprogramm
Neuhofstr. 5
CH-8630 Rüti/ZH

Gartenfachhandel mit Bio-Programm

Dehner – Alles für den Garten
Postfach 1160
8852 Rain am Lech

Samen Mauser
Zürichstr. 98
CH-8600 Dübendorf/Zürich

Gärtner Pötschke
Postfach 2220
4044 Kaarst 2

Im örtlichen Fachhandel

California Rinderdung
Heinz O. Heddergott KG
Langelohe 65
2200 Elmshorn

Ernst-Otto Cohrs
Lebensfördernde Pflegemittel für Boden, Pflanze und Tier
Postfach 1165
2130 Rotenburg/Wümme

Kutomin – Kompostierter Kuhmist
Finsterwalder Hof
8214 Hittenkirchen a. Ch.

Ledax Gartenbausystem
Ledona AG
Postfach 2440
CH-6030 Ebikon

»Die Biologischen von Neudorff«
Dünger, Pflanzenpflege, Pflanzenschutz W. Neudorff GmbH KG
Postfach 1209
3254 Emmerthal 1

Oscorna Spezialdünger
Pflanzenschutz- und Pflege-Programm
Oscorna Dünger GmbH und Co.
Postfach 4267
7900 Ulm

Sperli Bodenkur und
Sperli Gründüngungsmischungen
Carl Sperling & Co., Pflanzenzüchter
Postfach 2640
2120 Lüneburg

Gebr. Schaette KG
Pflanzenpflegemittel
Postfach 147
7967 Bad Waldsee

ARJOBAS
Biologische Pflanzenschutzmittel
Vertrieb: Karl O. Müller
Salzburger Str. 13
A-4840 Vöcklabruck

Franz Praskac
u. a. Cohrsprodukte
Freundorf
A-3430 Tulln

Regenwurmhumus/Rindenhumus/ Fertigkompost

Finsterwalder Hof (Regohum)
8214 Hittenkirchen a. Ch.
(Regenwurmhumus)

Saul, Manfred
Pflanzen-Gold S'Edel-Humus
Edkovener Str. 143
5202 Hennef/Uckerath
(Regenwurmhumus)

frux Rindenhumus
Gebr. Patzer KG
6492 Sinntal-Jossa

Rager Bihutherm
Thanheimer Str. 50
7457 Bisingen
(Strohkompost)

Neudorff's Kräuterkompost
W. Neudorff GmbH KG
Postfach 1209
3254 Emmerthal 1

Lutewa bio
IUP Institut für Umweltpflege AG
Eichenweg 11
CH-3052 Zollikofen/Bern
(Komposte, Mulch, Pflanzensubstrate)

Geräte für den Bio-Garten

Adlus – Max Langenstein GmbH & Co.
Postfach 2054/Adlusstr. 2
7918 Illertissen
(Bio-Geräte-Serie, Handsauzahn)

Polar-Gartengeräte-Wilfert GmbH
Stöcken 45–47
5650 Solingen
(Bio-Bodenlüfter, Bio-Gabel)

Schneckenzäune

Schneckenzaun Bio-Fix
Thomas Pfau, Ing.
Geräte für den Umweltschutz
Juchstr. 27
CH-8116 Würenlos/Schweiz

Bezugsquelle in Deutschland:
Bio-Gartenmarkt Keller
Konradstr. 17
7800 Freiburg i. Br.

Neudorff's Intensiv Kultursystem
(mit Schnecken-Abwehrkante)
W. Neudorff GmbH KG
Postfach 1209
3254 Emmerthal 1

Saatgut aus biologischem oder biologisch-dynamischem Anbau; ungebeiztes Saatgut

Bio-Gartenmarkt Keller
Konradstr. 17
7800 Freiburg i. Br.
(ungebeiztes Saatgut von Gemüse und Blumen und Sonderliste für biologisch-dynamisches Saatgut)

Karl Hild, Saatzuchtbetrieb
Postfach 99
7142 Marbach/Neckar
(ungebeiztes Saatgut, Gemüse)

Kiepenkerl-Samen
Bruno Nebelung GmbH u. Co.
Postfach 5569
4400 Münster
(ungebeiztes Saatgut)

Ilmar Randuja – Ekkart Hof
CH-8574 Lengwil
(Gemüse, Kräuter, Blumen, Gründüngung)

Carl Sperling & Co., Pflanzenzüchter
Postfach 2640
2120 Lüneburg
(NUR NATUR-Samen, Kräuter; Bio-Start, mit keimungsfördernden und pilzhemmenden Pflanzenextrakten behandelt; Gemüse und Kräuter)

Julius Wagner GmbH
Postfach 105880
6900 Heidelberg
(»Bio-Select«, gesunde Sorten mit Naturextrakten behandelt, Gemüse)

Wildkräuter und Wildblumen; Wiesenblumen-Mischungen

Conrad Appel GmbH, Abt. Wildpflanzen
Bismarckstr. 59
6100 Darmstadt

Blauetikett-Bornträger GmbH
6521 Offstein

Carl Sperling & Co., Pflanzenzüchter
Postfach 2640
2120 Lüneburg

Gartenkräuter und Duftblattgeranien

Blauetikett-Bornträger GmbH
6521 Offstein

Bio-Gartenmarkt Keller
Konradstr. 17
7800 Freiburg i. Br.

Biologische Gärtnerei Wiedemann
7340 Geislingen-Aufhausen
(große Duftblattgeranien-Auswahl)

Blumen- und Gemüsesamen

Dehner – Alles für den Garten
Postfach 1160
8852 Rain am Lech

J. Lambert & Söhne
Postfach 2565
5500 Trier

Gärtner Pötschke
Postfach 2220
4044 Kaarst

Samen Mauser
Zürichstr. 98
CH-8600 Dübendorf/Zürich

Carl Sperling & Co., Pflanzenzüchter
Postfach 2640
2120 Lüneburg

Julius Wagner GmbH
Samen-Großhandel
Postfach 105880
6900 Heidelberg

Staudengärtnereien (Wildstauden im Angebot)

Georg Arends, Staudengärtnerei
Monschaustr. 76
5600 Wuppertal 21

Staudenkulturen Hagemann
Walsroder Str. 324
3012 Langenhagen 6

Odenwälder Pflanzenkulturen
Kayser & Seibert
Wilhelm-Leuschner-Str. 85
6101 Roßdorf 1

Gärtnerischer Pflanzenbau
Dr. Hans Simon
Georg-Mayer-Str. 70
8772 Marktheidenfeld

Staudengärtnerei
Gräfin von Zeppelin
Laufen/Baden
7811 Sulzburg 2

Wasser- und Sumpfpflanzen

Heinrich Junge
Wasserpflanzen
3250 Hameln

Teichgärtnerei Ursula Oldehoff
8196 Achmühle

Karl Wachter
Wasserpflanzengärtnerei
2081 Appen-Etz bei Pinneberg

Rosen und Gehölze

Baumschule Appel
Wildsträucher
Bismarckstr. 59
6100 Darmstadt

ARJOBAS-Biolog. Wildgehölzezucht
Ruppert Uttentaler
Piesing 17
A-4682 Geboltskirchen

Klaus Ganter
BdB-Markenbaumschule
Forchheimer Str.-Baumweg 2
7831 Wyhl am Kaiserstuhl
(umfangreiches Sortiment alter Apfel- und Birnensorten, Walnußveredelungen)

Geisenheimer Baumschule
Postfach 1250
6222 Geisenheim/Rhein
(Obstspezialitäten, neue Walnußzüchtungen)

Richard Huber
Baum- und Rosenschule
CH-5605 Dottikon
(großes Sortiment alter Rosen)

Ingwer J. Jensen GmbH
Kultivateur historischer und seltener Rosen
Hermann-Löns-Weg 39
2390 Flensburg

W. Kordes' Söhne
Rosenschule
2201 Sparrieshoop über Elmshorn

Kletterpflanzen-Spezialitäten

Abtei Neuburg
Stiftweg 2
6900 Heidelberg-Ziegelhausen
(Spezialgärtnerei für Efeu)

Ingwer J. Jensen
Hermann-Löns-Weg 39
2390 Flensburg
(Umfangreiches Clematis-Sortiment, Efeu, historische Kletterrosen)

Verweise bedeuten:
fette Zahlen = Hauptverweis
* = Abbildung
T = Tabelle